大学生就业能力现状及其提升路径研究

李 芳◎著

中國華僑出版社
·北京·

图书在版编目（CIP）数据

大学生就业能力现状及其提升路径研究 / 李芳著.
-- 北京 : 中国华侨出版社, 2021.11
ISBN 978-7-5113-8474-4

Ⅰ. ①大… Ⅱ. ①李… Ⅲ. ①大学生-职业选择-研
究 Ⅳ. ①G647.38

中国版本图书馆CIP数据核字(2020)第239878号

大学生就业能力现状及其提升路径研究

著　　者 / 李　芳
责任编辑 / 黄　威
封面设计 / 北京万瑞铭图文化传媒有限公司
经　　销 / 新华书店
开　　本 / 787毫米×1092毫米　1/16　**印张** / 13　**字数** / 294千字
印　　刷 / 北京天正元印务有限公司
版　　次 / 2021 年 11 月第 1 版　　2021 年 11 月第 1 次印刷
书　　号 / ISBN 978-7-5113-8474-4
定　　价 / 69.00元

中国华侨出版社　北京市朝阳区西坝河东里 77 号楼底商 5 号　邮编：100028
发行部：（010）69363410　　传　真：（010）69363410
网　址：www.oveaschin.com　　E-mail：oveaschin@sina.com

前言

自20世纪90年代以来，对就业能力问题的研究成为欧美人力资源管理研究领域的一个热点问题。此问题对高等教育的发展产生了巨大的影响，许多国家把大学生就业能力作为衡量高校教育质量的重要指标。近年来，在中国高等教育大众化和普及化进程中，大学生就业难问题日益凸显，成为一个具有世界共性和中国个性的问题。如何破解大学生就业难问题是我国当前十大教育热点问题之一。大学生就业能力开发不仅是解决大学生就业难的有效方略，而且是高校提高人才培养质量进而促进就业质量提高的根本途径。大学生就业能力是一个复合性、发展性的概念，就业能力开发受多方面因素的影响，本书基于大学生就业能力结构及高校就业能力开发影响因素的实证分析，立足高校组织视角探讨高校开发大学生就业能力的策略与路径，对大学生就业能力研究及高校就业教育实践提供一些有价值的借鉴。

为了帮助大学毕业生快速补充自身十分欠缺的谋职，求职、任职、升职等各项实务知识和基本技能，完成由“校园人”到“社会人”的转变；为了让大学毕业生明确自己将来做什么工作、现在需要准备什么及准备到什么程度，做到有备无患、学以致用、用之有效；为了全面、快速地提升大学毕业生的综合素质，提高大学毕业生解决实际问题的能力，使其在短时间内掌握处理职场上人际关系的能力，更好地与人沟通、合作、相处；为了最大限度地避免大学毕业生在职业发展道路上失误、碰壁、走弯路，把宝贵的时间用在关键任务上，做到未雨绸缪、运筹帷幄，使其在走出校门之前就成为企业需要的实用型人才，从而在激烈的就业竞争中脱颖而出，我们编写了本书。

前言

目录

第一章 大学生就业能力的基本认识

第一节 大学生就业能力概述

一、就业能力的含义

在国外，就业能力（Employability）的含义被使用的频率非常高，有关就业能力的研究很早就出现了。但关于就业能力的含义一直没有统一的定义。

就业能力的含义最早出现在20世纪初的英国，最初概念的提出者更加关注成熟劳动者的可利用率，也就是需要区分出在市场上哪些人是有劳动能力的，哪些人没有（年老的、残疾的）。也就是说最早期的就业能力的含义是从社会的劳动力这个角度提出的，起源于为政府的公共政策服务。

在20世纪五六十年代的时候，就业能力的研究更多关注如何解决社会上失业者的再就业问题。就业能力作为实现充分就业的社会经济目标的工具，通过政府干预来激励失业者进入劳动力市场。这个时候对于个体的就业能力，人们更多关心如何增加劳动者的技能，尤其是能够满足大工业生产需求的专业技能。

70年代的时候，人们发现随着社会的变化加剧，拥有一定的职业技能并不能保证对雇主的吸引，人们开始关注"可迁移技能"，一般指社会和关系技能。比如沟通技能、人际交往技能等。

80年代以后，就业能力的研究开始转移到公司或组织层面。因为公司开始注意到，要在激烈竞争中保持一定的适应能力和弹性，必须大量雇佣那些有就业能力的人，并且这些人能够及时转换工作内容。这个时候就业能力的研究主要作为一种人力资源管理工具。

90年代以后，对就业能力的研究集中到了个人层面，也就是个人要对自己的就业能力负责。就业能力研究不只是关注低技能者、残障者和失业者，而是涉及所有的劳动者。

另外，比较有影响力的人是英国人Harvey Lee，他认为就业能力核心概念描述通常与以下的方面相联系：工作类型（Job Type）、时间期限（Timing）、招聘的特性（Attribution Recruitment）、更深入的学习（Further Learning）和就业技能（Employability Skill）。总体来说，就业能力是被雇佣者具有并在劳动力市场上展示的，雇主所需和被认为有吸引力的技能总和。

美国的南卫理公会大学考克斯商学院的Fugate教授对于就业能力的界定是近年来备受关注

的。他把就业能力定义为个体通过积极地调整和改变，适应工作环境的一组多维特征。这种特征可以使个人形成适应变化的行为，并促成积极地工作成果。或者说，就业能力被概念化为一种在工作领域中，使得员工能够识别和抓住各种职业机遇的主动适应能力。以人为中心的主动适应性和前瞻性是就业能力结构的基础，越主动的员工就会适应得越好，并且在这个概念的基础上进行有效拓展。虽然就业能力不能完全地保证实际的雇用情况，但是，它能够增加个体被雇用的可能性。

这种观点与当今职业发展领域内比较流行的无边界生涯、灵活多变的职业生涯、多专长的职业生涯等概念都是比较契合的。在这种生涯模式下，个人的就业能力强调的就是不断适应环境，而不再是固执于某项技能。这种就业能力的定义模式在脱离了具体的技能界定之后，就可以相对较好地克服普遍存在的含义和操作定义的缺点。

荷兰的研究者 Van Der Heijden 和 Fugate 等人的意见类似，认为个体在特定领域内的专业技能不能保证一个人一生都有工作，重要的是那些变化的和可转换的能力。由于知识爆炸、全球化的原因，这个世界变化如此之快。所以他们认为就业能力是一种个体水平，通过最大化自己的能力能够持续满足工作需要，获得或者创造工作机会。

纵观就业能力发展的历史可以看到，不同的时代所定义的就业能力内容是不同的，往往就业能力的内涵与当时的雇佣关系模式相一致。

在手工业时代，工作没有一个固定的和清晰的界限，往往一个人要使用多种技能才能够完成一项工作，并且每一单生意可能都是依据客户的需要量身定做，需要的技能也有所不同。手工业者们需要对自己的就业能力负责，不断寻找新的工作，不断更新他们的技能，某种意义上就是管理自己的职业生涯。适应性在这个时候是非常重要的。

随着工业革命的进程，大型的工厂和机构成立了，为了提高效率，分工变得越来越明确，工作变得结构化和清晰化。雇员成为一个大型机构中的“螺丝钉”，他们在技能单一的情况下也能够在某个组织中长期工作；甚至是维持一生的工作。这个时候就业能力就意味着雇员要有自己所在组织所需要的特殊的某项技能、知识和行为，能够对组织忠诚，并且人们假设求职者在某个领域内的知识、能力和技巧是稳定不变的。

20 世纪中后期的雇佣关系发生了巨大的变化。在人们的整个职业生涯过程中，更加多样的和通用的技能成为更加重要的方面，那些具备通用能力的个人比那些拥有专门能力的个体更有可能成功。不过这个时候人们对组织还是有相当程度上的依附。

但是在过去的十年里，这种变化在持续加速。随着科技的不断进步，旧的行业不断消亡，新的行业不断诞生，人们原来所赖以生存的各种岗位也处在急剧变化中。另外，全球化的不断发展，让各种组织都参与到全球性的竞争中去，在这种激烈的竞争压力下不断经历并购和重组。任何一轮的并购和重组对雇员的职业生涯来说都是重大的冲击，需要不断变换工作角色以求生存和发展。这时人们具有某种特殊技能或者通用技能已经远远不够了，更重要的是人们需要具备更强的适应能力，能够随时更新自己的技能，让自己在不断变化的环境中始终拥有符合需要的本领，保证自己的技能在就业市场是能够卖出去的。并且这种适应性还体现在个体需要在不断变化的环境中辨识哪些是属于自己的机会，哪些不是，然后做出相应的选择。不仅如此，个体还需要在变化的大潮中，具有相当的前瞻性，能够看到环境中下一步的机会，从而做好准备。

在这种关系中，生涯管理变成了不再是与某个组织签约，而是个体需要与自己签订合约，在清楚自己的经验和技能的前提下，依据自己所处的条件，设计和选择自己的生涯发展道路，然后实现自我。某种意义上，今天对就业能力的研究内容又回到了前工业时代的时候。

二、大学生就业能力的含义

在国外，对大学生就业能力研究比较多的是英国，而被引用比较多的是 Harvey Lee 对大学生就业能力的含义。Harvey Lee 认为大学生就业能力可以从两个层面来定义，一是以个人能够获得一份工作的各种特点和倾向为核心的就业能力；一是以组织为核心的就业能力，比如就业率。而从个人角度定义的就业能力也因为不同的界定而含义不同。比如，如果大学生就业能力被定义为“获得或者保持工作的能力”，那么就业能力的含义就是强调雇佣的性质、毕业多长时间获得工作、收入等。而如果大学生就业能力被定义为“展现出雇主所需要的属性”，那么就业能力就是强调“沟通能力、团队合作、风险意识”等方面的特征。而如果大学生就业能力被定义为“获得一份满意的工作”，那么就业能力强调的就是“财务回报、兴趣、获得的授权和责任”等概念。这样的定义区分方式，对我们今后定义就业能力有很大的启发作用。

在国内 CNKI 数据库的初级检索输入关键字“大学生就业能力”，可以看到有一两百篇相关的期刊文章在讨论这个问题。

在我们国家实行计划经济体制之下，大学生是被分配到相应的单位去工作，没有选择权，也没有失业的说法，所以谈不到就业能力。在我们国家实行大学毕业生和用人单位的双向选择之后，就业能力的提法才慢慢进入人们的视野。

可以看到，由于起步比较晚，国内大部分对于大学生就业能力的含义讨论都是从国外借鉴而来的。宋国学等人总结国外相关研究以后认为，可以概括出下列几种研究大学生就业能力的视角：

将就业能力与离校学生的工作能力相联系，与离校学生得到岗位的能力相联系；

将就业能力看成准备进入工作的相关因素，或者是获得某种岗位的相关因素；

将就业能力看成应聘者所具有的潜在或必要的特点，得到就业机会就证明应聘者拥有以下这些特点；

将就业能力看成一个与个人特点相关的绝对维度，但同时也将可雇佣性看成与劳动力市场状况相关的相对维度。也就是说，可雇佣性的高低除了取决于个人之外，还和劳动力市场的状况相关，这种四个角度看大学生就业能力的观点与之前我们看到的 Harvey Lee 的观点非常类似。

第二节 大学生就业能力的结构

一、就业能力的结构

由于大家对于就业能力的含义认识不同，所以对就业能力的结构，也就是就业能力包含的内容的认识也不尽相同。

Hillage 和 Pallard 提出就业能力包括四个组成成分：①资本，如基本技能、关键个性、有助于组织的执行能力包括团队精神等；②发展，如职业管理能力、求职能力等；③表达，用一种可以接受的方式将个人拥有的资格证书、工作经历等呈现给雇佣者；④个体环境和劳动力市场环境的联系。这种定义主要从职业进入的角度分析了克服面试“瓶颈”需要的就业能力。

美国培训与发展协会（American Society for Training&Development，ASTD）通过回顾相关研究和进行深入细致的现场研究及电话调查发现了工作者成功就业所需要的条件。报告提出就业能力包括七种：①学习能力（收集、分析、组织和运用信息的能力），②阅读、写作、计算能力，③沟通能力（说和听），④适应能力（问题解决、创造性地思考），⑤发展能力（自我管理和职业管理能力）；⑥群体效果（人际技能、团队工作、协商能力），⑦影响能力（组织效能、领导）。

Mcquaid 和 Lindsay 提出就业能力包括 6 个方面的内容：①本质属性（如善良、信赖等）；②个人品质（勤奋、自信等）；③基本可转换技能（包括阅读和计算机能力）；④关键可转换技能（沟通能力、适应性、团队协作能力等）；⑤高水平可转换能力（包括自我管理、商业意识）；⑥教育程度、工作知识背景等。

Fonier 的研究表明，就业包含个人能力和个人期望两个层次，而个人能力又包含四个方面：①个人符号，包括教育背景、工作经历、年龄、性别等个人传记特点；②行为才能，包括可转移技能、独立性、对成长的需要、对经验的开放性、与他人共事的能力和弹性；③自我效能，即相信自己能胜任工作的信念；④劳动力市场行为，包括获得社会网络和职业空缺信息。职业期望是指个人的激励特性，包括提升就业能力和转换工作的意愿。

最近几年备受关注并且被广泛引用的是 Fugate 教授的观点，也是本书重点介绍的一种就业能力结构。他认为就业能力由三个具有内在联系的部分组成，分别是职业认同、个人适应性、人力资本和社会资本。

职业认同就是个体在职业世界中对自我的认识，清楚自己想要什么，自己的优势和劣势，知道哪些是属于自己的机会。职业认同为个体的各种职业选择提供了方向。当一个人的职业认同越高，对自我和职业环境认识也就越清楚，他们的行动会更加有力。职业认同高的人在处理许多与职业相关的紧张刺激中做好了准备，他们对相关信息的关注也更强，更容易获得属于他们的工作机会。

Fugate 教授回顾了研究适应性的相关文献，以查找相关的以人为中心的变量。第一，该变量要与工作领域中的适应能力有着概念上的相关；第二，每个变量要与就业能力相关，也就是要能够促进对工作机遇的辨别和认识。最后选出了五个满足以上要求的个体差异变量，分别是乐观、乐于学习、开放、内控和一般自我效能感。这些成分会从认知和情感上结合起来对工作机遇的辨别和认识产生重大的影响。

第一，乐观的员工能够将变化看作是挑战，对未来有积极的期望，并在处理问题的时候表现出更多的信心。

第二，而乐于学习同样也是适应性的基础，比如，高就业能力的个体会仔细查看工作环境，以了解哪些工作是可做的，哪些经验或技巧是必需的。然后，他们就能够根据自身的能力和兴趣对市场上的各种机遇进行比较。另外，持续学习已经被广泛认可为事业成功的决定因素。

第三，开放也是个人适应的基础。在遭遇不确定的情境中固有的各种挑战时，开放的个体会更倾向于表现出弹性。因此，开放性会使得个人对于工作中的各种变化采取积极的态度。同样，开放的人还会更易于接受新技术和新程序。因此，对新的经历和变化持开放态度的人会更具有适应性，并且会在变化中最终获得更高的就业能力。

第四，内控是个人适应的中心内容。内控的人相信他能够对周围的事物产生影响，而外控的人则相信周围的事物超出了他们的控制范围。因此，内控的人会更具有适应性并在工作角色的转换中表现得更加流畅，并采取措施以改善环境。他们更有可能在不确定的情境中制订出计划。

第五，一般自我效能也支持个人适应性的内容。Ashford 和 Taylor 发现自我效能是有效适应所必需的一项重要的内在条件。自我效能表示了个体对自己在各种情境中能力的认识，是个体对自己能够成功处理生活中的各种事件和挑战的能力的认识和判断。由于一般自我效能对认知和行为的影响是跨情境的，所以无论个体追求的工作类别如何，无论转换的类型如何，一般自我效能都能提高个人适应性。

另外，Van Der Heijden 等人组成的荷兰的一个研究小组认为就业能力是一种基于胜任力的能力特征水平，个体的这种能力特征，使得个体持续满足工作要求、获得或者创造工作机会。他们从五个方面来描述这种能力特征，分别是：

（一）职业技能（Occupational Expertise）

无论如何，个体必须具备一定的工作所必需的技能，否则就会被认为是无就业能力的。

（二）职业预期（Anticipation and Optimization）

个体必须对将来的变化有所预期，并且以个人的和有创造性的方法来取得最佳的效果这个概念中，他们强调的是对未来工作内容的预见和不断改进现在的工作，促进职业发展。

（三）个人灵活性（Personal Flexibility）

面对各种各样的变化，能够比较容易适应。这种变化包括在组织内的职位转换和组织间的相互转换。

（四）合作意识（Corporatesense Sense）

个体必须意识到是在一个组织或者团体中工作。合作意识的基础是社会资本和社会技能。这个概念包含和团体中的其他人分享责任、目标、知识、技能、感受和失败等。

（五）平衡（Balance）

这里的平衡指的是能够在雇主利益和个体利益之间取得折中。这种雇员和雇主之间平衡的交换关系对就业能力是很重要的。在现在的职业世界中有很多看上去相悖的要求，比如听从调度和自我管理，忠诚和灵活，专才和通才以及竞争性和照顾家庭等。这些都要求个体有平衡的能力。

在这些观点之后，澳大利亚的 Marilyn Clark 对就业能力做了一个相对完整的综述，他认为从个人层面就业能力包含：

1. 技能和能力

包括专业技能、资格认证、通用技能，既包括“硬”的技能也包括“软”的技能。

2. 态度和行为

包括灵活性、适应性、前瞻性，终身学习，自我的生涯管理等。

3. 个人的特征

个人的特征包含两个部分，一个部分是个性方面的特征，比如自尊、自我效能感。另外一个重要的部分是个人在人口统计学变量上的特征，比如性别、民族、年龄、健康状况、家庭责任等。

另外，他还认为就业能力除了从个人的水平来定义之外，劳动力市场也是一个重要的因素。劳动力市场包括外部劳动力市场和组织内的劳动力市场。外部的劳动力市场对就业能力最大的影响来自产业结构的调整，导致拥有某些技术的产业工人大面积失业。内部劳动力市场的变化在于企业的并购和重组变得更加频繁，对雇员技术的需求也在不断变化。

二、大学生就业能力的结构

英国非常重视大学生的就业能力培养，有多篇学术论文讨论政府和教育机构如何提高大学生的就业能力，也有从个体的角度来讨论的一些研究。

汤姆林森·迈克尔通过质性研究考察了毕业生面对从学校到劳动力市场的角色转换的时候不同的态度，认为大学生进入劳动力市场的时候，可以按照他们的态度划分成职业者、反叛者、形式主义者和逃避者四种类型。

国内的有关大学生就业能力结构的讨论也很多，不过大部分的讨论是在国外的就业能力理论框架启发下进行理念层面的探讨，实证的研究比较少。

贾利军通过开放式问卷的方式来调查大学生、企业人士和高校就业指导中心的老师，让他们描述自己身边就业能力强的人的特征，以此来确定大学生就业能力的结构。他认为大学生就业能力主要由大学生社会兼容度、就业人格和准职业形象构成。其中，社会兼容度包括解决问题能力、社会化行为、积极主动性、内在修养、日常生活安排和独立性；就业人格包括团队合作能力、情绪稳定性、社交能力、沟通能力和环境适应性；而准职业形象包括生活态度倾向、谈吐、精神风貌、礼仪等。同时作者还进行了关于大学生就业能力的个案研究。在选取了具有代表性的研究对象后，研究者对其进行了全方位访谈，在对访谈结果按照科学的流程与方法分析后发现，个案研究显示的就业能力结构包括做人和做事两个方面，其中做人方面包括与人为善、有礼貌、自信乐观、体谅别人；做事方面包括，积极主动、思路清晰、团队精神和纪律性。

第三节 大学生就业与创业的关系

一、相关概念的界定

（一）就业

“就业”是反映劳动力市场状况的主要指标，同时也是反映经济和社会发展状况的重要指标，是各国政府制订政策所依据和密切关注的指标。长期以来，我国关于“就业”概念的理论界定缺乏可操作性，在缺乏理论支持的前提下，也就无法做出科学的量化界定。

（二）创业

在中国传统文化当中，“创业”一词与“守成”相对应。《辞海》对创业的定义为“创立基业”，指开拓、创立个人、集体、国家和社会的各项事业以及所取得的成就。它强调开端和草创的艰辛和困难，突出过程的开拓和创新意义，侧重于在前人的基础上有新的成就和贡献。其含义相当的宽泛，可视为是与人生价值相关联，具有哲学意蕴的广义解释。

在西方文化中，Enterpriser（创业）亦可译为“企业家”。根据对 Enterpriser 含义的理解，创业则可视为创造企业的过程，其意向集中在经济活动与财富增长方面。这是对创业的最狭义的解释。国内外的学者们，在对“创业”所持的各种观点与释说，大都是在狭义的论域中展开的。

概览西方的各种创业学的教材与著作，他们都没有严格按照形式逻辑中关于“种差 + 邻近的属”的定义方法来对创业进行严谨的界定，而是以较为随意的摹状、列举、描述等方式来阐述对创业的理解。

美国管理学会认为：创业可以被解释为新企业、小企业和家族企业的开创和管理，以及创业家的特征和特殊问题。主要内容包括：初创企业的理念和战略、初创企业创建和消亡的生态学影响、创业资本及创业团队的获得和管理、自我雇佣、企业所有者和经理人、创业与经济发展的关系。美国创业学领域中的泰斗人物杰弗里·迪蒙斯在他第六版的《创业学》中这样表述：“今天，创业已经超越了传统的创建企业的概念，而是把各种形式、各个阶段的公司和组织都包括进来。”“创业不仅能为企业主，也能为所有的参与和利益相关者创造、提高和实现价值，或使价值再生。”还有一些学者认为：创业就是商业进入，是为了利润而承担风险去组织和管理一个企业，其中蕴含着管理的风格、思考、行动、推理的方法与领导的艺术等。总之，发达国家的创业学家普遍认为创业是一个创造、增长财富的动态过程，是一个发现和捕获机会并由此创造出新颖的产品或服务并实现其潜在价值的过程。更为具体地讲，创业就是把产品、服务、点子等，通过组织团队、开发产品、申报专利、组织生产、开展营销、策划宣传、开拓市场等一系列运作，最后变成经济事业、成就主体（个人或组织）成功及财富增长的过程。国外的“创业学”研究也是围绕商机识别、创业者、创业团队、企业初办、资源需求、商业计划、创业融资、危机管理等方面展开，内容逐渐扩展到行业与社会、地区与国家等宏观方面。不过，近几十年以来，国际上对 Enterpriser 的解释也出现了由侧重承担风险，获取盈利转向创新、创造与价值的广义化倾向。

在我国，对创业概念的理解正处在由中国古文化的传统解释向西方的狭义解释迅速靠拢的过程中。通过对各种文献的归纳，可将主要的观点列举如下：

第一，创业，即创立基业或拓展前人事业新领域，包括兴办企业、开办事业乃至创建行业、开拓产业等。

第二，创业是指一无所有的创业者就某一项具有市场前景的新技术、新设计或想法向风险投资家游说以取得风险投资并转化为商品的商业性行为。

第三，创业就是创业者创立、创设或创新某种事业或职业岗位。按此含义，创业可分为三个层次，即开创新的职业、创设新的就业岗位和创新工作业绩。

第四，创业包括“求职”和“创造新的就业岗位”这两个方面。在这里，“求职”不是被动地等待分配工作，也不是在某一特定领域里寻找空缺，而是主动地、全方位地探寻可能的岗位以及通过施展才华使其成为自己的现实工作的过程。“创造新的就业岗位”是创业的关键和精髓。

上述的各种观点，其意向大都集聚在对创业的功用性、外延型或描述性的界说中，较为欠缺的是高度概括和对其本质的揭示与刻画。按照逻辑学对定义的最高要求：揭示概念特有的本质属性之观点，本文在综合上述观点基础上，将“创业”的定义深化、拓展为：创业是在社会经济、文化、政治领域内的行为创新，是创业主体为开辟或拓展新的发展空间并为他人和社会提供机遇的探索性行为。

此定义的特点在于：第一，从内涵上来讲，把“创业”明确地界定为“行为创新”，将“创业”归属于“创新”，而区别于“观念与思维的创新”，展示出“创新”与“创业”之间的“属种关系”；第二，从外延上来讲，“创业”具有广泛的使用范围，不再局限于经济领域，亦可拓展到文化与政治领域；第三，从功能上来讲，“创业”是积极的创造“机遇”的行为；第四，从价值取向上看，“创业”是指向发展的探索性行为，而不是维持现状的常规行为。

二、大学生就业与创业的内在逻辑

（一）自主创业丰富了当代大学生的就业选择

大学生就业难的问题是政府、高校和大学生自己都面临的一个迫切需要解决的问题，各方也都努力地通过各种办法来解决这一问题。统观现有的缓解或者解决大学生就业问题的各种措施，主要有大学生村干部计划、入伍计划、报考国家公务员以及事业单位的工作人员，应届毕业生直接报考研究生，大学生创业计划，志愿者服务西部计划以及特设岗位教师计划等。从这些计划工作当中，我们不难看出像村官计划只是临时性的工作，在此计划结束后大学毕业生依然需要面临解决就业问题。而入伍虽然也能够解决一部分大学生的就业问题，但是，部队对于能够吸纳大学生的岗位也是非常有限的，同时国家各级政府部门的公务员岗位和事业单位编制也是非常稀缺的，往往出现多人竞争同一个岗位的现象，因此其对于大学毕业生就业问题的解决也只是杯水车薪。应届毕业生直接报考研究生的计划，只是推迟了大学生就业的时间，并不能真正地去解决大学生就业困难的问题。因此来看无论是国家还是地方各级政府或者部队所提供的各种岗位，以及包括大学生直接考取研究生等措施都不能够很好地解决当前大学生就业难的问题。而只有大学生创业计划，才是真正能够符合中国长期经济发展和经济产业结构调整战略的大学生就业问题解决方法。大学生个人创业不仅能够实现大学生个人的理想，而且能够使他们认清自己在社会中的价值，发挥自身的优势，从而在根本上解决大学生就业的问题，还能够为社会创造更多的就业岗位，使得就业问题得到进一步的缓解。

（二）宏观就业形势给当代大学生自主创业带来机遇

近年来，高校毕业生人数迅速增加，社会经济发展不能满足高校毕业生的就业需求，毕业生的就业压力越来越大。面对这种形势，受过高等教育并具备一定创业能力的大学毕业生，选择自主创业既可以为自己就业寻找出路，又可以为社会减轻就业压力。当你为找不到如意的“饭碗”而发愁时，是否想过自己当老板、给自己造个“饭碗”？从找“饭碗”到造“饭碗”，虽然仅仅是一字之差，其结果却迥然不同。单纯地找“饭碗”，是通过竞争，通过“找”得到的，而造“饭碗”不仅能为自己解决就业问题，还可以为他人提供就业机会。当然，创业需要具备一定的条件，但这些条件都可以逐步创造。大学生在校学习期间，可以根据自己的职业规划，利用寒暑假时间实习、打工和创业实践，为毕业后走自主创业之路奠定基础；也可以走“先就业求生存，再创业求发展”的道路。“先就业，求生存”就是大学生毕业时，只要有正规合法的单位接纳，能求得自身生存，就去就业；在就业中，可以不断学习各种知识，提高各种能力，积累各种经验。有了一段就业的经历，具备了创业的主客观条件后，就可以考虑走自主创业之路。就业—创业—事业，是创业者人生事业发展的“三部曲”。

近年来，许多劳动就业专家提出，要破解当今中国的就业难题，应该鼓励求职者和稳定性较差的就业者用自己的资金和双手造“饭碗”，灵活就业、自主创业。可以预见，自主创业将逐渐成为高校毕业生就业的重要渠道。

三、大学生就业与创业的基本关系

（一）创业是解决就业难的重要途径

中国经济增长方式和产业结构的转变和调整，使得工作岗位的科技含量不断增加而对劳动力的需求相对减少，从而使得经济增长的速度能吸纳的劳动力的数量出现了越来越大的差距。在这样一个宏观经济背景下，经济增长不再成为扩大就业和解决就业问题的主要途径，尤其是在中国进行了产业结构和经济增长方式的转变的情况下，自主创新被作为产业增长要素予以重视。而大学生则更应该在观念上进行自我革新，努力进行自我创业，从而进一步带动就业，实现我国经济增长与扩大就业的良性循环机制。

（二）宏观经济趋势要求创业带动就业

我国宏观经济的趋势发展在当前已经出现了转变。很久一段时间以来，我国曾经是以大型企业为导向的发展战略，主要依靠大型企业的发展来吸纳和扩大就业。然而由于我国加入世界贸易组织之后在全球市场中面临非常大的竞争，大型企业开始思考如何提高自己的核心竞争力和市场竞争能力，从而逐步放弃了原有的规模经济和低成本的发展方式，转向依靠创新提高自身管理水平的集约化的资本发展方式。而这种发展方式的转变，必然会缩小企业对于就业人群的吸纳。降低企业对于就业机会的增加的比例，同时还会由于企业结构的优化从而使得劳动力市场上的失业人群增加。加剧中国劳动力市场供大于求的现状，使得我国经济增长与就业增长之间的，差异程度越来越明显。

在上述宏观经济趋势的背景下，创业就有了非常重要的作用。创业首先能够增加就业岗位，促进就业的倍增效应，同时创业不但解决了创业者自身的就业问题，还能解决更多人的就业问题。根据统计表明，每新增加一个个体户至少可以拉动两个人实现就业，而一家私营企业则至少可以拉动 15 个人实现就业。根据统计显示，我国新增的就业机会八成以上是由中小企业提供的，这些企业虽然规模比不上大型国有企业，却吸纳了劳动力市场上 50% 的新增就业人口和 70% 以上的农村剩余劳动力。由此我们可以看出，只有鼓励大学生自主创业，并且不断地发展中小企业和私营企业，我国的就业问题才能够得到真正意义上的解决。这也说明了，未来我国的经济增长模式，首先就应当鼓励以创业带动就业，促进经济增长向第三产业倾斜，从而为社会提供更多的就业岗位，实现经济发展与扩大就业的良性循环。

（三）劳动者具有很强的创业需求

目前，我国大学生还缺乏创业精神，而作为具有活力和创造力的人，大学生拥有较高的文化水平和知识技能，本来是应当作为创业的主力军的。因此，政府应当采用相关政策措施鼓励大学生大胆创业，使他们能够充分发挥自身的优势，创造更多的岗位和机会，使得就业问题能够得到更进一步的缓解和解决。其实对于每一个劳动者而言，单纯地出卖劳动力都不是他们所愿意的，只不过多数情况下他们对于创业的难度有了过高的估计而使得很多选择上比较谨慎保守的人放弃了大量的创业的机会，正如同前述我国大学生自主创业的比率甚至还不到一个百分点，而相应的发达国家达到了二三十个百分点，这种天壤之别般的落差所说明的问题是十分清楚的，劳动者对于创业的需求是没有极限的，但是会受到某些障碍性因素的影响。

第二章 高校大学生就业创业现状及问题

第一节 当前大学生就业创业面临的形势

报告显示，2018 届大学毕业生的就业率为 91.5%。其中，本科毕业生就业率（91.0%）持续缓慢下降，较 2014 届（92.6%）下降 1.6 个百分点；高职高专毕业生就业率为 92.0%，较 2014 届（91.5%）上升 0.5 个百分点。

2018 届本科毕业生“受雇工作”的比例为 73.6%，连续五届持续下降；“自主创业”的比例（1.8%）较 2014 届（2.0%）略有下降；“正在读研”（16.8%）及“准备考研”（3.3%）的比例较 2014 届分别增长 3.2 个、1.4 个百分点。

2018 届高职高专毕业生“受雇工作”的比例为 82.0%，较 2014 届下降 1.5 个百分点；“自主创业”的比例（3.6%）较 2014 届（3.8%）略有下降；“读本科”的比例（6.3%）连续五届上升，较 2014 届增长 2.1 个百分点。

大学生的就业形势如今已变得越来越复杂。大学生的就业不仅对其个人发展有重大影响，同时与高校的教育以及社会的和谐与稳定也有着非常大的关联。从一方面来看，大学毕业生会由于未就业或者未完全就业而导致收入不足，进而加重了自身和家庭的负担。另一方面未就业或者未完全就业会令大学生对自身价值的认识产生偏差，同时还导致社会上对于大学生群体的价值的认识出现扭曲。如何在当前严峻的宏观经济形势下促进大学生就业，不仅关乎到大学生个人的前途及其家庭寄予的期望，而且关系到未来高等教育的发展和整个国家的繁荣稳定。

随着高等教育在中国的普及，在 21 世纪之后的短短十几年的时间内高等教育在中国的规模得到了空前的发展，已经跃居世界首位，中国大学生在校率已经超过了美国。由于高校扩招的原因，中国大学毕业生的数量每年都在刷新峰值，最新数据显示，中国大学生毕业人数已接近千万人。而随着近几年来我国经济发展的增长方式转变，就业市场对于大学毕业生的容纳能力越来越小，对于大学生就业的拉动作用也逐渐出现了比重下降的趋势。这是由于不同的经济增长方式对就业的吸纳能力的不同所导致的，在我国现阶段原有经济增长方式持续了十几年的基础上，其新增的数量所能吸纳的就业岗位的能力已经大不如前。这一方面是由于科技的进步使得生产效率得到了提高，生产单位商品所需要的个人平均社会劳动时间得到了缩短，另一方面也是由于现有的增长方式对于就业的贡献呈现了下滑的趋势。

对于大学生而言，不能够就业则会使得国家产生巨大的人才损失，并且引发诸多对于社会层面的消极影响。就业不仅仅是大学生个人生活稳定的象征，多数时候也是对其个人社会地位方面独立的一种承认的态度。传统渠道对于大学毕业生就业的容纳能力的下降要求大学生应当在就业方式上进行创新，寻找更加新的自我实现的机遇。原有的就业渠道已经被明显地缩小了，这就要求我们的大学生不仅仅要对原有的就业渠道有一定的认知，同时对于一些新的就业岗位和就业渠道也要有相应的了解。

政府工作报告指出，扩大就业已经成为政府千方百计要达到的目的，为此诸多的政策支持和就业指导措施也不断地提出，就业渠道应当被拓宽，而且大学生自主创业应当成为未来大学生就业的主要形式，这就说明大学生未来的就业趋势是创业带动就业，这才是解决当前大学生就业难问题的一项切实而有效的途径，也是时代对于中国大学生提出的重要要求。那么如何培养中国大学生的创业意识，如何理解大学生创业与大学生就业的相互关系，如何建立起良好的大学生就业和创业的环境，如何鼓励大学生更多地进行自我创业、自我实现，则是本文重点关心的问题。

一、学校方面

第一，大学生毕业就业难的现状，是受了高等教育结构的影响。市场经济条件下，供求关系应当处于一个相对平衡的环境下。劳动力的需求方需要的是掌握实际技能和经验的人才，而供给方也应当培养相应的劳动力人才。但是目前用人单位所需要的劳动力人才并不能够从高校中直接获取，因而出现了职业教育人才供应短缺，以及高等教育毕业生供过于求的矛盾现象。这是由我国特有的人才培养的结构所决定的，我国高等教育体系中的大中专毕业生的比例与社会的需求并不一致，具体表现在以下三个方面：首先高等教育对社会需求的预测不存在科学性，因此高等教育在学科与专业设置的合理性上存在极大的问题。相对于社会需求，高等教育对于专业和学科的设置往往存在滞后性。多数情况下是当社会需要某种专业的人才的时候，高校才会开始一窝蜂地设置类似的专业，而当这些专业的学生毕业的时候，社会上需求或许已经饱和了，这就导致了大量的学生毕业之后无法找到工作。这种现象尤其明显地体现在21世纪初对于法学和生物学人才的培养上。由于当时的某些时代原因，法学和生物学的学科在当时得到了一定的重视，因而对这两门专业而言进行扩招就是顺理成章的事情，同时由于长期以来高校招生计划与毕业生就业计划存在的脱节，高校招生从来不考虑就业时候的成功率，这就使得高校招生的时候，只注重增加招生数量，但是当面临就业问题的时候，却没有合理的办法来解决招生时扩招的学生数量。最后是因为高校在人才的培养上出现了一哄而上的现象，结果导致同样专业的学生培养出来的素质并不具备同样的水平。再加上前述供给量超过了社会上真正的需求，从而使得就业出现了困难局面。

第二，高校教育制度的改革也影响了我国大学生就业问题。在早前的计划经济时代，大学生就业实行的是国家负责的计划分配形式，这种统包的制度在当时经济发展与高校专业设置不均衡，导致人才分配不均衡情况下是有相应的积极作用的。然而随着我国社会主义市场经济体制改革的进一步深入，早前计划经济时代的分配制度就出现了各种不足和缺陷，从而使得就业分配与市场经济化运行出现了不均衡、不协调的矛盾，这也就使得高校的就业制度面临亟须改革的情况。我国高校就业制度的改革最终实现了当前的双向选择自主就业的制度，这就使得大学生毕业之后就马上面临极剧烈的市场竞争。从而使得大学生就业的困难程度增加。诚然双向选择增加了大学毕业生就业的灵活性,但是其对于多数并不够自信的大学毕业生而言却不亚于是一项高难度的挑战。

第三，由于高校的招生制度，导致了大学毕业生的数量过于庞大。由于扩招的累加效应，大学毕业生的人数每年都在创新峰值，这就使得多数大学生对于就业的态度也变得越来越无所谓，因为越来越多的大学生的实际经历表明，当竞争变得异常激烈的时候，就业的风险和困难程度是呈几何级数增加的。同时由于我国大学专业设置的不合理，以及专业选择制度的不科学，从而使得大学生从入学开始，就不能改变自身所选的专业。因而其对于专业的学习，也影响了大学生择业的范围，甚至有可能影响到其整个职业生涯。当前情况下，很多大学生曾经都是以能够上大学为目的进行复习考试的准备的，因而很多人并不是真的喜欢自己所选择的专业，有的人甚至在入学之后才知道自己需要学习的究竟是什么。而社会上对于不同专业的毕业生的需求确实存在着很大的波动和变化。某些时段某些专业的毕业生是供不应求，而其他专业的毕业生却是处于相对过剩的状态。

第四，由于高校的培养模式。我国高校的培养模式直接决定了我国大学毕业生的综合素质较低，目前由于我国高校培养模式存在一定的缺陷，从而不利于大学毕业生的综合能力的培养。具体表现在以下几个方面。一是由大学实行的严进宽出的培养模式。由于我国教育资源相对于人口基数而言是非常有限的，因此高考的录取制度选择了较为严格的准入模式，而大学生毕业这方面则较为宽松。由于高考在我国某种程度上被人所寄予的希望远远高于了其能力范围的所有方面，这就使得高校对于大学生综合能力和综合素质的培养失去了控制。由于高校对于大学生考评和约束能力的下降，使得大学生并没有很大的学习压力，从而很难产生比较高的学习积极性，这就使得培养出来的大学毕业生，很多情况下知识技能水平都达不到用人单位的需求。二是孤立的培养模式，这首先是指高等教育的教学内容与社会的现实需求出现了脱节，专业设置跟不上社会发展的变化，而教学的内容也出现了过时，不能满足实际的需要。与此同时，高校的教学与科研也出现了脱离，因此多数高校科研能力较弱，也缺乏相应的环境试验条件。故而“填鸭式”教学成了高校的唯一办法，因此在这样的高校教学中，学生只能接受照本宣科的教师的知识灌输，而缺乏对于实际应用和前沿发展的把握，导致培养出来的大学毕业生的知识体系出现了极大的滞后。三是灌输式的培养模式，也就是传统的教师讲课学生听讲为主的教课堂教学方法，这样的培养模式，不利于学生主动性的提高，也缺乏了应有的互动和交流，从而使学生丧失了学习的兴趣和动机，不能培养学生的创新能力和创新精神。用人单位之所以不愿意招收应届大学毕业生的原因是因为这样的大学生进行入职会增加企业的培训成本。同时对于长期在固有的灌输教育模式下进行学习的大学生，其个人的创造性也大大地受到了限制。四是由于培养模式的重复性，多数高校为了追求国家建设高水平大学方面的标准，片面地追求大而全，将高校建成综合性大学，因此各高校之间往往缺乏个性的差异，使得衡量大学毕业生的质量的唯一标尺成为学历。而且这样的培养模式培养出来的大学毕业生并不能满足社会对于多种人才的需求，而只会导致各大学毕业生之间由于同质化现象严重而产生的激烈竞争，从而严重地影响了大学生的就业问题。高校之间的竞争是非常激烈的，一般而言能够在竞争中取得较好成绩的学校都是在历史上处于比较领先的地位的。

第五，高校的就业指导工作方面也存在较大的缺陷。首先在经费方面存在着严重的不足。尽管教育部已经三令五申要求提高对于就业指导方面的投入。然而从现实情况来看，多数高校在就业指导方面仍然存在着很大的欠缺，组织机构与各项设施都很不健全。就业指导人员的大量缺乏，最终导致了学生在接受就业指导的时候的信息量的不足。由于经费投入的不足，使得就业指导相关人员的素质也出现了极大的缺口。多数就业指导人员并不能够为高校毕业生提供比较全面。而且实际的就业指导服务，而且多数人员没有经过正规的就业指导培训，也很难为大学毕业生的就业提供高水平和专业化指导。就业指导工作并不是一项简单的工作，其要求工作人员不仅需要了解当前人才和劳动力市场方面的相关信息，还需要对其中的内容进行筛选，然后针对毕业生的个人条件的不同，引导其对不同的工作岗位产生兴趣，同时还要积极调动毕业生原有的各项优势和各种资源来最终实现就业。同时高校在就业指导工作方面内容并不全面，往往仅限于某些信息的发布，毕业生数量的统计等方面，而忽视了对于大学生创业的教育以及创业精神的培养，为数不多的创业教育往往采用课堂教学和报告形式，其内容多数都有雷同的现象，缺乏逻辑性、系统性、实效性和匹配性。对于就业指导工作而言，单纯的课堂上的照本宣科已经不能够满足当前大学毕业生就业的需要，因此对于那些枯燥乏味的就业指导工作而言，多数情况下很多大学毕业生都采用敷衍了事的态度进行学习，这也就使得大学毕业生丧失了一次提高个人就业工作能力，丰富自己就业经验的良好机会。

二、学生方面

首先，大学毕业生的个人素质不容乐观。由于上述高校对于大学生培养模式的诸多缺陷的影响。从当前用人企业对于应届毕业生的反馈情况来看，大学毕业生的综合素质存在着下降的趋势。同时大学生由于长期在学校不能够得到良好的监督环境，在“严进宽出”的大学教育模式的背景下，多数人在上大学之后反而放弃了曾经的积极的学习态度，开始注重享受，这在大学生中非常普遍。

其次，在大学毕业生的就业期望方面也存在着较大的落差。大学毕业生往往自诩为天之骄子，相信自己受到的是精英教育。从而对自己的认知出现了偏差，由于高等教育在我国已经由精英教育转变为大众教育，因而大学生实际上不能够认清自己只是作为普通劳动者的身份，这种地位的转变，使得大学生的择业观念和择业期望都出现了较大的变化。所谓的天之骄子已经不再具有曾经的光环，大学毕业生不再被认为是必然能够给其工作带来较大的进展的稀缺型人才，甚至很多岗位本来本科生就可以完成的情况下，单位都要求应聘者拥有硕上学历。但是由于人学生的教育费用占据了其家庭支出的相当大的部分，其所花费的时间成本也远远高于其他教育程度的家庭。这就导致大学生对于自己就业的期望必然存在一个较高的水平，因为这是为了回收教育投资，实现教育投资收益的主要途径。这里的问题在于，教育的高投入并不必然导致高产出，因为大学生尤其是大学毕业生自身的因素才是其中最重要的影响方面，在此基础上大学生就很难对于自己的工作抱有切实的希望，而过高的期望则往往阻碍了大学生的顺利就业，从而使得大学生就业出现了高不成低不就乃至眼高手低的现状。

再次，大学生在就业过程中，诚信意识淡薄，法律知识缺失。越来越多的大学生，出现了违约的现象。很多大学生在找工作时选择了广泛投简历的大撒网策略，从而在缺乏理性思考的前提下随意地签订了就业协议书，而当他们找到更好的工作之时，就会果断地与之前的用人单位解除就业协议。由于当前违约的表面成本比较低，很多大学毕业生并未因此受到经济上的损失，但是他们有所不知的是，由于这样一种缺乏诚信和法律意识的行为存在，使得大学生自身所处的群体的诚信度有了大幅度的下降，从而影响了整个群体在就业市场中的诚信度。大学毕业生这种普遍的违约的行为，也使其付出了相应的代价。从而使得用人单位在招聘应届毕业生的过程当中持有非常谨慎的态度，因而提高了大学毕业生就业的困难程度。

最后，大学毕业生中的弱势群体也导致了大学毕业生就业困难的增加。这些人主要包括女大学生和有残疾的大学生，他们在找工作的过程当中，往往会受到不同程度的歧视，对这一人群的高度重视是提高大学生就业水平，改善大学生就业状况的一个重要举措，不容忽视。当前对于大学毕业生中的弱势群体的关注程度还未达到所期待的水准，而大学生中的弱势群体尤其是女性的就业难的问题就不仅仅是性别歧视那样简单了。

三、企业方面

首先，我国企业在进行人员招聘时，其雇员的选拔机制缺乏公平，由于我国还没有形成完善的人才市场系统，因此也很难做到公正公开的选拔人才。有些单位在进行雇员选聘时，很难做到人尽其才物尽其用的原则。而有些单位在进行招聘时，其透明度很低随意性也很大，因此很难给大学毕业生创造一个公平竞争的环境，而且其在选聘大学毕业生的标准和条件上，也往往比较随意缺乏合理的依据。

其次，对于人才的认知也存在着很大的误区。用人单位在进行大学毕业生的选聘时，往往倾向于高学历，从而使得许多学历相对较低的大学毕业生面临的不公平的待遇。某些工作本来职业教育的学生就可以胜任，却非要招聘本科生来进行，有些单位甚至把本科生可以胜任的岗位招了研究生来做。学历化的倾向同时出现的还有名牌化倾向，很多用人单位不考虑自身单位的具体情况，盲目要求大学毕业生毕业学校的知名度，从而使他们对于名牌高校重点院校学生比较热衷，而忽略了一般院校的大学毕业生。这些误区不仅忽视了企业对于人才的真正需求的合理性，而且造成了人才资源的极大浪费，同时也加剧了高等教育结构中的某些问题，从而最终使得大学毕业生就业的难度增加。

最后，用人单位在面临大学毕业生选聘的过程当中存在某些歧视的现象，尤其是针对大学毕业生中的某些弱势群体，如女生或者残疾学生等。用人单位往往也会针对学生的生源地进行歧视，这些不公平、不合理的方法都严重地影响了大学毕业生的就业。

四、社会层面

从社会层面来看，我国的整体就业形势是非常严峻的。劳动力的供求关系出现了非常大的不平衡。当然从长远来看，这是由于我国庞大的人口压力和相对较差的经济基础造成的。在中国加入世界贸易组织之后，劳动力的供求失衡的现状变得更加明显。由于入世之后国际竞争开始逐步渗透到中国，对于企业来说，最重要的是科技创新和技术进步，而由此带来的经济增长，对于就业机会的增长趋势来说是相对较低的。这是由于新的经济技术的发展，导致了我国产业结构由粗放式经营向集约化经营的转变，对于劳动力人数的需要大大减少，从而使大量的就业人口面临的职业岗位不断减少。由于市场竞争的不断加剧，城市人口中原本有大多数人不存在失业的问题，这些人被称为隐性失业群体。而在面临市场激烈竞争的情况下都转为了显性。同时由于中国加入世贸组织之后对于国外的农产品进口数量开始不断增加，导致国内农产品的价格出现了大幅度下滑，农民的收入也出现了降低的趋势，使得广大农村的劳动力涌入城市的就业范围，进一步加剧了城镇就业的竞争程度。因此从城镇群体失业显性化，农村劳动力大量涌入城市再加上下岗职工再就业中的失业人口的大规模增加，我们可以看出在未来很长一段时间内中国的就业形势都是不容乐观的。在就业形势之外就业结构也出现了相当大的矛盾，由于我国经济社会发展处在转型的阶段，因此经济结构的调整导致了宏观经济形势上的很多重大举措的变化，从而使得不同地区、不同产业、不同企业甚至不同劳动力水平的人之间的矛盾变得越来越严重。比如，金融电信行业服务的高速发展促生了很多新的就业岗位，而传统的机械制造等行业则受到国际市场的竞争，出现了下滑的趋势，甚至导致大量原有工人的失业。在经济条件较好的沿海地区和一线城市经济速度发展较快从而使得就业有了较大的增长，而某些老工业基地和二三线城市由于基础设施落后，建设发展速度就相对迟缓，从而就业压力更加巨大。当然需要指出的是加入世贸组织并不是导致这些就业结构方面矛盾的根本原因，根本原因是由于我国各方面社会经济体制长期积累的结果。

长期以来，中国的教育体制出现了分割的局面，在这样一种局面的影响下，各个高校往往是根据自己隶属关系的不同而确定了自己人才输送的服务范围，比如有些高校隶属于教育部，有些高校隶属于国防部，有些高校则隶属于地方政府，这样的制度给大学生的人才流动造成了极大的困难和障碍，从而造成了行业和地区间人才流动的不均衡，有些区域人才过剩而有些地区或者行业人才是出现了短缺。同时大学毕业生就业时的户口档案制度和组织关系管理制度的改革也相对于经济改革的发展出现了迟缓，从而严重阻碍了大学生合理有效地流动，这也使得我国大学生就业难的问题更加明显。大学生就业很多时候由于其户籍的问题使得很多已达成良好意向的劳资双方都最终放弃了。

在当前我国人才机制与市场制度还不够完善的前提下，大学生毕业时的不平等竞争也使得大学生的就业问题出现了困难的局面。大学生由于其信息掌握的不平衡从而使得有些大学生能够及时有效地掌握更多有价值的就业信息，而另一些大学生则很难获得到类似信息，这就使得有些在学校里表现一般能力不突出的学生反而找到了较好的工作，而有些各方面都很优秀的学生，由于缺乏社会关系资源而无法实现良好的就业，这种不公平的现象不但助长了社会上的不良风气，更是极大地挫伤了广大学生学习和就业的主动性和积极性。同时由于各企业用人制度的不均衡，导致了大学生对于某些劳动力市场上收入与工作环境相对较好的单位进行群起而追逐的情况。而某些真正需要人才的单位却不能够得到想要的人才，这不仅影响了企业真正对于人才的培养，也影响了大学生对于职业的预期和设想。再加上大学生就业后由于某些学生具备社会关系，因此在岗位安排和职务晋升上具有优势，这种不公平现象的存在不利于对于其他同等大学毕业生的发展和激励。

第二节 高校大学生创业就业的现状分析

一、大学生就业总量大，创业比例小

从大众创业、万众创新的视角看，创业是最高层次的就业。为此，各级政府出台了一系列相关政策鼓励大学生创新创业，不少地方通过建立高校、政府、社会三方有效机制引导大学生创新，助推大学生创业实践。此外，许多高校结合创新创业教育，做出了不少创新性举措。

二、大学生创业就业门槛高、落差大

在就业方面，不少大学毕业生在找工作的过程中，对未来的工作有过多不切实际的规划和预期。比如，过度强调工作要专业对口，工作的起始月薪不能太低，同时要求坐办公室工作而不下工厂、下车间，还要有正常的作息时间，不太愿意选择销售工作，诸如此类情况反映出高校大学生在就业时追求不切实际的目标，盲目自我设限，实际上是将自己挡在了就业的门槛之外。

在创业方面，一些大学毕业生同样也存在认知偏执、自设门槛的情况。有的认为创业必须起点高大上，不能有损所谓的大学生“形象”；还有的顾虑重重，“前怕狼、后怕虎”，既想赚到钱，又担心创业失败。其实，真正的创业者需要拥有与时俱进的创业理念，同时要有脚踏实地的精神。真正成功的创业者不是想出来的，而是一步一个脚印、一步一个台阶走出来的。创业一定要克服浮躁、保持定力。

此外，还不乏有一些大学生，无论是创业还是就业总是怨天尤人，哀叹自己运气不好、机会未到，实际上是为自身不思进取、不求上进找借口。正如一句流行语所言，“不要总说你怀才不遇，为何不说你怀才不够”。如果总抱怨就业难，而不反思自身的问题，那么永远难以找到合适的工作。从现实来看，社会提供的岗位并不少，各行各业都有大量的人才需求，如果树立正确的择业观念，先就业再择业也未尝不可。但事实上，多数大学生对企业提供的工作不满意，而遇到自己很满意的工作时，又无法达到用人单位的要求，从而形成了巨大的就业落差。

三、大学生创业就业期望值偏高、心态浮躁

一般而言，就业期望是指毕业生希望获得的就业岗位、就业地区以及薪水标准等。就业期望值是指理想的职位对自己物质、精神需求的满足程度，如工资收入、福利待遇、工作环境和条件、是否能受到同事的尊重和领导的器重、自己的能力和特长能否得以施展等。从现实情况看，当前高校毕业生就业难在主观上还与大学生创业就业期望值过高，自身适应能力较差，缺乏客观定位有关。

（一）大学生就业期望值偏高

我国高等教育已经实现了从精英教育向大众化教育的转变。但大学生的精英预期，尤其是就业观念却没有发生转变，很多大学生认为毕业后就有一份理想的工作在等着自己。之所以会出现这种现象，既有高校教育价值引导问题，也有大学生自我价值观念转变迟缓问题。如果缩短这个转变期，就需要高校师生共同努力，通过创业就业教育，引导大学生树立务实的创业就业观，克服期望值过高的心理，逐步缩小社会现实与大学生期望值之间的差距。

（二）大学生心态浮躁

目前，我国经济社会正处于深刻的转型期，社会上存在不良的浮躁风气，这种现象已经影响到高校大学生创业就业心态，一些大学生在创业就业中出现利益至上、追逐名利等浮躁心理，其结果影响到自身发展和自身价值的实现。

第三节　大学生创业就业存在的突出问题

当前，通过以问题为导向对大学生创业就业现状的分析，不难发现，导致大学生创业就业难的成因是多元化的，其突出问题主要集中在以下几个方面。

一、高校人才培养的结构性矛盾

应用型高校人才培养专业设置应该面向地方经济建设和社会发展，且与其对人才的需求相适应。但从发展的现实看，一些高校在办学定位和专业建设方面仍存在不少问题。

一是不少高校办学定位不够精准、人才培养目标不够清晰、学科专业建设摇摆不定，在教育发展缺乏与时俱进的状态下，难以从根本上化解人才培养的结构性矛盾。

二是由于办学定位和人才培养目标存在的问题，使一些高校的专业设置和课程体系建设脱离经济社会发展的需要，造成所培养的人才与发展现实相脱离，所学专业知识滞后于现实发展。由于这种人才培养结构性矛盾，在很大程度上导致大学生就业难。

二、大学生创业就业教育的不足

在国外，从事创业教育的教师实践经验丰富，且能较好地把理论与实际相结合。与此形成鲜明对比的是，我国高校创业就业教育明显不足，一是部分高校迫于形势、压力，虽然相继开设了创业就业类课程，但由于师资缺乏，教学经验不足，尚未达到教学目标和要求；二是创业就业教

育依然存在着过度理论化的倾向，创业就业实践教学滞后；三是部分学校重就业、轻创业，仅仅通过一些讲座来宣传创业教育、创业指导，内容大多局限于阶段性的创业计划竞赛，而对自我创业意识和创业精神的培育，对投资项目论证、资金筹措、产品技术、质量管理、市场开发、人际关系、商业法规及政府相关政策等方面的指导内容涉及较少。因此，高校创业就业教育不足也是导致毕业季就业难、创业率较低的原因之一。

三、大学生自身能力素质的缺失

高校大学生创业就业离不开能力素质的支撑，大学生创业就业能力素质是在教与学的互动过程中逐步提高的。从当前创业就业面临的问题及成因来看，大学生能力素质缺失是创业就业遇阻的关键因素。在巨大的就业压力面前，高校大学生创业就业教育的核心应该定位在能力素质层面，从多元举措上提升大学生自身的能力。

当前，高校大学生创业就业教育方面的工作效果不甚理想，大学生依然缺乏相应的能力，主要表现在：一是学生自身方面，很多学生把自己的思维都局限在课堂和书本上，对于社会职业的需求状况不了解，等到毕业的时候再去了解就会准备不足。二是高校方面，《国家中长期教育改革和发展规划纲要（2010–2020 年）》明确提出，要培养学生适应社会的能力，而且把培养适应社会的能力作为衡量教育的根本标准，但是学校在培养大学生适应社会的能力和本领方面尚有不足，没有让大学生从课堂、书本里解放出来，使其在接触社会、接触职业上投入更多的精力和时间。

第四节　大学生创业就业的能力素质支撑

一、以社会需求为导向的专业建设思路

所谓以社会需求为导向，就是根据经济社会发展和市场对人才的需求，来创新高校的办学思路和专业建设方向。

（二）以社会和市场需求为导向，合理设置专业

高校人才培养应坚持以市场需求为导向，以教学质量为基础，培养服务于经济社会发展的各类人才。为此，要根据市场人才需求和变动趋势，对学科和专业建设做出系统评价。在此基础上凝聚优势学科方向，打造特色专业集群，通过优化学科专业建设，提高办学水平，提升人才培养质量。

（二）以改革和内涵发展为导向，推进专业建设

高校人才培养应坚持以改革发展为动力，以内涵建设为根本，加快推进满足社会和市场对高质量专业人才需求的专业建设。为此，高校需要从统筹优势学科、特色专业出发，本着“水平高、知识新、应用强”的原则，来改革和建设专业，培养德才兼备、专博相济的高素质人才，以此缓解市场与毕业生的供求不平衡之间的矛盾。

二、以创业就业为导向的人才培养模式

所谓以创业就业为导向，就是从大学生创业就业的实际需要出发，把创业就业融入人才培养体系之中，通过人才培养模式的创新，提高大学生创业就业能力。

（一）加快人才培养模式转变

在教育部《关于做好2015年全国普通高等学校毕业生就业创业工作的通知》中，把“全面推进创新创业教育和自主创业工作”作为最重要的部分，要求把人才培养的模式转变到创业就业教育上来，从被动地推动大学生就业到主动拟定优惠政策，鼓励大学生创业，并适当开设相关创业指导课程，特别是倡导大学生进行创业思考与实践。根据这一要求，高校在教育改革上要牢固树立以创业就业为导向的人才培养理念，要把创新、创业和大学生就业教育融入人才培养体系之中，持续推进创新创业教育，不断提高大学生创新创业能力和就业水平。

（二）建立创业教育课程体系

在高校人才培养中，只有培养出具有创新意识的大学生，才可能培养出成功的创业者。为此，在课程设置上，要根据学生实际情况，增设开阔视野、激发创业精神及创业意识、提高创业基本技能的课程，也可开设一些极具发展前景和市场所需要的课程，使大学生可以全面了解市场发展和变动趋势、市场竞争与经营风险、创新驱动与企业发展等方面的知识；在课程安排上，着重设置管理、经济、法律等方面的知识，因为大学生创业必定是一项创业团队活动，它需要系统地了解企业经营与管理的相关知识；在教学方法上，围绕创新创业要运用启发性、互动性的教学方法，培养学生独立思考问题、分析问题、解决问题的能力以及创新能力。

（三）开展各种形式创业大赛

高校创业教育主要是培养大学生创新创业意识，开展各种大赛主要是让大学生践行创新创业精神。为此，可以把创业教育和创业活动结合起来，通过搭建各种创业大赛平台，组建不同类型的创业团队，定期组织开展各种专业竞赛、创业沙龙、创业大赛等活动，锻炼和提高学生的组织力、判断力、前瞻力和动手操作能力，同时也可以为创新创业教育营造一个良好的创业氛围。

三、以加强能力素质为导向的应用人才培养思路

（一）注重专业能力与职业能力的结合

为了使毕业生创业就业时有相匹配的专业知识、专业技能和职业素质基础，实现人才培养与就业岗位的“零距离”，高校在人才培养上应把专业能力和职业能力结合起来。专业能力体现为从事本专业工作应具有的专业能力和水平，职业能力是大学生毕业后所从事的职业岗位应具备的能力。为此，高校在培养大学生专业能力的同时，必须重视大学生职业能力的提升。它可以通过职业资格证书达标课程、创业就业方向课程以及社会实践活动，不断提高大学生的职业认识水平和能力水平。

（二）注重职业能力与创新能力的结合

应用型本科高校人才培养的目标是掌握本专业必备的基础理论和专业知识，具有从事本专业

实际工作的职业能力，能够胜任在生产、建设、管理、服务一线工作的高素质应用型人才。这就要求高校在人才培养中把职业能力和创新能力的培养结合起来。职业能力是高校大学生在短时间内胜任工作、获得企业认可的能力，是大学生敲开企业大门的“敲门砖”，是大学生必练的“外家功夫”；而创新能力是推动企业不断创新发展的动力和源泉，是备受用人单位关注的隐性能力，是高校大学生必须修炼的“内容功夫”，两者相辅相成，缺一不可。

（三）注重创新能力与创业能力的结合

高校推进创新创业教育之所以被称为“双创”，就是从关联性上讲两者是不可分离的，没有创新意识带动，就难以形成富有价值的创业；没有创业平台，再有创意的点子也难以在实践中创造价值。所以，高校人才培养可在加强专业教育、职业教育的同时，把创新教育和创业教育结合起来，将其融入人才培养体系之中，借助于创新创业教学和实践活动，提高大学生创业就业的综合素质和能力。

第三章 大学生就业前的准备

第一节 大学生就业前的心理准备

一、择业前心理障碍表现

由于近年来大学生就业压力增大，使得一部分毕业生在求职择业中出现各种心理障碍，主要表现如下：

（一）迷惘心理

大学生在求职择业的过程中，面临着种种剧烈的心理冲突，因而产生种种矛盾的心态：他们希望自主择业，但又不愿承担风险；渴望竞争，又缺乏竞争的勇气；胸怀远大理想，却不愿正视眼前现实；注重专业能力的发展，但又互相攀比、爱慕虚荣；重事业、重才智的发挥，在实际价值取向上重物质、利益；对自我抱有充足的信心，但在遇到挫折之后，又容易自卑；既崇尚个人奋斗、自我实现，又有较强的依赖感。职业目标上理想和现实的反差，自我认知上自傲与自卑并存，职业选择上独立性和依赖感错位，使得部分大学生在就业中感到十分迷惘和困惑。

（二）焦虑心理

大学生就业是大学生走出校门、走向社会的第一步，是他们人生中的一次重大转折。面对纷繁复杂的社会，面对日趋严峻的就业形势，面对日益激烈的就业竞争，面对国家需要、个人意向、有限的供职岗位、多样的工作环境等多元因素组合的职业选择，如何做出正确的抉择，是让每一个涉世不深、社会经验缺乏的大学生们最为困惑的难题。为数不少的大学生在各种选择和诱惑面前无所适从：或职业期望过高，不切合实际；或希望尽快落实就业单位，急于求成；或幻想无须付出多大的努力就能得到称心如意的工作，而实际生活中往往事与愿违。因此，大学生在求职择业过程中普遍出现焦虑和烦躁不安，甚至恐惧的心理。

（三）依赖心理

在就业过程中，一些大学生缺乏主动参与意识和竞争意识，信心和勇气不足，在社会为其提供的就业机会面前顾虑重重，不能主动地参与就业市场的竞争，向用人单位展示自我，推销自我，依靠自身的努力去赢得竞争、赢得用人单位青睐，而是寄希望于学校，寄希望于地方毕业生就业主管部门，寄希望于家庭，或静候学校和地方的安排，依靠家长去四处奔波，缺乏择业的主动性，等靠思想和依赖心理严重，使自己在就业中处于劣势。

二、客观评价自己，适应职业需要

在求职择业过程中遇到困难，甚至经过几次挫折后才能获得成功都是正常的。在此过程中产生消极情绪是难免的，产生心理冲突、心理误区甚至形成心理障碍也是正常的。但是要将产生的心理问题及障碍及时调适，这是尤其重要的。只有具备良好的择业心态，才能适应变化中的就业市场，找到理想的工作。可以从以下几个方面去积极调适，做到保持良好的择业心态。

（一）适应市场，调整就业期望值

就业市场化、自主择业给大学生带来了机遇与挑战。用人单位招不到人，而大量的毕业生无处去的“错位”现象普遍存在，大学生的就业期望值普遍较高是造成这种现象的原因之一。在当前获得一个理想职业的时机不成熟时，应采取“先就业，再择业”的办法，增加工作经验，然后再凭借自己的努力，通过正当的职业流动来逐步实现自己的职业理想，实现自我价值。许多大学生不愿意去经济落后的地区工作，可是随着国家西部大开发战略的推进，西部地区日益成为我国经济发展的热点，也将给大学生提供更多的发展机会，因此抢先到这些地区工作可能会更加有利于自己的职业发展，取得事业的成功。

（二）正确认识和评价，增强择业信心

大学毕业生选择职业，其实质就是个人的主观愿望和社会需求的有机结合。大学毕业生应冷静思考自身的条件和就业的定位，分析个人的优势与不足，科学地确定择业的方向和期望值。毕业生要按照社会的需要不断充实、完善和提高自己，充分做好择业前的准备，以增强择业的自信心。

（三）积极参与竞争，坦然面对挫折

双向选择的就业制度为大学毕业生和用人单位提供了双向选择的机会。大学毕业生应珍惜机遇，积极参与竞争，不怕挫折，在竞争中寻找自己的位置，实现理想。敢于竞争就要从实际出发扬长避短、发挥特长。此外，还要有一定的实力，靠真才实学，而不能靠纸上谈兵。

（四）调整心态、完善人格

人的心态有积极和消极之分，积极的心态是一种进取的心态，消极的心态是一种防卫的心态，积极的心态有助于提高人的心理素质。在求职中偶尔出现不健康的心态是正常的。成功者与失败者的不同之处在于，前者总能运用积极的心态支配人生，他们始终用积极思考、乐观精神和坚强的意志控制自己。失败者则总是被压力、困难及疑虑所左右，其结果只能是失败。健全人格的培养不仅要依靠学校教育的力量，还应充分发挥大学生自我教育的力量，通过参加各种社会实践活动，了解自我人格的不足和缺陷，使自己的人格更加成熟。

（五）适度宣泄

大学生面临毕业时，经常会因一些事情影响个人的情绪，比较容易出现情绪低落或心情烦躁等情况，适度的宣泄是消除这种不良情绪最简单、最有效的办法。选择适当的时间和地点向家人、朋友或老师倾诉，该哭就哭，该笑就笑，一吐为快，使自己得到适度的宣泄，从而有助于恢复正

常的理智。当然还可以去适度参加体育活动，如去打球、爬山，有意加大运动量来宣泄，达到平衡心态的目的。

（六）积极寻求心理咨询帮助

心理疾病也是一种病，但很多人对此认知度不够高。目前国内越来越多的高校开设了心理咨询服务中心，帮助大学生解决心理问题。如果求职者在择业过程中遇到心理困惑，可以到心理咨询部门或者机构进行咨询以寻求帮助。

第二节 大学生就业信息的收集与准备

一、收集就业信息的原则

一般而言，要收集到适合自己的、高质量的就业信息，必须把握以下五个原则。

（一）准确性、真实性原则

准确、真实是对就业信息收集的首要要求，因为就业信息是否准确，是择业人员能否做出正确决策的关键。信息不准，会给择业带来决策上的失误。毕业生在收集就业信息时，必须做到准确无误。只有准确、真实地掌握了用人单位对应聘者专业、层次等的具体要求，才能知道该岗位是否适合自己，才能进行有针对性的准备，否则只会浪费时间、精力和财力。近年来，社会上有些以盈利为目的的职业中介机构，用一些过时或虚假的信息来欺骗大学生，对此毕业生应当警惕。

（二）适用性、针对性原则

人们常说 21 世纪是一个信息爆炸的时代。随着社会的进步、信息技术的普及和人才市场的逐步发展壮大，就业信息也越来越多，越来越丰富。如果收集信息时不注意适用性，就可能在众多的就业信息中把握不住方向，捕捉不到真实的、有价值的信息。为此，大学生应该首先对自我进行充分认识，然后再结合自己的专业、兴趣、需要等进行有针对性的信息收集。

（三）系统性、连续性原则

大多数情况下，大学生获得的就业信息都来自不同的渠道，是零散的。而要对当前的就业形势和就业市场有一个整体的认识，大学生就必须对所获得的就业信息进行加工、提炼，形成能客观、系统地反映当前就业市场、就业政策、就业动向的就业信息系统。

（四）计划性、条理性原则

大学生在收集就业信息的过程中还应该坚持计划性、条理性原则。在收集就业信息时，首先，必须根据求职者收集信息的目的制订收集计划，只有这样，才能在收集信息的过程中掌握主动权，避免盲目和混乱。其次，要明确自己所需的就业信息是有关就业政策的、就业动向的，还是用人单位的，这样才能有的放矢，收集的信息才能更具条理性。

（五）及时性、时效性原则

收集信息还要突出一个“早”字。越早下手，越容易掌握主动权。一般来说，大学生在毕业前一个学期就应该着手进行信息收集。只有早做准备，收集到的信息才能全面、系统。另外，还应注意就业信息的“时效性”，对收集到的信息进行及时处理。

二、获取就业信息的主要渠道

（一）学校就业指导中心

学校就业指导中心是大学生获取就业信息的重要渠道。可以说，学校是连接大学生与就业管理部门及用人单位的核心环节，一方面，学校与毕业生就业工作的各级主管部门之间保持着密切联系；另一方面，学校每年都要向用人单位输送毕业生，因此与用人单位保持着广泛而密切的联系，并在与用人单位的长期合作中，建立了稳定的供求关系。因此，就业指导中心掌握着大量需求信息。经验表明，从学校就业部门获取的需求信息准确、可靠、及时，且针对性强、可信度高。

（二）各种类型的毕业生就业市场

随着市场经济的逐步建立，人才市场也在不断完善和发展。目前，各省、市、区都相继建立了各种人才市场，而且规模日益扩大。为了帮助大学生就业，各地方、各行业及各高校都会举办规模不等的“双选”招聘会。在“双选”招聘会上，可供毕业生选择的机会较多，供需双方面对面交谈的机会也较多。“双选”招聘会已经成为毕业生就业的主要渠道。

（三）社会就业指导咨询机构和职业介绍服务机构

随着劳动力市场的发展和完善，社会就业指导咨询机构和职业介绍服务机构将成为毕业生获取就业信息的主要渠道之一。这些机构以盈利为目的，信息的针对性强，就业成功率也较高，但毕业生应充分考虑自己的经济承受能力。另外，对于这些机构，要认真鉴别，以免上当受骗。

（四）社会关系

社会关系通常称之为“门路”，也是大学生求职择业的有效途径之一。有调查表明，熟人介绍是公司人员最可靠的来源。事实上，每年有不少毕业生就是通过“门路”落实就业单位的。社会关系主要以“三缘”为基础，即“血缘”“地缘”“学缘”。

（五）实习单位

实习单位一般都是对口单位。通过实习，毕业生对单位的了解和单位对毕业生的了解都会比较深入。因此，一旦实习单位有意接收毕业生，用人单位熟悉的实习生就是它们优先考虑的人选。每年通过实习落实就业单位的毕业生都不在少数。教学实习、社会实践、参观调查不仅能使毕业生巩固所学知识，加深对职业及用人单位的了解，还可以在第一时间获得用人单位的需求信息。

（六）各类媒体

报刊、广播、电视等媒体的信息传播速度快、涉及面广，为毕业生就业提供了丰富的信息。比如，教育部高校学生司和全国高校毕业生就业指导中心主办的《毕业生就业指导报》，是专门为毕业生就业服务的专业性报纸，会定期为毕业生提供就业信息。另外，《中国教育报》也开设了为毕业生就业服务的栏目，《扬子晚报》《新民晚报》《人才市场报》等地方性的报纸也经常刊登毕业生就业信息。

（七）就业信息网络

通过网络获得就业信息是毕业生在信息时代获取信息的一种高效、便捷的途径。相对于人头攒动、异常拥挤的“双选”招聘会，网上求职不仅方便，而且便于管理。目前专门性的求职网站种类繁多、数量庞大，而且已有不少省、市和高校都建立起了毕业生电子信息网站，这些网站大多并入了国内各大网站，毕业生既可以从中查阅到职业需求信息，也可以将个人的求职材料输入网络系统，供用人单位招聘时参考。

三、就业信息的分析与处理

广泛收集就业信息仅仅是择业工作的第一步，收集的信息越多，机会就越多。但是，繁杂的就业信息中难免会鱼龙混杂，所以对所收集到的信息进行一番分析和处理是必不可少的，只有这样才能保证信息真实、准确、有效，更好地为求职服务。为此，要做好以下五项工作。

（一）就业信息分析

对就业信息的分析包括定性分析、定量分析和定时分析。所谓定性分析是指对信息进行质的分析，如对就业信息中应聘条件、岗位特点、招聘对象的分析。所谓定量分析是从数量关系上对就业信息进行分析，如对某一职业岗位所需人数与应聘人数之间的关系的分析。所谓定时分析是对一定时间内就业发展趋势进行分析。进行就业信息分析，常用的方法有对比分析法、综合归纳法和典型分析法。

（二）就业信息筛选

对收集到的需求信息，毕业生应结合自己的实际情况加以筛选处理，去粗取精，去伪存真，进行有目的、有针对性的排列、整理和分析。对就业信息进行筛选时主要应核查信息的真实性、时效性和价值性。对信息的真实性进行核查，就是要排除那些虚假信息；对信息的时效性进行核查，就是要排除那些过期、无效的信息；对信息的价值性进行核查，就是要认真分析它们对于自己所具有的不同价值。比如，某些岗位信息符合自己的职业方向、兴趣爱好、发展要求等，那么这类信息就比较有价值；反之，就是无价值的就业信息。筛选需求信息应注意以下四点：一是善于对比；二是掌握重点；三是了解透彻；四是适合自己。

（三）就业信息鉴别

就业信息鉴别的目的主要是辨别其真伪、权威性及适用性等，鉴别的对象主要是前一阶段加工整理出的信息。要想弄清信息的真伪，就需要知道其来源于何处、是谁提供的、提供者的依据是什么等。要想辨别信息是否具有权威性，就需要了解其来源与质量，掌握信息提供者的背景，比较同类信息的深度。要鉴别信息是否具有适用性，就需要首先了解自身的需求和特征。

（四）就业信息利用

就业信息利用主要体现在以下三个方面：①及时运用有价值的信息去选择适合自己的工作；②根据职业信息的要求及时调整自己的知识、技能结构，提高自己的工作能力，弥补原来的不足；③及时输出对他人有用的信息，因为有些信息对自己不一定有用，可是对他人却十分有用，遇到这种情况，千万不要抓着这些信息不放手。

（五）如何收集和利用就业信息

就业信息对于每一位谋求工作的毕业生来说至关重要。择业决策的过程实质上就是一个与择业有关的信息收集、处理和转换的过程。在择业过程中，无论是职业目标的确定、求职计划的设计，还是决策方案的选择，就业信息的收集和处理都是基础。

第三节 大学生就业材料的准备

一、求职信

（一）概念

求职信是求职者针对用人单位来介绍、推荐自己，以谋求工作职位的一种专用书信。

“见文如见人”——它是求职者自我形象的书面表达。

1. 特点

（1）自荐性

写作求职信的目的就是为了要把自己推销给用人单位。因此求职信的写作重点是突出实力。着力点应放在说明，“你为什么比别人更适合这个位置”，使自己更容易在众多的求职者中脱颖而出。

（2）针对性

写作角度是以对方为中心，根据对方对人才的要求而突出自己的优势。处处注意强调你能为未来的雇主做些什么，而不是要求他们为你做什么。

（3）简明性

求职信的篇幅简短。在介绍“个人经历”时，千万不可展开具体叙述和描写。凡对应聘职位一点帮助都没有的内容一律不写。多用短句、排比句的求职信，可以给人干练的形象。

2. 分类

求职信可以分为两类：

求职者主动向某单位介绍和推荐自己，来申请某种职位 / 职务的信函。这种求职信，是在你已经知道了某个单位需要人的情况下写的。如单位性质和名称、主要从事的工作、经营项目、人员需求情况、主管人姓名、看信人心态等。因此它具有高度的针对性。在求职信中，其称呼和内容都要针对特定单位的特定人，主要表述你的主观愿望和特长，以便吸引招聘者的注意力，取得面试机会。由于这样的求职信具有很强的针对性，所以在写的时候需花费一定的工夫，有的放矢，命中率就比较高。

根据对方的招聘启事，应聘其中某一职位、职务的书面信函。这种求职信不分职业、单位和对象，也没有求职的具体目标。但这种求职信带有一定的盲目性，所以投中目标的成功率相对比较小。在毕业生供需见面会和人才市场招聘会上，毕业生普遍使用的都是这样一种求职信，这种求职信主要向用人单位介绍自己的概况，让单位了解并对你感兴趣。

总之，无论是第一种或第二种求职信，信的主体部分固定不变，只是开头和结尾可以根据不同的单位采用不同的内容和措辞。

3. 结构与写作

标准的求职信由标题、称谓、正文、祝福语、落款、附件六要素组成。

（二）正文

1. 表态

在简短的问好或致谢后，开门见山说明来意。

2. 自我推介

重点突出教育、工作背景中与未来雇主最有关系的内容：对专业知识掌握的情况及校内成果。针对自己求职的岗位介绍在校内学习期间取得的成果，包括优异的成绩、对专业课的扎实学习、获得的荣誉、取得的从业资格证和专业技能证、发表的论文、兴趣爱好性格等。

3. 课下实践及在实践中培养的能力

介绍自己的课下参与的社会实践和兼职工作的情况以及在此过程中个人能力的培养和提升。以此来证明自己具有一定的工作经验，比他人能更好、更快地适应此工作岗位的需求。如果是应聘信则需重点说明自己的工作经历经验、个人能力以及在旧单位中的任职情况，必要时还需说明自己选择新单位的原因。

4. 承诺与请求

重申对所应聘职位的热情，给予承诺，并请求招聘单位给予面试机会。

求职信的文末可写“祝愿贵公司事业发达、蒸蒸日上”“祝贵校广纳贤才，再创佳绩”一类的祝语，也可写“此致敬礼”一类敬语。

求职信落款应署名署时。可写“求职者 / 自荐人：× ×”，也可写“× × 敬呈 / 敬上 / 呈上 / 谨上”以示礼貌与谦逊。

5. 写作要求

第一，注意细节，检查结构、语法，甚至标点。否则会让招聘方认为应聘者未受到过良好的教育，或者认为求信者对此次求职并不重视。

第二，不可在求职信中盛气凌人，苛求对方，更不能有无理的要求。最好不写“贵公司规定待遇，鄙人并无特别要求，请录用”“倘能提供一些贵单位的情况及待遇情形，则感激之至”等。

第三，内容应绝对真实，态度要诚恳，忌过度吹嘘。不需要任何豪言壮语，也不用使用任何华丽的词汇，只要让对方读来觉得亲切、自然、实实在在即可。

第四，要尽可能地方便你的雇主，文末记得留下可以随时联系到你的电话和电子邮箱地址。

二、简历

对应聘者来说，个人简历是最重要的求职材料。招聘单位的人事部门主要通过个人简历来了解应聘者的情况，决定是否给其面试的机会。个人简历的内容主要是介绍自己的基本情况，如学习、生活、工作经历、个人成就和特长等。写个人简历的目的是让对方具体地了解你，帮助你获得面谈的机会。

（一）个人简历的含义

韦伯斯特把简历定义为，“对求职者过去的工作经历、教育背景等情况的陈述材料”。这个定义并不完整，简历还是用于应聘的书面交流材料，它向未来的雇主表明你拥有能够满足特定工作要求的技能、态度、资质和资信。成功的简历就是一件营销武器，它向未来的雇主证明你能够解决他的问题或者满足他的特定需要，从而确保你能够得到面试机会。

在简历中，一般包含以下信息：自己的基本信息（姓名、性别、年龄、民族、籍贯、政治面貌、学历、联系方式等）、自我评价、工作经历、学习经历、荣誉与成就、求职愿望等。在人才竞争激烈的时代，作为一种自我宣传与自我推销的媒介，简历的功用日益为人们所重视。

（二）个人简历的特点

个人简历在写作上讲求真实性、正面性和精练性。

1. 真实性

真实性是指写简历时一定要客观理性地总结自己的经历，做到真实、准确、不夸大、不缩小、不编造，这样才能取信于人。曾经有学生在制作个人简历时，为了让自己看起来更优秀，虚假填写自己“在大学里担任班长职务”，结果在求职过程中，细心的工作人员发现在该生所在班级里竟然出现了 19 个班长，其结果可想而知。

2. 正面性

正面性是指内容应当是正面性的材料。所谓正面内容，就是对于本次求职有利的信息。要尽量回避有可能使自己遭淘汰的信息。

3. 精练性

精练性是指个人简历要简短、精练，一般情况下一两页就足够了，关键是能吸引眼球。简历中的内容要简短而有重点，无用的信息不要写，否则会干扰视线。

（三）个人简历的类型

1. 时间型简历

这是最普通也是最直接的简历类型，即从你最近的经历开始，逆着时间顺序逐条列举个人信息。这种简历清晰、简洁，便于读者阅读。一份按时间顺序排列的简历应包括目的、摘要、经历和学历等部分。按时间顺序写的简历一般适用于以下情况：你的工作经历能很好地反映出相关工作技能不断提高，你有一段可靠的工作记录表明你得到不断地调动与提升，你最近所担任的职务足以体现你的优势。时间型简历强调的是求职者的工作经历，大多数应届毕业生没有参加过工作，更谈不上工作经历了，所以，这种类型的简历不适合应届毕业生使用。

2. 功能型简历

这是一种不太常用但往往很有效的简历。它强调你的资历与能力，并对你的专长和优势加以一定的分析和说明。工作技能与专长是功能型简历的核心内容。一份功能型简历一般包括目的、成绩、能力、工作经历以及学历等几部分。你可根据自己的实际情况选择使用功能型简历，它一般适用于这样几种情况：你的部分工作经历及技能与求职目的无关，你只想突出那些与应聘职务相关的内容；你是一个应届毕业生、退伍军人或你想改行；你的工作经历有中断，或存在特殊问题。功能型简历强调的是求职者的能力和特长，不注重工作经历，因此对毕业生来说是比较理想的简历类型。

3. 复合型简历

这种简历是时间型简历和功能型简历的结合。你可以按时间顺序列举个人信息，同时刻意突出你的成绩与优势。一份复合型简历一般包括目的、概况、成绩、经历和学历等部分。复合型简历能最直接地体现你的求职目的。它一般适用于应届毕业生、退伍军人或想改行的人。它可以使你既突出成就与能力，又突出个人经历。

4. 业绩型简历

业绩型简历以突出成绩为主，因此一般将“成绩”栏直接提到“求职目标”栏后。一份业绩型简历一般包括求职目标、成绩、资历、技能、工作经历以及学历等。它强调的是求职者在以前的工作中取得过什么成就、业绩，对于没有工作经历的应届毕业生来说，这种类型不适合。

5. 创意型简历

这种类型的简历强调的是与众不同的个性和标新立异，目的是表现求职者的创造力和想象力。这种类型的简历不是每个人都适用，它适合于广告策划、文案、美术设计、从事方向性研究的研发人员等职位。

三、如何投递简历

（一）招聘会的简历投递

1. 有的放矢投递简历

利用招聘会现场的有利条件，与招聘人员积极沟通。想方设法了解企业的情况、某个岗位的具体职责、招聘要求等。在投递简历前可向招聘人员询问招聘要求，考虑有无成功的可能性。

2. 主动询问应聘结果

记录下招聘方的联系方式、联系人姓名，在简历投递后通过电话、信件、电子邮件等方式积极主动与招聘方联系，询问应聘结果。

（二）网络招聘的简历投递

1. 有针对性地挑选网站

知名招聘网站的“校园招聘”频道、各地的高校毕业生就业服务网站、高校网站的“招生就业”频道、企业网站的“人才招聘”频道等适合毕业生的岗位会相对集中。

2. 仔细筛选信息，做到有的放矢

网上的职位信息十分庞杂，要学会利用职位搜索器等工具过滤、筛选信息。留心考察每条招聘信息的真实性和有效性。求职者必须仔细浏览招聘单位简介、招聘职位介绍、信息发布时间、有效期等，必要时还可登录该公司的主页了解更多相关信息。留意对方的用人计划及招聘要求，在全面详细地了解招聘职位的信息后根据自己的实际情况投递出简历。

3. 选择合适的方式，第一时间投递简历

找到了合适职位后，最好按照招聘方要求的方式进行投递。有些公司会在网上公布格式统一的职位申请表，要求填写后发送；还有的公司不希望应聘者用附件形式发简历，等等。按照招聘方要求，在第一时间投递简历，将会较为顺利地进入筛选程序，并抢占先机。

4. 忌向一个单位申请多职

在网络求职中，向一个单位同时申请多个职位，用人单位会认为你非常盲目，没有自己的目标，缺乏主见。因此，这样的做法不可取。

5. 主动询问应聘结果。

尽可能了解招聘方的联系方式、联系人姓名，在简历投递后通过电话、邮件等方式积极主动与招聘方联系，询问应聘结果。

（三）平面媒体招聘的简历投递

第一，毕业生在投递简历前，也要做细致的信息筛选、分析工作，从中找出有用信息。投递简历要本着“越快越好”的原则，在见到招聘信息后尽快投递。特别需要注意的是，若是邮寄简历，一定别忘了在信封的显著位置标明应聘职位，以方便招聘人员处理。

第二，尽可能了解招聘方的联系方式、联系人姓名，在简历投递后通过电话、信件、邮件等方式积极主动与招聘方联系，询问应聘结果。

（四）个人简历的格式

1. 简历的制作

简历的制作可以用表格形式，也可以不用。在制作简历时可以根据自身情况选择适合自己行业和职业的简历模板。一般来说，简历由六个部分组成，即标题、个人基本情况、应聘的职位和目标、学习经历、工作经历、所获得的各种奖励和荣誉。

可以直接写“简历”二字，也可以在简历之前冠以姓名和称谓。

2. 个人基本情况

对个人的基本情况做简要介绍。基本情况包括姓名、年龄（出生年月）、性别、籍贯、民族、学历、学位、政治面貌、学校、专业、身高、特长、健康状况、联系方式等，通常还要附一张一寸或两寸照片。

一般来说，本人基本情况的介绍越详细越好，但也没有必要画蛇添足，一个内容要用一两个关键词概括说明一下即可。这一部分放在最前面。

“联系方式”一栏一定要清楚地标明通信地址、邮编、区号、电话号码、电子邮件地址等，要反复核查，避免出现小疏忽。要让招聘者方便、及时地找到你。

“特长”一栏要与你所要求职的工作相关。例如，你去应聘文员，特长里最好有“计算机操作”一项。

选择照片的时候要慎重，这张相片必须给人斗志昂扬、意气风发的感觉，切不可马虎。照片中所包含的信息量要远比文字包含的信息量丰富。一张恰到好处的照片，不但可以吸引注意力，还能明显提高求职成功率。除非职业要求，否则不要用生活照或艺术照。

3. 应聘的职位和目标

主要表明本人对哪些岗位、行业感兴趣及相关要求。要标明自己应征的职位，说明自己具备哪些资格和技能，想找什么样的工作。让用人单位一目了然，你的求职意向正是他们所急需的。

4. 学习经历

这部分介绍求职人的受教育程度，如毕业的学校、专业和时间。可按时间顺序来写自己的学习过程，主要是个人从高中阶段至就业前所获最高学历之间的经历，应该前后用年月相接。还可列出大学阶段的主修、辅修与选修课科目及成绩，尤其是要体现与你所谋求的职位有关的、主要的、有特色的专业课程，不必面面俱到，要突出重点，有针对性。你的学历、知识结构应该让用人单位感到与其招聘条件相吻合。如果有补考或重修的课程，则尽量回避。

5. 工作经历

这是最重要的部分。初出校门的大学生，工作经历可以改为社会实践和实习经历，包括在学校、班级所担任的职务、勤工助学、课外活动、义务工作、参加各种团体组织、实习经历和实习单位的评价等。非初出校门的大学生，主要写参加工作之后各阶段的情况，要注意突出主要才能、贡献、成果以及学习、工作、生活中有典型意义的事迹等。这部分内容要写得详细些，通过这些，用人单位可以考察求职者的团队精神、组织协调能力等。

（五）注意事项

简历的内容、式样设计，仁者见仁，智者见智，关键要记住：任何一个好单位，在招聘时收到的求职简历都会堆积如山，没有哪个人事主管会逐一仔细阅读简历，更多的情况是匆匆过目。无法吸引他们注意的简历很可能被忽略，永久地沉睡在纸堆里。因此，突出个性、与众不同便是设计个人简历成功的法宝。个人简历写作时要注意做到以下六点：

1. 内容上突出个性

内容就是一切，所以一定要突出你个人的能力、成就以及过去的经验，使你的简历更出众。写作时应该注意先将本人具备的能力和所取得的成绩一一列出，然后分析你的能力并阐明自己能够胜任这份工作的理由。强调以前的成就，一定要写上结果，如可以这样写：“组织了公司人员调整，削减了开支，使公司每年节约人民币 25 万余元。”

2. 形式上与众不同

如果想在竞争中求职成功，首先就要将简历设计得与众不同。要从形式到内容把简历设计得落落大方，不落窠臼，才能脱颖而出，任何一位招聘者都会对别出心裁的简历感到眼前一亮。曾经有一位女生就将简历设计成了一份报价单，结果这份简历受到了很多招聘单位的青睐和赏识，最后求职成功。

3. 篇幅上短小精练

要使招聘者在最短的时间内读到更多的信息。篇幅最好不超过两页（A4 纸），如果你在校期间已有著作问世或担任过组织、团体职务，就要一一列出。实实在在的实践，远比没有成果的虚衔更让人信服。

4. 表达上转劣为优

如果你只是一个刚毕业的学生，年轻、缺乏相关职业的丰富工作经历是你的弱势。写作时需要巧妙处理，转劣为优。如可以在简历中的工作技能部分强调“勤奋苦干、能迅速掌握新技能”等，以此来弥补所欠缺的工作经验；或表示愿意接受较低的薪水、不起眼的工作任务、长时间或在常规工作时间外工作。这样也许能为你获取工作的机会。

5. 强调成功的经验

招聘人员希望你拿出真正具有实力的证据。这就需要你拿出以前取得的成绩，以及你从前所在的公司从你那里得到了什么益处，包括节约了多少钱、多少时间、取得了什么创新等。这样，你成功的概率将大许多。

6. 用词上力求精确

阐述技巧、能力、经验要尽可能准确，不夸大也不误导。恰如其分地表达出你所拥有的实际能力及工作水平。还要写上以前工作的时间和单位。不要写错别字，否则会表明你的素质不够高。一般而言，白纸黑字应该是个人简历的最佳载体。打印排版时，注意间隔及字体的常规性，同时注意语法、标点及措辞。

第四章 就业形势与就业去向

第一节 就业形势与就业去向

一、大学生就业形势

（一）就业城市的多选择性

长期以来，毕业后能留在北京、上海、广州、深圳这些大城市工作往往是大部分应届毕业生的梦想，这些城市因政治、经济等因素形成罕有的顶端优势资源，且足以让父母倍觉脸上有光。然而，随着近几年这些大城市为解决“大城市病”而推出的控制人口规模等政策，毕业后在“北上广深”这些大城市工作变得越来越难。

清华大学发布过一组数据显示，清华毕业生京外就业率接连三年突破50%。当然，这其中有学生因为北京这样的大城市房价高，以及其他生活成本昂贵等原因自动放弃在北京就业等因素，但北京日益收紧的人口政策也是毕业生选择离开北京的主要原因，过去几年来，大城市管理者试图通过减少毕业生落户以调控城市人口规模的意图也越发明显。

虽然一线城市仍保持相对较高的就业签约率，但多个调查机构的报告都显示，近两年，高校毕业生选择就业地不再盲目追逐“北上广”等一线城市，成都、杭州、武汉、重庆、南京等“新一线”城市魅力凸显，成为大学毕业生热衷的择业目的地。

人社部国际劳动保障研究所所长莫荣表示，近年来，我国东部经济发达地区的部分加工业、制造业正逐步向中、西部地区转移。毕业生就业区域分布的变化体现了我国产业转移、产业结构调整给毕业生就业带来的影响。

（二）“慢就业”与“迂回就业”

在大学生就业形势越发严峻的情况下，越来越多高校学子选择了创业这条路。其中，餐饮行业、零售、个体服务业等行业已经成为应届本科毕业生创业最集中的行业，甚至超过了互联网创业所占的比例。成本低是重要原因，互联网背景下很多传统行业也都借助了互联网的因素。

（三）就业专业的差异化

根据不同专业的就业状况，那些失业量较大，就业率、薪资和就业满意度综合较低的专业为“红牌专业”，而失业量较小，就业率、薪资和就业满意度综合较高的专业，为需求增长型“绿牌专业”。

1. 红牌专业

本科就业“红牌专业”包括：历史学、音乐表演、生物技术、法学、美术学、生物工程。

2. 绿牌专业

本科就业“绿牌专业”包括：信息安全、软件工程、网络工程、数字媒体艺术、通信工程、电气工程及其自动化、广告学。

二、大学生就业影响与机遇

（一）大学生就业的影响因素

1. 经济增速放缓，对就业的拉动效应减弱

中国经济整体仍处下滑周期中，经济发展速度的放缓和结构的调整，客观上会对劳动者就业结构产生影响，同时也会对就业总体规模产生挤压效应，从而对劳动者就业产生影响。尤其是传统支柱产业企业改革的重组加快、淘汰落后产能、部分行业持续低迷及产能过剩将造成结构性失业和转型性失业，就业难度加大。国际经济发展形势仍然不确定，风险和变数依旧较多，欧美主要经济体面临着财政紧缩、主权债务风险上升等诸多问题，新兴经济体面临着经济结构调整、出口下滑等问题，世界经济艰难复苏，影响着出口型经济及就业的发展。

2. 城镇化中农村劳动力迁移就业压力大

在城镇化进程中，农村的就业压力减轻，但是劳动力转移就业压力增大。一是城镇对农村劳动力就业吸纳能力有限，每年城镇中新成长劳动力、高校毕业生需就业；二是农村劳动力向大中型城市转移的门槛较高。由于户籍限制、素质技能要求高、就业信息不畅通等因素，农村转移劳动力寻找工作难度大。

（二）大学生就业的机遇

1. 利于大学生就业创业的政策相继出台

面对日益严峻的大学生就业形势，近年来，各级政府纷纷加大对大学生就业的扶持力度，相继制订并实施了一系列解决大学生就业难题的政策，这些政策措施概括起来包括以下几个方面：

（1）鼓励支持高校毕业生面向基层就业的政策

高校毕业生“三支一扶”（支教、支农、支医和扶贫）计划、农村义务教育阶段学校教师特设岗位计划、选聘高校毕业生到村任职工作（选聘大学生村官）等项目，鼓励毕业生到西部地区、边远艰苦地区、农村等基层工作，为基层的教育进步、经济和社会发展做贡献。

（2）鼓励毕业生自主创业的政策

人力资源和社会保障部、财政部、银行等提出对毕业生加强创业教育和创业培训，为毕业生创业提供工商登记和银行开户便利、提供资金支持和经营场所支持、减免税费、加强创业公共服务等扶持政策。各省市也结合本地区实际相继推出具有地域特色的鼓励毕业生创业的政策措施。

（3）就业见习和职业培训政策

人力资源和社会保障部、教育部、国家发展和改革委员会、财政部、国家工商行政管理总局等部门推出了“三年百万”高校毕业生就业见习计划、特别职业培训计划、高校毕业生职业培训促进就业、建立青年就业创业见习基地等措施，为提高高校毕业生的就业技能、岗位技能、创业能力等提供政策、基地和资金支持。

2. 高校越来越重视大学生综合素质的培养

（1）多项举措齐头并进，提高大学生的创新创业能力

为了培养学生的创新创业精神和能力，高校普遍采取实施改革人才培养模式、设置适应经济社会发展需要的应用型专业、加强实践基地建设、设立创新创业奖励基金、营造浓厚的创新校园文化氛围等保障措施。南开大学为了培养高素质、创新型人才，一是实施教学改革，建立适应社会经济发展和专业体系构成需要的新专业，实行“弹性学制”，适度延长参与重大科研项目的学生的学习年限。二是为学生的创新创业提供资金支持，设立创新科研基金和科技创业基金，对取得突出成绩的学生给予奖励。三是引导学生参与实践。以学校科技园为基地，鼓励学生到企业参与科技创新；为了支持学生创办高新技术企业，允许其休学 2 年；组织开展本科生创新科研“百项工程”，建设和开放校级实验室平台，开办课外学习研究小组等。河南师范大学通过实行因材施教、分类培养的人才培养模式改革，为学生创新能力的提升创造宽阔的平台，开展全方位、多层次的学科科技训练和竞赛，设立创新创业奖励基金，以国家大学生创新创业训练计划实施单位为抓手，鼓励大学生参与创新型项目等，大力推动了大学生创新活动的开展。

（2）搭建学生实践实习平台，提高学生的实践能力

实践经历在大学生就业过程中起着举足轻重的作用。通过高校与社会资源整合，一方面，学生不仅可以接触前沿科研，经过实习和锻炼，毕业后也很快能成长为用人单位所需要的人才；另一方面，合作单位也可以从实习学生中找到需要的人才，提前把人才储备起来。经过双向选择，如果实习学生毕业后到单位工作，双方就没有了适应、了解的过程，可以直接进入工作状态。

三、大学生就业环境

（一）社会环境

1. 经济环境

（1）经济形势

经济形势的变化对职业的影响是最为明显又最为复杂的。当经济处于萧条时期，企业的效益降低，对人力资源的需求减少，因而职业选择和职业发展的机会也减少；当经济处于高速发展时期，企业处于扩张阶段，对人力资源需求量增加，职业选择和就业机会就会增多。

（2）收入水平

社会对人力资源的需求是一种派生的需求，当人们的收入水平提高时，对商品消费的需求会增加，企业扩大生产，从而增加对人力资源的需求，职业选择和就业机会就会增多，反之则减少。

（3）经济发展水平

在经济发展水平高的地区，企业相对集中，优秀企业也比较多，个人职业选择的机会就比较多，因而就有利于个人职业发展；反之，在经济落后地区，个人职业发展与就业就会受到限制。

（4）劳动力市场供求状况

劳动力市场的供求状况对职业选择和职业发展产生重要影响。如果某类职业的人才供不应求，则职业选择和就业机会增多；反之某类人才供过于求，职业选择和就业机会就会减少。

2. 文化环境

社会文化包括教育条件和水平、社会文化设施等。在良好的社会文化环境中，个人能受到良好的教育和熏陶，从而为职业发展打下更好的基础。社会文化是影响人们行为、欲望的基本因素。社会文化反映着个人的基本信念、价值观和规范的变动。

（二）学校环境

1. 高校扩招与就业岗位的矛盾

国内快速发展的高等教育与社会和经济发展所处的转型阶段配置错位的矛盾，高等教育的大众化已是必然趋势，高校的扩招带来了高等教育的普及也带来了飞速增长的大学毕业生。高等教育从精英教育逐步向大众教育转变，为我国社会经济发展提供了有力的人才支持与知识贡献。

2. 高校专业设置错位

目前大部分学校缺乏足够的自主权，招生和专业设置与市场需求脱节。部分大学在专业及课程的设置上存在较大的盲目性，专业趋同现象较为严重，造成人员供给大于需求。而另一些学校专业划分过细，很难跟上市场变化的步伐，脱离市场。同时，不少学校缺乏改革和调整的积极性、主动性，专业设置和专业调整往往不是面向市场需求，而是单纯立足于自身师资条件等。以注重能力培养的高职、高专教育专业缺乏特色，学生不仅理论功底不够扎实，而且应有的动手能力也不强。相反用人单位则对应聘者的实际操作能力、适应工作环境变化的能力提出了越来越高的要求。

3. 学生就业渠道不畅

目前大学生就业渠道不科学，无非是学校和导师推荐、熟人介绍、校园和社会的招聘会、人才就业网站、报考公务员、服务西部等。但是，学校、导师推荐不具备普遍性，也就是说不可能每个学生都被推荐；考公务员近年来热度一直不减，可谓是百里挑一，千里挑一，而且还受专业、志趣、是否党员等限制，只适用于特定人群。网站和招聘会对于大学毕业生来说才是最主要的就业渠道，但招聘会比较原始和低效的信息获取方式，使得信息渠道比较窄，成功率比较低，依然无法满足毕业生的需求。

4. 毕业生自身问题

大学生自身在就业理念上存在误区，部分毕业生思想准备不够充分，对工作的期望值过高，过多追求优越的条件，而忽略了自身条件，在整个择业过程中容易受到其他影响，如攀比、自卑、依赖，高不成低不就。现在的企业对于应聘者也提出了更高的要求，他们希望毕业生们具有相关的专业知识，还要有良好的逻辑性、人格修养，以及肯学、肯吃苦的精神，就目前看来，毕业生离这一期望还存在着一定的差距，这也是导致就业难的一个重要因素。

第二节 就业去向与就业行业

一、大学生毕业去向类别

大学毕业生的就业去向，总结下来一般为以下几类：

（一）民营企业、私企

民营企业的发展和国家经济增长高度息息相关，GDP 每增长一个百分点就能拉动上百万人的就业，经济的下行势必会影响到此类别的就业问题。我国处于结构调整的重要时期，传统行业面临困境，第三产业、服务业成为岗位增长的支柱。

去民营企业就业是非常大数量毕业生们的选择，不过随着经济形势的变化，该类就业问题肯定会一直受其影响。而且除了当年的毕业生外，逐年累计的未就业毕业生以及其他待就业人群也是其中的竞争者。因为更多的影响因素是市场对于人才的需求，所以在专业上会有比较大的偏重，并不是所有专业都好就业。

此外，这其中还有很多企业会设定很多的门槛，“985”“211”高校研究生、英语6级、户口等，都让很多人望而却步，虽然他们中不乏很多优秀者。当然了，相比较来说民营企业这一类别已经是各类别中竞争度最大的了，更需要自己的努力和机遇。也是很多有激情的同学的选择。

优势：能够发挥能力，发展空间较大；能够很快学到实用的知识；私企工作不单调，需要一职多能，无形中提高了自己的能力；劳有所得，私企老板会按照你的贡献决定你的待遇，形成良性循环；自由性大，升职、积累经验相对更快，想跳槽也容易。

弊端：风险较大，比如经济危机到来，私企会一批批倒台；有的公司不能保证福利；企业人文环境参差不齐，有些极好，有些极差；竞争相对激烈，工作环境不稳定，下岗可能性大；有些制度不合理，吃亏也只能忍着。

建议：很多毕业生愿意选择私企，认为私企的门槛较低，更易积累经验，但是，不要形成“直接进入私企”的意识，私企的素质参差不齐，毕业生缺乏经验，很容易被第一份工作定型，错误的观念和不良的职场习惯会限制你的发展，同时，私企同样有广阔的发展空间，不会束缚才能，所以对私企应慎重考虑。

（二）公务员

在公务员招考中，大量岗位招收本科毕业生，有些岗位并不限定专业。相对来说，国家公务员考试公平公正，因此被誉为“玻璃房里的考试”。参加国考，凭借自己的实力笔试、面试竞争上岗，成为一名公务员，成为不少大学毕业生的优先选择。

此外，近四年来，公务员的职业幸福感一直稳居前三。当然，还有很多大学生报考是因为公务员是一份比较稳定的工作，并且具有比较完善的福利保障。这其实也是很多家长对于孩子的要求，安稳即可。其实，走上仕途不仅仅是稳定，做得好的话工资待遇绝对不比企业高管差，这是后话。

优势：有稳定的收入和生活，有良好的保障；公务员收入不是最高，但福利极好；有一定的社会地位及相应的权限；职业轨迹确定，工作没有太大的浮动性；国家机构员工，本身带有荣誉性质。

弊端：工作枯燥，忙起来极忙，闲起来极闲；考试没完没了，升职总与考试、考核挂钩；有些机关人际关系复杂，钩心斗角；收入稳定，但没有大幅提高的可能，只能保持平均水准；坐在清水衙门、没有晋升可能的人，很没成就感。

建议：有志从政的人、有权力欲望的人、真心想改变国计民生状况的人、想要一个稳定工作的人都可以选择考公务员，公务员这个工作，如果心境淡泊，没有野心，不失为不错的选择，能够保证安定的生活和充足的个人时间；如果想要升职，则要有长期奋斗（至少 15 年）的决心和高明的人际头脑，否则不容易出头。

（三）国企、事业单位

国有大中型企业是最缺人才之地，也是最需要大学毕业生去充实之地。然而，在不少的招聘会上却看到、听到一些国企招聘者对招收大学毕业生顾虑重重、抱怨多多，什么“大学生不职业、不敬业、不诚信”等，仿佛大学毕业生与企业之间有一道难以逾越的鸿沟。

从大学毕业生的择职观看，许多人觉得国企挣钱少、待遇低、工作环境差、工作岗位脏，因此不愿走进国企；还有的大学生觉得，进国企当管理者还可以考虑，如果进车间当工人，多年的书可是白读了。而国企管理者认为，大学毕业生普遍缺乏包括工作能力、适应能力、生存能力在内的就业力，职业素质差。不培训不好用，可是花力气培训后，又怕他们翅膀硬了便另攀高枝，让企业白忙一场。

优势：稳定的收入，良好的福利保障；有国家做后盾，安全系数高；国企注重员工素质，要求员工为人处世遵循一定规则，员工因此可以学到不少东西；有些行业工作相对安逸，心理压力相对较低；国企锻炼人，能够形成良好的就业观。

弊端：入门难，不容易进入；有的论资排辈，想要出人头地一般需要多年的奋斗；人际关系较复杂；中西部的国企，大多待遇一般。

建议：国企人际关系复杂，初入其中的大学毕业生也许会摸不到门路，而按资排辈的现实更让心高气傲的大学生心生不服，当然，国企也正在克服上述弱点，国企能够全方位地锻炼人，总的来说，国企是不错的选择。

（四）外企

外企的管理一般要正规、国际化很多，也有更多的机会去接触行业最新的技术和理念。而且进外企的门槛一般平均来说更高，认同感强一些。如果从工资水平来说，也相对其他企业较高。

优势：高薪，福利好，工作环境好；外企有系统的企业文化、管理制度，员工能够学到更多的东西；强调个性和创造性，有利于培养能力，也有利于搭建自己的人脉；注重员工发展，给予员工诸多培训；实力雄厚，不会出现拖欠工资、罔顾员工权利等现象。

弊端：起点高，发展空间不大；工作量大，加班加到吐血；竞争激烈，神经随时紧绷；打入核心机构难上加难，可能性基本为零；对外语有很高的要求。

建议：外企的高薪高酬是很多毕业生追求的目标，进入外企，感受成熟的企业环境和管理系统，有利于毕业生学到更多的东西，不论是个人能力、行业观念还是企业文化意识，外企能够全方位地充实员工的头脑，但是，外企竞争激烈，职位也只能到一定级别，有些聪明人会进入外企学习先进的管理经验和技术，然后自己创业。

（五）考研进修

这个类别中主要有两部分人，一部分人是在专业层次的递进，如果专业需求较高，这部分人基本上就业都会有比较好的保证。还有一部分是延缓就业，这一部分其实就有点“混学历”等思路。其实这个通道说白了，最后还是要进入下一个“考虑出路”的循环。因为并不是所有人都适合做科研。

优势：延缓就业压力，推迟就业期的到来；有些城市，有些学校能给研究生解决户口的问题；提高自身学历，增强竞争力；国家出台了新的研究生扩招政策，考研相对容易，能够拿到更高的文凭；学术上有创见，可以沿着这个方向一直努力，毕业后获得稳定的工作。

弊端：研究生毕业后，毕业压力仍在，而且有了更为年轻的竞争者，压力越加沉重；读研期间，不一定能学到对自身职业有用处的知识，白白浪费了积累经验的时间；研究生扩招，会出现和大学扩招相同的结果——研究生学历贬值，也许毕业后只有一个选择——考博。研究生毕业或博士毕业后年龄偏大，失去年龄优势，特别是女生，要面临更多的年龄歧视。学术研究，层次越高，就业面越窄，毕业后，面对更加激烈的竞争，此时却已无法放弃本专业。建议：如果对某个专业，某种学问有无法遏制的热爱和相应的研究能力，不要浪费自己的爱好和天分，继续深造，终有一天会有建树；但如果考研只是为了规避和缓解就业压力，建议不要考研，研究生毕业后压力只增不减，而且会使你丧失积累经验的机会，试想，两三年内，你将与多少机会失之交臂；年龄有时候是一种优势，因为年轻，有犯错误的时候也会有改正错误的机会，一旦年纪大了才开始接触社会，这些机会就会相应减少，试想，一个二十岁出头的大学生犯了错误，单位会念在他年纪小，给予原谅，但一个将近三十岁的人犯同样的错误，会让人诧异甚至认为不可原谅，善用年龄优势就能为自己留下余地。

（六）出国深造

面对高等教育日益开放化、多元化、国际化，越来越多的人不满足于国内传统教育方式的引导，以高中生、大学生为主流的很大部分人都纷纷选择“出国留学”这一方式来提升自我。国外领先的教学质量、开放的教学环境、多元的民族文化都是学生选择留学的因素。

优势：增长见闻，开阔视野，成为一个有见识的人；掌握一门外语，受益终身；磨炼自己的生存能力，培养自己的吃苦精神，学习外国人的优秀之处；好的学校和好的专业，能够使自己学到真正的知识，拿到过硬的文凭；有机会进入外国公司或者移民。

弊端：出国留学需要大笔金钱，投资不一定有相应回报；国外消费水平高，也许你常会感到入不敷出；有些国家排他性强，你无法真正融入同学之中；外国的经济危机闹得厉害，工作机会更少；如果没有学到真正的知识，会白白浪费几年光阴和大笔金钱。

建议：年轻的时候有机会多见见世面，是件好事，如果有条件出国留学，不妨出去；但是，如果没有好的学校或者好的专业，大可不必出国镀金，把同样的资金用来创业或投资意义更大。

（七）自主创业

要说并不是所有大学生都适合创业。鼓励大学生创业并不是什么现在才有的新鲜产物，没有鼓励也会有人投身到创新创业的事业中去，所以国家在政策上稍加引导和鼓励是好的。但这并不是说每个大学生都适合去创业，每个人都应该认清自己的发展定位，是要去参加创业做老板，还是做好一个雇员。还有，建议大学生们在创业之前想好，对自己的情商、智商、财商进行评价一下，没有准备好最好别去碰，办企业不是坐下喝喝咖啡就能办起来的。

（八）其他、自由职业

至于自由职业、参军、入伍和支教等，其实都是相对比较小众的通道。而且，这类选择中，等到服务期一过或者退伍后，还是要面临着再就业。这其中在这些路上能够持续性走下去的人并不是很多，所以终究还是要回到“再就业”这个问题。

优势：充分发挥自己的才能与爱好，时间自由、充裕；能够全面安排自己的生活；挑战性高，生活不易枯燥；按照自己的理想生活，心灵充实。

弊端：没有稳定收入或只有很少的收入；脱离社会太久，不容易融入社会；对自制力要求极高；对自我学习能力有极大要求；会有入不敷出的情况；有江郎才尽的顾虑。

建议：自由职业适合有艺术气质的人，SOHO 一族的生活虽然令人羡慕，但存在的隐患也不容忽视，自控力强、计划性强、有理财观念的人能够适应自由职业，并保证自己的生活；容易产生惰性的人，还是需要工作来规范，不建议太过“自由”。其他类别选择则要时刻考虑着自己的前途，如果最终还是会回到再就业，一定不要让自己与社会脱轨，并保证锻炼自己的工作技能。

二、未来就业热门的行业

（一）新兴领域

1. 云计算

企业向云端迁移是大势所趋，在政策和市场双轮驱动下，我国云计算产业进入快速发展阶段。国内云计算发展的良好势头锐不可当，并正加速向各个行业和领域渗透。

2. 大数据

大数据已经渗透到几乎每一个行业，2016 年 3 月 17 日，《中华人民共和国国民经济和社会发展第十三个五年规划纲要》发布，其中第二十七章“实施国家大数据战略”提出：把大数据作为基础性战略资源，全面实施促进大数据发展行动，加快推动数据资源共享开放和开发应用，助力产业转型升级和社会治理创新；具体包括：加快政府数据开放共享、促进大数据产业健康发展。

3. 人工智能

2016 年被业界称为人工智能的新纪元，几乎所有的 IT 互联网企业，以及那些还在推动互联网 +、数字化转型的传统企业，也开始寻求借助人工智能实现自身的转型升级，以人工智能为代表的新技术正在成为新的生产力。

中国政府计划成为全球人工智能领域的领导者，并通过增加经费来帮助人工智能的发展。依据第十三个五年计划的规定，政府在科技研究方面的支出每年内要翻一番。国家发展和改革委员会刚刚批准了一项计划，组建国家人工智能实验室，研究深入学习。

随着“阿尔法狗”的出现，人工智能对人类棋手碾压式的胜利，会意味着什么呢？

4. 虚拟现实

VR 会成为一个非常巨大的市场，但是短时间内它并不能代替智能手机成为下一个计算平台。2016 年中国虚拟现实市场总规模为 68.2 亿元，赛迪顾问对虚拟现实发展预测倾向乐观，2020 年，市场进入相对成熟期，规模将达到 918.2 亿元，年复合增长率达 125.3%。

5.3D 打印技术

3D 打印技术目前已经步入了飞速发展的时代，以 3D 打印技术为代表的快速成型技术被看作是引发新一轮工业革命的关键要素。目前，在 3D 打印技术领域，虽然国内与国外存在较大的差距，但是，国内在某些方面已经领先全球，并且从“国家领导人”到“普通民众”对 3D 打印技术给予了高度的关注和极大的热情，这为提升“中国制造”整体实力提供了一个绝佳的机会，为 3D 打印的普及应用与深化发展提供了一个良好的平台。

6. 无人技术

无人技术起初还主要应用在无人机、无人驾驶汽车等领域。但从 2017 年 7 月到现在，随着阿里巴巴的无人超市上线，这些亚马逊的无人机、京东的无人仓、百度的无人驾驶、西门子的无人工厂……层出不穷的“无人技术”令人眼花缭乱。人们在感叹科学技术大迈步的同时也对未来世界充满了焦虑与不确定性：“无人时代”的来临，人类能做些什么？

7. 机器人

在现代背景下，希望使用更多机器人来代替工人的企业家不在少数。也正是在这样的大背景下，中国的机器人市场正在呈现快速发展的格局。机器人市场的快速发展，既给经济社会发展带来了机遇，也给经济社会发展提出了挑战。

8. 新能源

新能源（NE）又称非常规能源，是指传统能源之外的各种能源形式，指刚开始开发利用或正在积极研究、有待推广的能源，如太阳能、地热能、风能、海洋能、生物质能和核聚变能等。

中国是最大的新能源市场，发展新能源产业是改变我国的能源结构，降低对化石能源的依赖度，同时减少环境污染的必然选择。

9. 新材料

新材料是指新近发展的或正在研发的、性能超群的一些材料，具有比传统材料更为优异的性能。近年来，新材料越来越受重视，国家也重视新材料产业发展。新材料技术则是按照人的意志，通过物理研究、材料设计、材料加工、试验评价等一系列研究过程，创造出能满足各种需要的新型材料的技术。新材料将成为数万亿产值的市场。

10. 互联网医疗

互联网医疗是互联网在医疗行业的新应用，包括了以互联网为载体和技术手段的健康教育、医疗信息查询、电子健康档案、疾病风险评估、在线疾病咨询、电子处方、远程会诊、远程治疗和康复等多种形式的健康医疗服务。互联网医疗，代表了医疗行业新的发展方向，有利于解决中国医疗资源不平衡和人们日益增加的健康医疗需求之间的矛盾，是卫计委积极引导和支持的医疗发展模式。

（二）传统领域

1. 医疗服务

在分级诊疗和医生多点执业的推动下，公立医院借助民营资本盘活存量资产、创造增量价值。医疗服务业务为新技术提供了商业化的出口，而新技术给医疗服务业务提供了高附加值的项目。

2. 生物技术与生命科学

随着基因组学、分子生物学等基础学科的发展，生物制剂与生命科学技术正在治疗中发挥越来越重要的作用：生物制剂方面，越来越多的单抗药物对肿瘤、糖尿病等疑难杂症产生突破性疗效，“重磅炸弹”级新药频出。

3. 健康养老

健康养老产业受需求迫切和政策鼓励双向驱动，将迎来十分确定的发展机会。未来我国政府和个人将面对很大的养老压力。

同时，养老作为“健康中国”的一部分已被提升到国家战略性高度。我们将全面贯彻国家提出的建设以居家为基础、社区为依托、机构为补充的多层次养老服务体系的精神，深入挖掘投资机会。

4. 教育

在线教育五分之一的市场份额吸引了无数资本和创业者，虽然盈利模式依然存在极大的问题，传统线下培训机构也一直拥有着稳定的线下资源和师资，但这块领域是每一个发展大国都极其看重的行业。

5. 体育

中国各路巨头均开始瞄准海外优质体育标的资产，渐渐向成熟体育的盈利模式靠拢。

6. 文化娱乐

消费升级使得人们的消费习惯逐渐向文化娱乐产业进行倾斜，消费人群和消费金额也越来越低龄化和增长化。

第三节 就业渠道的信息获取

一、获取信息的渠道

（一）求职渠道选择的趋势

1. 就业渠道多样化

当前大学生就业趋势更趋严峻，求职竞争更加激烈。在这样的背景下，大学生的求职渠道选择呈现多样化、个性化发展趋势。大学生在求职渠道上，除了常见的校园招聘、专场招聘、团队互助、学校推荐、实习求职等渠道外，学生求职中也出现了登门拜访、电话自荐、个性网站、异地求职、免费试用、曲线求职等特殊渠道。个别学生甚至借助网络等工具进行以个人求职为目的红人炒作，这些现象的出现，充满了年轻人的创新。

2. 网络求职成为流行

随着计算机的普及和移动互联网技术的发展，社会对网络的利用已经更加普遍，网络也为不少大型企业发布信息、招聘人才的首选方式，美国《财富》杂志报道称，美国企业已经有 5% 以上的求职和招聘都是在网络上完成的。对大学生而言，网络求职也因其具有便捷、低廉等优势而得到了大学生的普遍青睐。利用网络“足不出户找工作”，成为个别学生特有的求职方式。当前，虽然网络招聘也还存在操作不规范、信息陷阱等问题，但我们相信随着网络监管体系的逐渐健全，网络求职也将会进一步得到运用和发展。

3. 不同群体不同就业渠道

在招聘活动中，不同层次的企业常采用不同的人员招聘、选拔方式，即使是到校招聘，大型企业也常有自已较为固定的目标院校。因此，从学校的角度而言，不同性质的高校往往面临不同的用人单位群体，而不同层次、特性的学生群体也往往具有不同的求职主渠道。譬如，“985”“211”院校的学生，到校招聘单位数量庞大，学生就可以不出校门就能落实就业，因此校园招聘就是他们的主要就业渠道；而对于高职学生，利用实习实训促成就业的比例相对就较高。

4. 求职中社会关系的地位

在就业的大环境里，往往有人脉资源的求职者可以赢得机会。当前大学生在求职过程中也更加注重人脉资源的开发与利用，这对促进顺利就业提供了帮助。

（二）求职渠道的常用类别

随着信息技术的进步，大学生求职信息的获取渠道也越来越丰富，可以来自学校就业主管部门、社会公共就业服务机构、市场经营性就业服务机构。这些机构发布信息的日的不同，信息类型也有所差异，但对求职大学生而言都有一定的利用参考价值。

1. 招聘会

根据招聘主体不同，分为校园招聘会和社会招聘会两种形式。

（1）校园招聘会

校园招聘会是经学校就业指导中心或相应机构同意由招聘单位直接进入学校举行的现场招聘会活动。对毕业生而言，这种招聘会具有安全、经济、针对性强的特征，其规模、层次往往因为学校影响力的不同而存在较大差异，譬如“985”“211”院校每年到校招聘的单位数量大、质量高，而一般院校到校招聘的单位质量、数量都相对差一些，因此对于求职学生而言，关注和直接参与重点大学校园招聘会是一种不错的选择。不同单位进入学校举行招聘会的时间差异较大，但整体有提前进入学校组织招聘会的倾向，个别单位甚至也借用赞助学生活动等方式将人才选拔活动向低年级延伸。一般而言，每年 9 月下旬至 12 月上旬及次年 3 月上旬至 5 月中旬成为企业进入学校招聘的两个高峰期。世界 500 强企业往往将校园招聘时间确定为冬季，个别企业春季时也针对考研落榜学生进行补录，但名额相对有限。企业到校招聘一般包括信息发布、现场宣讲、接收简历、笔试、面试、录用签约等环节，对求职者而言，每个环节都不容错过。学校在校园招聘会的组织上，逐步向小型化、经常化方向发展，不少学校更欢迎企业到校举行专场招聘活动，因为这种招聘形式往往具有更好的针对性。但为了减轻多场招聘会组织的压力，每年依然有不少学校采用集中组织数百家单位的校内大型双选会形式，这些双选会对应届毕业生而言很有价值，毕业生们应及时收集信息并积极参与。

（2）社会招聘会

社会招聘会是由政府机构或专业人力资源公司、社会中介机构统一组织，由招聘单位参加的招聘活动形式，这种招聘会多带有社会招聘的性质，也有针对应届毕业生求职举行的专场活动，一般在大学集中的地域或者交通便捷的会展中心举行。政府部门组织的招聘活动往往具有公益性质，一般规模较大，针对性较强；由专门人才公司、社会中介举行的招聘活动往往会收取一定费用，这种招聘会举行场次较多，层次差异较大，岗位数量充足，但常要求应聘对象具有一定工作经验，因此应届毕业生优势不明显，同时毕业生也特别需要注意辨别信息的真伪。

2. 互联网

互联网求职既快捷，又方便高效。在求职中可利用的网站包括专业求职网站、大型门户网站中的求职专栏、求职论坛、企业网站及知名大学就业信息网等，它们的求职信息丰富，更新速度快，互联网除人才供求信息外，人才市场信息网络一般还提供政策法规、市场介绍、求职指导等有关信息，而且时效性强，计算机网络技术的运用，大大提高了人才市场的信息处理能力，使人才市场的信息能及时发布和更新。

3. 实习

通过实习实现就业是不少大学生都渴望能够遇到的好机会。但不同的学校因其性质的差异较大，其中职业技术学院、师范类高校、医学类高校的学生都有较长的实习时期，某些实习活动实际上与学校的订单式培养相结合，因此对学生的就业有较大帮助。事实上，不少大型公司也通过这种方式选拔员工。当然，对待实习活动，学生也应该看到，即使实习后不能留在实习单位，但这种经历也往往能为后期求职增添筹码。

4. 学校推荐

在招聘过程中，部分单位为了缩小人才招聘范围，减少人才招聘成本，其信息往往通过学校内部特殊渠道进行传递。其中，委托学校就业指导服务部门或辅导员、班主任进行定向推荐就是最常见的方式。这种推荐往往具有较强的针对性。定向推荐因为招聘企业与推荐人之间的特殊关系，常常会对求职者产生积极影响，因此，对求职者而言，得到这种特殊推荐往往能获得更大的竞争优势。

5. 报纸杂志

依托报纸杂志求职是较传统的求职方式之一，能刊登求职信息的报纸一般有两种，一类是综合性报纸的求职广告专栏，另一类是专门的人才类报纸。报纸招聘信息地域性特征较突出，每个地区的主流大众报纸一般都开辟有求职专栏，这些专栏刊登大量的关于本地区的招聘信息。值得注意的是，当前各种报纸杂志水平良莠不齐，获取求职信息一定要通过正规刊物，以避免被虚假信息误导。

6. 其他渠道

大学生求职中也还有其他渠道，如团队求职、互助求职、个性化求职等，只要用心，似乎总能找到适合自己的渠道。此外，在互助求职中成员之间互相推荐，资源共享，往往也会产生意想不到的效果。

二、获取信息的事项

（一）获取有效信息的挑战

1. 信息泛滥

大学生往往具有丰富的信息获取渠道，因此可以获得大量的就业信息。然而在大量的信息中，他们却往往因为缺乏良好的信息处理技巧，从而导致就业信息利用率很低，他们甚至常常因为信息太多造成选择性冲突而无所适从。这些信息量过多的求职者需要进一步掌握就业信息的使用方法，明确自己的求职目标，在信息选择上学会取舍，进而提高信息使用效率。

2. 信息匮乏

有些大学生在求职过程中往往缺乏获取求职信息的渠道，加之现在很多大学生缺乏主动性，致使能够获得的求职信息非常有限，从而将自己置于求职信息与机会匮乏的被动境地。要摆脱这种困境，就必须解决就业获取渠道和技术问题，同时增强自己获取求职信息的自觉性和主动性。

3. 虚假信息

如今处于监管还无法非常完善的时代，就业信息中总充斥着一些虚假信息，包括诈骗信息、夸大信息等对学生造成人身及财产损害。面对这种情况，求职大学生必须不断地提高自己对信息的鉴别能力，保证信息来源渠道的真实可信。

（二）获取有效信息的原则

1. 真实性

真实性即要求信息反映的情况与事实相吻合，没有夸大与隐瞒现象，信息真实可信。保证就业信息的准确真实，是就业决策的前提和基础，如果一条信息不能真实地反映实际情况，往往会对求职者的就业决策和行动造成误导，甚至让求职者陷入求职陷阱，造成财产损失甚至人身伤害。

2. 时效性

时效性即要求获得的就业信息还未过时，还有可利用的价值。一般而言，招聘单位举行的招聘活动都有较长的时间周期，但却只会在固定的时间阶段内；同时因为招聘平台的月费、年费等收费模式致使企业在招满职位后，该职位也仍然会对外展示超过一年之久。所以把握和分辨信息的时效性也是尤为重要的。

3. 完整性

完整性即要求信息完整。求职信息涉及多方面，即使是某个单位的具体招聘信息，也往往涉及招聘时间、招聘计划、岗位要求等多方面内容，只有全面了解这些信息，才能帮助求职者进行系统地分析和决策，如果对就业信息只停留在一知半解层面，就可能致使求职者在决策中犯错误。

4. 针对性

针对性即要求求职者能根据自己的实际需要对信息进行取舍，保留对自己有价值或高价值的信息，而排除那些无用、无关或低价值的信息。在求职过程中，求职者通过自身努力常常能获得多方面的信息，譬如只要登录某一求职专业网站进行某一关键词查询，瞬间就可获得大量相关内容。对于这些获取的内容，求职者必须根据自己的实际需要进行筛选。我们始终要认识到，只有自己真正需要的信息才是有价值的信息。

5. 计划性

大学生毕业求职是一个较长的过程，而就业信息的收集、整理是贯彻这一过程始终的，大学生需要在求职过程中，根据不同阶段的不同需求，在信息收集上做到有目的、有计划、有轻重缓急的分步实施，以求达到更好的效果。

第五章 大学生就业程序与途径

第一节 就业相关资料的填写

一、普通高等学校毕业生就业推荐表填写说明

普通高等学校毕业生就业推荐表（以下简称“推荐表”）是学校对毕业生在校期间情况的反映，是供毕业生向用人单位推荐就业时使用。因此要求毕业生、各教学单位严肃认真对待，保证填写质量。各教学单位要做好填写的指导，严格把关。填写的具体要求如下：

用黑色（蓝黑色）钢笔或签字笔如实填写，字迹要清晰端正，不出现错别字，不涂改；

填写前要认真阅读推荐表扉页的“说明”，按要求填写；

相片用小一寸的免冠照片（彩色、黑白均可，以彩色为宜）；

“自我鉴定”内容要充实详细，包括本人在校期间德、智、体等各方面的主要表现及自我评价，不能三言两语马虎应付；

“本人求职意愿”由学生本人根据自己的实际求职情况填写；

“院系推荐意见”一栏由各系负责人填写（或指定人员具体负责填写），加盖各系公章。要概括地、实事求是地反映和评价该生在校期间德、智、体等各方面的表现，突出优点、特点，不足之处用提希望的形式指出；

在系里加盖公章后，以班或系为单位到学生处就业指导中心加盖“同意推荐”及学校公章。

二、高等学校毕业生登记表填写说明

高等学校毕业生登记表（以下简称“登记表”）是毕业生在校期间情况汇总，也是毕业生档案中的重要材料，因此要求毕业生严肃认真地对待，保证填写的质量，各教学单位要做好填写的指导与督促工作，严格把关。填写的具体要求如下：

用黑色（蓝黑色）钢笔或签字笔填写，字迹要清晰端正，不出现错别字，不涂改。

填写前要认真阅读登记表中的“填写说明”，按要求填写；

相片用小一寸的免冠照片（黑白、彩色均可）；

“自我鉴定”内容要充实详细，包括本人在校期间德、智、体等各方面的主要表现及自我评价，不能三言两语马虎应付；

“班组鉴定”由班主任牵头，组织班委填写。要预先起稿，班主任必须检查把关，要概括地、实事求是地反映和评价该生在校期间德、智、体等各方面的表现，突出优点、特点，不足之处用提希望的形式指出；

“院系意见”一栏由各系负责人填写（或指定人员具体负责填写），加盖各系公章、负责人签名。内容是核实毕业生填写内容是否属实，并根据班组鉴定意见综合概括；

“学校意见”由学校毕业生就业指导中心送学校统一加盖学校公章；

在填写过程中，如不符合某些栏目内容的，一律填写“无”。

三、大学毕业生签订就业协议书

（一）就业协议书

1. 就业协议书的含义

普通高等学校毕业生就业协议书，简称“就业协议书”，俗称“三方协议”，是由教育部高校学生司统一制订，各省市（自治区）教育主管部门印制，明确毕业生、用人单位和学校在毕业生就业工作中权利和义务的书面表现形式。

根据国家规定，在达成就业意向后，毕业生、用人单位、学校三方必须签订就业协议书，经三方签订后生效并各留一份。在我国当前的就业体制下，就业协议是教育部门制订就业计划的依据，是进行毕业生派遣的根据，是确认就业意向和劳动需求的凭证。协议在毕业生到单位报到、用人单位正式接收后自行终止。

2. 就业协议书的内容

（1）毕业生情况及意见

这部分内容由毕业生本人填写。毕业生的情况一栏，包括姓名、性别、民族、政治面貌、培养方式、健康状况、学制、专业、学历和家庭住址等；毕业生意见一栏，由毕业生本人填写自己的应聘意见，要求毕业生对是否同意到用人单位就业明确表明自己的意见，同时也应写明用人单位在洽谈中达成的有关约定，以免日后发生争议。

（2）用人单位的情况及意见

这部分内容由用人单位填写。用人单位的情况一栏，包括单位名称、单位隶属、联系人、联系电话、所有制性质、单位性质和毕业生档案转寄详细地址等。用人单位意见一栏，包括两方面的内容：用人单位意见和用人单位上级主管部门意见。

（3）学校意见

学校意见一栏，包括学校和院（系）两级意见。院（系）意见是管理培养学生基层的意见，在签署院（系）意见时，要对学生的基本情况和用人单位的情况及协议内容进行初步审核，同时对毕业生的就业去向进行登记备案。学校意见则是学校毕业生就业工作职能部门代表学校对就业协议书进行审核，符合就业方针政策和学校就业规定的，在就业协议书上签字、盖章，表示认可。

（4）备注

备注栏是为毕业生、用人单位、学校三方共同约定的其他条款所设计的，三方如果有其他的约定，应在备注栏注明并签字、盖章，视为本协议的一部分。在备注栏中毕业生与用人单位约定的条款只要不违背国家的就业政策和法律、法规以及学校的规定，学校一般不予干涉和否定。

3. 就业协议书的作用

第一，当毕业生与用人单位达成一致意见，学校审查认为符合国家的就业政策后，必须以书面的形式确定下来，即签订毕业生就业协议书，这样做是为了保护毕业生和用人单位各自的权益。

第二，由于国家要对毕业生的流向进行宏观控制，所以，学校要以就业协议书为依据制订毕业生就业的建议性方案，上报上一级主管毕业生就业工作的部门审批，报国家教育主管部门备案。并根据就业协议书内容，办理就业手续和户口、档案迁移手续。

第三，毕业生按照协议的内容，毕业后在规定的时间内到用人单位报到。

第四，用人单位在毕业生毕业后，做好各项接收工作，安排毕业生就业。

4. 就业协议书的性质

从法律意义上说，协议书一旦生效就具有法律效力，也就具备合同（或契约）的性质和特征。因此，就业协议书应该是毕业生与用人单位之间确立聘用关系、明确双方权利和义务的协议。

（1）双方当事人意思表示必须相一致

协议是毕业生和用人单位双方的民事法律行为，必须双方当事人意思表示相一致才能成立。只有一方当事人的意思表示，或者双方当事人都有意思表示，但相互之间意思表示的内容不一致，协议都不能成立。

（2）执议双方当事人法律地位平等

协议的双方当事人，一方是毕业生，另一方不论是行政事业单位还是其他任何单位，毕业生和用人单位的法律地位一律平等，双方没有上下和高低之分。

（3）协议应具体明确双方当事人的权利和义务

协议是双方当事人为确立一定的民事权利义务关系而订立的。因此，不发生任何法律后果、不涉及当事人之间权利义务的协议是没有法律意义的。

（4）协议是具有法律效力的行为

协议既然是双方当事人依法达成的，就会产生相应的法律后果，因而对双方当事人都具有法律约束力，同时也得到国家法律的承认与保护。因此，双方当事人必须认真、严格地履行各自应承担的义务。

（二）签订就业协议的程序

毕业生和用人单位达成协议并在就业协议书上签名盖章，用人单位应在协议书上注明可以接收毕业生档案的单位名称和地址；

用人单位须经主管部门同意的则应报上级丰管部门批准；

用人单位或毕业生将协议书于当年6月初送到学校毕业生就业工作部门，由就业工作部门向省就业指导中心上报派遣计划；

如有其他约定事项可在协议书“备注”内容中加以补充确定；

特别说明：

第一，毕业生回生源地自主择业或二次就业的，可不签协议书。

第二，到省辖市管或区管单位就业的，须经省辖市毕业生就业主管部门（非师范类经市人事局、师范类经市教育局）盖章同意；到县及其以下单位就业的，只需经县毕业生就业主管部门盖章同意。

第三，到省直、部属单位就业的，须经其主管部门盖章同意。在省工商局注册的非国有单位接收毕业生，须到省人才交流中心实行人事代理并到省就业办审核备案。

第四，在省外落实接收单位的，按有关省、市、县（区）毕业生就业主管部门的规定办理。省外主管部门没有规定的，须经市（地）以上毕业生就业主管部门盖章同意。

第五，到在京中央单位工作的，需经国家人事部同意。

（三）签订就业协议时应注意的问题

毕业生就业协议明确三方的权利和义务，具有法律约束力，也涉及毕业生的切身利益，因而毕业生在就业签约时应注意以下几个问题，以切实维护自身在就业过程中的合法利益。

1. 查明用人单位是否真正拥有接收毕业生的指标

毕业生就业协议书必定是在用人单位已申请接收毕业生人事关系（档案）、户口的指标的情况下签订的。

当前社会上很多用人单位与毕业生之间的关系是通过劳动合同确立的劳动关系，并没有真正接收毕业生的人事关系。这种情况下，毕业生与用人单位无须签订毕业生就业协议书。

如果用人单位没有接收毕业生人事档案关系及户口的指标，毕业生及用人单位不应无理要求学校对毕业生就业协议书进行鉴证，学校也不会将其列入毕业生派遣计划。

2. 按规定的程序签订协议

毕业生与用人单位签订协议后再交学校就业工作部门鉴证，签订协议的程序应由学校做最后把关。

有些毕业生往往为图方便，自己在协议书上签字后，要求学校先鉴证，再交用人单位签约，而有个别用人单位在协议书上另增有损于毕业生权益的其他条款后再签字盖章，待毕业生与学校知晓时，因三方已签字盖章，协议已生效，只能由毕业生承担不利后果。

3. 有关条款的内容必须明确

毕业生与用人单位对有关条款可进行协商，因而毕业生与用人单位在签约时，应尽量采用示范条款。如确要进行变更或增加，内容上必须明确，不要产生歧义，尤其是涉及福利待遇、工作期限、违约责任等。否则一旦发生争议，由于事先约定不明确，不利于毕业生自身合法权益的保护。如无附加条款，应当将协议书中的空白部分删去，注明以下空白。

4. 注意与劳动合同的衔接

就业协议签订在先，应尽可能将劳动合同的主要内容体现在就业协议的约定条款中。否则双方日后若就劳动合同有关内容达不成一致意见，毕业生表示不愿在该单位工作时，用人单位会反过来要毕业生承担违反就业协议的责任。因而毕业生在就业过程中应就劳动报酬、试用期、住房、服务期限等劳动合同的主要条款与用人单位事先协商，体现在就业协议中，而不应只做口头约定。

5. 对协议的解除条件做事先约定

毕业生就业协议一经订立，就对当事人具有约束力，一方不得随意解除，否则应承担违约责任。毕业生可与用人单位在就业协议中就解除条件做约定。若约定条件一旦成立，毕业生可依约解除协议，而无须承担违约责任，避免产生经济损失或其他争议。

四、就业报到证

（一）就业报到证的含义

就业报到证的全称是全国普通高等学校本专科毕业生就业报到证，它是由教育部统一印制、省级高校毕业生就业主管部门签发的，只有列入国家就业方案的毕业生才持有，是用人单位安排毕业生工作，并接转毕业生人事档案、户口的有效凭证。报到证只能一人一份，由其他部门印制或签发的报到证无效。

报到证必须妥善保管，不论什么原因，凡自行涂改、撕毁的报到证一律作废。报到证遗失，应由毕业生本人提出申请，由学校上报省毕业生就业主管部门批准并予以补发。

（二）就业报到证的作用

第一，报到证是教育主管部门正式派遣毕业生的凭证。

第二，报到证是毕业生到用人单位报到的凭证，凭报到证报到以后，方可开始计算工龄。

第三，报到证是用人单位接收毕业生的重要文字证明。

第四，报到证是任何一个合法的人才中心、档案管理机构接收毕业生档案的证明。

第五，报到证是用人单位给毕业生落户、接管档案的重要凭证和依据。

第六，报到证证明持证的毕业生是纳入国家统一招生计划的学生。

第七，报到证是毕业生的干部身份证明。如果没有报到证，毕业生将会失去干部身份，成为社会劳动人员（工人编制，而且人才中心无法接收毕业生的档案）。

（三）就业报到证的派遣原则

第一，落实到省直和中央驻省单位就业的毕业生直接派往接收单位。

第二，落实到市、州所属单位就业的毕业生，派到单位所属市、州教育局毕业生就业办公室。其备注栏内注明接收单位名称。

第三，落实到省外单位就业的毕业生，原则上按接收单位所在省毕业生就业主管部门的要求办理，并准确确定就业报到的受理单位。

第四，毕业时未落实就业单位的生源地为本省的毕业生，本人要求回生源市、州择业的，可派回生源市、州教育局，并在其就业报到证备注栏注明“本人申请回生源地自主择业”。

第五，生源地为外省的毕业生，毕业时要求回生源地择业的，将其派回生源所在省的毕业生就业主管部门。

第二节 大学毕业生就业程序与途径

一、就业管理部门的一般工作程序

根据高校管理体制，毕业生就业工作采取“分级管理、分级负责”的管理办法。高校毕业生的就业管理机构大致由三部分组成：全国主管高校毕业生就业的部门是教育部；各省、自治区、直辖市和中央各部委的有关部门分管本地区、本部门的高校毕业生就业工作；各高校负责本校毕业生就业的工作机构，以及各用人单位负责接收安置毕业生工作的部门。全国高等学校的毕业生就业工作程序和时间由教育部统一部署，各部委和地方按照统一部署具体指导所属院校毕业生的就业工作。其工作程序如下：

（一）制订政策

一般在当年毕业生就业工作基本结束后，教育部对年度国民经济发展和国家重点建设情况开展调查研究，制订相应的政策，从而确定下一年度的就业工作意见；各省、自治区、直辖市、中央各部委按照文件精神制订出本地区、本部门所属高校毕业生就业工作的具体意见；各高等学校根据国家就业方针政策和规定以及学校主管部门的文件要求，结合本校毕业生实际情况，制订本学校的工作细则。这项工作通常在每年的 12 月底前完成。各高校就是在这些政策、规定允许的范围内，开展毕业生就业工作的。

（二）资源统计

毕业生资源统计工作一般在每年的 9 月份开始进行。资源统计内容包括毕业专业、姓名、性别、政治面貌、家庭所在地、培养类别等。资源统计是一项十分重要和严肃的事，既不能有丝毫差错又不能弄虚作假，凡是属于国家正式派遣的毕业生都必须是招生时列入国家计划内招收的学生。各高校负责报送本校毕业生的资格审查工作，及时向主管部门和地方调配部门报送毕业生资源情况。省、自治区、直辖市主管部门负责本地区毕业生的资源统计工作，并按时报送教育部。教育部在每年的 11 月份左右向各地区、各部门提供下一年度的毕业生资源情况，包括毕业生所在的学校、所学专业以及毕业生来源地区等。各地区、各用人单位要向教育部提供毕业生需求信息。教育部负责向社会及时报送毕业生资源情况和需求情况，并及时组织毕业生的供需信息交流工作。

（三）就业指导

虽然就业指导已贯穿到大学生学习的全过程，但在低年级的就业指导主要涉及职业生涯指导和就业素质教育。而各高校对应届毕业生进行的就业指导，主要为择业求职指导和从业供职指导，包括思想教育、政策指导、形势分析、信息指导、心理辅导、技术指导等。目的是帮助毕业生根据自身的特点和社会职业的需求，选择最能发挥自己才能的职业，全面、迅速、有效地与工作岗位结合，并帮助大学生在今后的从业供职过程中实现自己的人生价值和社会价值。

（四）供需见面和双向选择

供需见面和双向选择活动是落实毕业生就业计划的重要方式。各地区、各部门和各高校的就业管理机构在每年的12月份至下一年的6月份之前，均会采取多种形式拓展毕业生就业市场，为毕业生求职择业创造条件、提供服务。毕业生也可以在学校允许的就业范围内参加各地组织的“双向选择”洽谈会选择单位。经供需见面和双向选择后，毕业生与用人单位应签订毕业生就业协议书，作为制订就业计划和毕业生报到就业的依据。

（五）制订就业计划

就业计划是将各高等学校毕业生按照专业需求情况，派遣到各用人单位的计划。但现在的就业计划与“统包统分”条件下的就业计划是不一样的。“统包统分”下就业计划是自上而下的、按照上级编制的计划。在“双向选择”条件下，学生有选择的自主权、用人单位有择人权，所编制的就业计划也是一种自下而上或上下结合的形式。即学校通过多种形式的供需见面和双向选择，将毕业生与用人单位签订生效的就业协议书作为落实的就业建议计划于6月初报上级主管部门审批，经调整、平衡后以正式计划下达执行。

现阶段大学毕业生就业计划的编制主要有两种形式：一是国家根据社会发展和需求情况，会同有关部委、地方毕业生主管部门及其所属院校与重点单位协商，确定抽调各类专业毕业生的人数，形成国家抽调计划；二是各高等学校通过各种渠道与用人单位“供需见面”，毕业生在国家政策指导下，根据有关规定与用人单位通过在一定时间和范围内的“双向选择”，签订就业协议书，经学校审核、同意，形成毕业生就业建议计划。

（六）毕业生资格审查

每年毕业生资格审查一般在6月下旬进行，学校成立毕业生资格审查小组，主要从德、智、体三方面审查毕业生是否符合毕业条件，对于不符合学校学籍管理有关毕业条款的，给予结业处理。结业生必须以结业生身份联系就业单位，签订结业生“就业协议书”。原来以毕业生身份联系落实就业单位的结业生，即使已列入就业建议计划的，也必须重新签约。

（七）调配、派遣

地方主管毕业生调配部门和高等学校按照国家下达的就业计划派遣。学校派遣毕业生的时间一般在每年的6月底到7月初，派遣毕业生统一使用全国普通高等学校本专科毕业生就业报到证。

（八）就业工作总结

学生毕业就业后，各级就业管理机构要对当年毕业生就业情况（一次性就业率、就业地区分布、就业单位性质等）进行认真总结，并提出意见和建议，上报上级主管部门。教育部汇总全国毕业生就业建议方案和毕业生就业情况报告国务院，为下一年度的毕业生就业工作提供参考。

大学生毕业就业，基本都是按照以上就业管理、指导机构的部署和安排而进行的。按照目前国家的就业政策，对于那些在毕业前未找到工作的毕业生，其档案、户口可在毕业后由学校代管两年，两年内找到工作单位，学校仍有责任为其办理派遣报到手续。但应说明，各省、直辖市的政策不一定都一致。

二、用人单位招聘程序

通常包括确定用人需求、制订招聘方案、发布招聘信息、收集求职简历、筛选候选人、签约与毕业生接收等一系列环节。

（一）确定用人需求

确定公司用人要求是职工挑选工作的第一个阶段。在这个阶段，一般是具体的业务部门根据部门工作量和事业发展情况，通过工作分析，确定公司用人的数量、类别、工作条件，拟定工作说明、工作规程，制订人员预算，把缺少的人数及岗位情况报给人力资源管理部门，由人力资源管理部门会同业务部门根据实际情况决定是否招聘，为下一阶段的工作准备条件。

（二）制订招聘方案

在招聘需求获批以后，人力资源管理部门确定招聘方式。招聘方式一般有两种：一是从单位内部调动；二是面向社会公开招聘。面对大学毕业生，用人单位主要进行的是校园招聘或行业、地方的专场招聘会，同时也会进行网上招聘。多种招聘方式的同步进行能更为有效地甄选所需人才。

（三）发布招聘信息

用人单位发布信息的渠道包括：单位自己的网站，高校就业网站，人才网站，各类毕业生就业网站，电视、报纸、杂志等媒体，招聘会。也有的大公司有针对性地在部分高校进行校园招聘宣讲。

（四）收集求职简历

用人单位在发布招聘信息的同时，会告知毕业生在限定的时间内以规定的方式提交个人简历。现在为了工作方便大多数单位要求发送电子简历，但在招聘会等特定情况下也收取纸质简历。

（五）筛选候选人

人力资源管理部门对申请人的基本情况进行初步筛选，然后根据报名与需求情况确定下一步筛选流程，一般都采用面试或笔试的方式，很多单位二者都用，甚至反复好几次。

（六）签约与毕业生接收

用人单位经过各项考核后，与决定录用的毕业生签订就业协议。在毕业生报到后办理毕业生的人事档案关系转递，完成正式接收。

三、大学毕业生就业程序

一个完整的择业过程指从大学生准备找工作，到去单位正式报到并转递完档案人事关系为止的整个活动过程。具体而言，包括收集信息、确定目标、准备材料、参加招聘、签订协议、去单位报到等步骤。

（一）收集就业信息，确定就业目标

求职的第一步就是要收集信息，通过网络、报纸杂志、导师、就业工作老师、已经毕业的师兄师姐以及亲朋好友等社会关系都可以获得这些信息。还要了解国家、省市和本校的毕业生就业政策，以及就业相关的法律法规。

（二）整理求职材料，搜寻招聘信息

确定了择业目标就可以有针对性地撰写求职简历、求职信，把各种证明自己能力和获得成绩的证书进行分类整理。制作好的求职材料可以与同学、老师、家长进行交流，根据他们的建议修改完善。

准备求职材料的同时，关注学校就业信息网、本地区高校毕业生就业网，参加学校举办的招聘会，利用各种社会关系收集目标招聘信息。有合适的单位就及时投递求职材料，主动与用人单位联系，争取获得面试或笔试的机会。

3. 充分发挥优势，竞聘就业岗位

这个阶段是求职的核心阶段。毕业生要充分调动自身能力，展现自己的特长和优势，来参加用人单位可能设计的各种面试、综合知识测试、心理测试、技能测试等。毕业生要事先对用人单位的背景、内部运行机制、将来发展规划、企业文化、用人理念等有一个全方位的了解，做到知己知彼，方能从容应对。

4. 依次填写盖章，签订就业协议

通过用人单位的种种考核，被通知正式录用后，毕业生确定自己的就业单位，就要和用人单位签订由教育主管部门统一制订的全国普通高等学校毕业生就业协议书。就业协议书明确规定了学校、用人单位及毕业生三方面的责任、权利与义务。就业协议书一经签订，便视为有效合同，不能随意更改。签约的各方都要遵守协议的有关规定，不能做与协议书内容相违背的事。

有的毕业生在与用人单位签订就业协议书后认为该单位不够理想，而自己工作已有了保障，又去与其他单位联系，这样的做法是不妥的。这样做会给用人单位和自己都带来不利的影响，用人单位会因此浪费用人指标，而自己也会因为出尔反尔被其他用人单位认为不讲信誉而拒绝。

5. 上报计划，领取报到证

由用人单位、毕业生本人和学校签订的就业协议书，要统一汇总纳入学校的毕业生就业建议方案，报上级就业主管部门审批，形成正式方案下达执行。至此，毕业生的求职择业程序就算完成，接着毕业生将进行毕业鉴定，学校按就业方案派遣毕业生，待办完离校手续后，便按照报到证规定的期限和指定的地点去单位报到上班。

6. 办理毕业离校手续，转递户档关系

毕业手续的办理是毕业生离开学校前必须完成的　个环节，大学毕业生应按照国家的有关政策和学校的具体规定，努力做好毕业生鉴定工作，认真填写普通高等学校毕业登记表，办理党团关系，办理档案、户口转移手续等，确保自己顺利毕业，文明离开学校，快乐地走向工作岗位。

四、毕业生报到与改派

（一）报到

毕业生办完离校手续，将领到就业报到证（或就业推荐书）、户口迁移证明、组织关系介绍信。就业报到证、户口迁移证明都写有明确的有效期限，必须在有效期内到就业报到证上指定的单位报到。逾期，就业报到证、户口迁移证明将失效。

1. 派遣回生源地报到的毕业生

第一，毕业离校前领取普通高等学校本专科毕业生就业报到证在规定的时间内（报到证上有具体时间节点）到生源所在地人事局报到，并于当年内到人事局确认是否已收到档案（自带档案的由本人提交），如未收到，请与学校就业办联系。

第二，如毕业生未按时前往办理报到手续，导致以后档案管理、使用及其他与档案有关的业务不能顺利办理，一概与学校无关。

第三，户口在学校的，到保卫处领取户口迁移证，回生源地入户。

2. 已经申请“暂缓就业”的毕业生

第一，妥善保管暂缓就业协议书，凭协议书办理相关手续，如有遗失，无法补办。

第二，暂缓就业期间，严格按照暂缓就业协议书相关规定处理。

第三，申请了暂缓就业的学生，在暂缓就业的期限内，根据协议书规定办理相关手续。要取消暂缓就业的，凭暂缓就业协议书，自行到省毕业生就业指导中心办理相关手续，打印报到证。户口仍保留在学校的，凭报到证复印件到学校保卫处办理户口迁移证。凭报到证、户口迁移证到接收单位或生源地人事局办理报到、入户手续。

3. 已落实接收单位（能接收档案、户口，并已签订有效普通高等学校毕业生就业协议书）的毕业生。

第一，毕业当年 6 月初把已签订的普通高等学校毕业生就业协议书交到学校就业办，由就业办上报派遣计划。

第二，毕业离校前领取普通高等学校本专科毕业生就业报到证到接收单位报到；凭报到证回户口所在地迁移户口。户口在学校的，到户籍管理部门领取户口迁移证到单位入户。

4. 专升本或考研究生被录取的学生

6 月初向就业指导中心办公室交《录取通知书》复印件，办理档案转寄或调档手续。

5. 档案查询

第一，回生源地报到的毕业生，请在当年内查询生源地人事局是否收到档案，如未收到，及时到就业指导中心办公室查询。

第二，申请了“暂缓就业”毕业生到省就业指导中心查询。

6. 报到证丢失

如果你的就业报到证（或就业推荐书）不慎丢失，必须补办。首先应在当地市（或市以上）级报纸登报声明你丢失就业报到证（推荐书），应注明报到证编号，再持登有声明的报纸原件和你的就业报到证（推荐书）附件（你的档案内有），交由学校就业指导服务中心到省高校毕业生就业指导中心补办。

（二）改派手续

毕业生因特殊原因要离开原报到单位到新单位工作，需要办理改派手续，将签有原就业单位的报到证、户口迁移证明改往新的工作单位。

1. 改派须准备的材料

退函：原接收单位及其上级主管部门同意改派并出具的书面材料。

接收函：新接收单位出具的经其上级主管部门批准同意接收的书面材料。

毕业生本人申请改派的书面材料和原就业报到证、户口迁移证明。

2. 改派程序

本省内省直或省直以上单位之间调整的，持退函、接收函或协议书到省人事厅毕业生分配处审批并办理改派手续；

本省内同一地区两个地市之间调整的，持原单位所在地毕业生主管部门盖章的退函、就业报到证和接收函到接收单位所在地毕业生主管部门办理改派手续；

跨省区调整的，退函和接收函必须经过单位所在地省级毕业生就业主管部门盖章同意，否则无效。

五、就业途径

改革开放以来，我国经济体制和政治体制都发生了深刻变化，随着毕业生就业制度的改革，毕业生就业的路子越来越多，求职的范围也越来越宽。如何借助各种有效途径去获取最新的就业信息，是毕业生能否抓住就业机遇的关键，毕业生只有了解了各种就业途径的特点、地位和利用方式，且高效地加以利用，才能保证择业的顺利成功，毕业生的就业途径主要有以下几种：

（一）参加人才招聘会

参加人才招聘会是应届大学毕业生接触社会，收集实习就业信息，成功就业的最主要途径。招聘会根据主办方的不同可简单划分为由地方政府职能部门、人才市场举办的定期或不定期的人才招聘会及高校举办的校园招聘会。

1. 大型人才招聘会

大型人才招聘会一般由地方政府职能部门组织。在北京、上海、深圳、广州等大城市，大型人才招聘会由人才市场常年运作，由于组织得力，用人单位较多，所提供的需求信息和就业机会也比较多，信息量比较大，使毕业生的选择机会也较多。除此之外，对于毕业生来说，一场招聘会可以接触几个到十几个专业对口的需求单位，集中接洽提高了效率，节约了时间和金钱成本，求职者和招聘单位也因接洽方便而可以现场签订协议。

2. 校园人才招聘会

校园应聘是利用在校园举行的招聘会实现的就业，是大学生就业最为方便的途径。根据招聘会的集中程度，可分为校园毕业生就业供需双向选择洽谈会和小型专场招聘会。校园毕业生就业供需双向选择洽谈会一般规模较大，由学校集中邀请相关的用人单位来校直接与毕业生见面，通过双方的直接沟通洽谈与双向选择，实现学生求职择业和用人单位选纳人才的目的；用人单位在高校举办的小型专场招聘会一般由用人单位直接赴高校的院（系）进行（或委托）招聘。

校园毕业生就业供需双向选择洽谈会一般安排在春节前后，或者在毕业生离校前的五六月份举行。招聘会的时间安排一般与应届毕业生的实习与就业相协调，对毕业生比较有利，其主要特点有：

（1）针对性强

学校所邀请的用人单位多与本校设置的专业密切相关，用人单位向学校发出用人需求信息，一般也是基于对学校的专业设置、生源情况、教学质量等多方面的了解和掌握，对该校毕业生的招聘有较强的针对性。

（2）信息可靠

高校本着为学生负责的态度，对来校招聘的单位的资质一般进行较为严格的审查，且不少单位可能是学校合作伙伴，有业务上的往来，这种审查和关系对于确保信息的真实性和可靠性提供了保证。

（3）服务到位

由于这种就业招聘会是由校方牵头举办，在就业形势日益严峻的今天，确保高校毕业生的高就业率成为高校生命线的情况下，高校的服务意识有了很大的增强，可为双方提供到位的服务。

（4）成本低廉

由于毕业生不出校门就可接触到大量针对性强的单位，减少了毕业生外出参加招聘会的人力、物力、财力，大大方便了学生求职。校园小型专场招聘会除规模较小外，其余特点与高校毕业生就业供需双向选择洽谈会相同，并且还有自己的特点。

①专业对口性强

由于来高校招聘的单位一般都是有备而来，有些单位在招聘会举办之前就来到了学校，基于用人单位对高校的专业设置等有较深的了解，有的与院校还长期保持有联系，另外还有一层考虑就是想提前进行，有优中选优的考虑。

②形式灵活、举办频繁

高校毕业生就业供需双向选择洽谈会，虽然信息量大，但规模大，成本高，不可能做到经常化。而这种小型招聘会则不受限制，形式和时间安排上也灵活机动，规模上可以几人或几十人，为毕业生提供了多样的选择机会。

③深度沟通、取舍有据

这种小型招聘会可以做到深度沟通，用人单位可以采取学术讲座或者招聘介绍会等形式，向毕业生介绍单位的基本情况等。从毕业生方面讲，可以从容地与用人单位讨论自己关心的问题，加强双方的沟通，有效地提高了成功率。

（二）网络求职

网络求职是一种新兴的也是一种日益重要的求职途径，它是借助互联网进行的求职方法。求职者通过互联网获取信息，进而与用人单位联系获得面试和实习就业的机会。网络求职主要依托各级政府人才部门和社会建立的人才网站，不受时间、地域、空间的限制，避免了人群大范围集中和对场地的依赖，为用人单位和求职者提供了“远在天边、近在眼前”的交流平台。毕业生们除了可以在网上收集求职信息、发送简历外，还可以建立自己的求职博客、求职网站等。网络求职的选择面广、信息量大、省时省力是受毕业生们青睐的主要原因，其形式主要有以下几种：

1. 借助专业招聘网站

目前许多企业借助这种途径，其中不乏知名企业。应届毕业生可通过专业招聘网站发布个人求职信息，也可以收集企业招聘信息，投递简历，争取面试机会。这种专业招聘网站可分为全国性平台和地方性平台。一般而言，全国性网站实力较强，信息量大，平台使用方便，而地区性网站以地区化作为自己主要优势，本地企业前来招聘的较多，吸引众多本地区求职者求职。

2. 借助大型网络或行业网站（或论坛）

许多大型综合网站和行业网站也设有招聘频道，招聘者和求职者都比较倾向这类专业化平台，企业平时临时决定的招聘在这里往往都取得不错效果，毕竟这里的网站用户是这个行业的关注者。

3. 有独立的招聘专区

在招聘专区中，会常年公布一些岗位需求信息，对岗位职责以及对求职者的要求都描述得比较详尽。因此，求职者如果对知名企业感兴趣，可以经常进入目标公司的网站查询，目前在网上招聘的知名企业有很多，涉及行业也较广。

4. 校园 BBS

对于即将毕业的大学生来说，除了招聘网站外，校园 BBS 也可以成为收集招聘信息的一个重要工具。目前大多数高校的 BBS 都设有招聘专区。

5. 建立个人主页

大学生在互联网上建立自己的个人主页，充分展示自身特色，吸引用人单位的目光。个人主页应该图文并茂，内容包括自己的求职信、简历、获奖情况、实习报告、日记、个人论坛以及见报文章等。

（三）通过报纸招聘信息求职

报纸招聘途径可通过招聘类广告、报纸招聘版、招聘广告位三种方式收集人才需求信息，这是目前求职者使用的强有力手段之一。我们在阅读报纸时，常常会发现一些用人单位向社会发布的招聘信息，通过报纸招聘不仅传播速度快，而且涉及面广，信息传播也很及时，因此是一个巨大的信息源。特别是各地主管毕业生就业部门创办的杂志或是专题报刊等，都在大学生求职择业的过程中发布大量的用人单位需求信息和招聘信息。此外，各地的人才市场报等也都开辟了人才需求信息及招聘广告栏目。只要经常阅读，必定会从中得到令人感兴趣或有用的信息。需要注意的是，这类信息分布使用面广，竞争性较强，但仍不失为捕捉择业机会的有效渠道。

（四）职介机构求职

为了适应毕业生就业制度改革的需要，县级以上各级政府多数都成立了毕业生就业指导机构。这些机构的主要职责就是制订所管辖区的毕业生就业政策，提供毕业生和用人单位各自的供求信息，为毕业生提供各种咨询和服务。他们每年都要通过各种形式为毕业生提供各种可靠的就业信息。

虽然许多大学毕业生在职介机构找到了满意的工作，但也有一些大学毕业生在找工作时急于求成，对有的职介机构认识不到位，而吃尽了苦头。在此提醒那些去职介机构求职的大学毕业生们：在求职时一定要去正规、合法的职业介绍机构。

（五）用电话、信件求职

除了以上几种就业途径外，毕业生还可以采取向自己感兴趣的用人单位进行电话咨询、信函询问等方式获取就业信息。这一方式要求毕业生有一种毛遂自荐的意识，能事先对某些单位的需求情况有一定的预测。这样既可节省时间，又能尽快得到确切信息，还可以在得到相关信息后进行实地考察，对单位的地理环境等外部条件有清晰的认识，待决策时参考。这种渠道主动性强、盲目性大、成功率低。但是，偶然的机遇也有成功的可能，在缺乏就业信息的情况下，这也不失为获取就业途径的方法之一。

（六）通过实习来求职

社会实践活动是大学生自我开发就业信息的重要途径。在大学期间，大学生可利用节假日多参加社会实践活动，以此来收集就业信息和积累工作经验，为求职增加筹码。在社会实践的过程中，通过自身努力赢得用人单位的好感、信任，取得职业信息甚至直接谋求到职业的大学生不乏其人。因此，大学生在各种社会实践活动中，在了解熟悉社会、提高思想觉悟、培养社会能力的同时，要做一个收集就业信息的有心人。

与此同时，毕业实习是大学生踏入社会的前奏曲，是参加工作的预演，所以每个人必须认识到这是一次难得的实习经历。通过实习，一方面使用人单位对你有所认识、了解，另一方面使你对社会工作有更感性的认知。如果你向单位证明你是一个有价值的职员，那么在实习过程中展露你的才华、能力与敬业精神，将会为你成功进入该公司打下良好的基础。

第三节 大学毕业生暂缓就业政策

一、申请暂缓就业的要求

申请暂缓就业的对象：普通高等学校毕业生。

暂缓就业的期限：二年。

暂缓就业的范围：

第一，毕业时未落实就业单位的普通高等学校毕业生。

第二，派遣前接收单位仍在考虑试用阶段而尚未签署接收意见的。

第三，毕业生自己创办企业，公司暂未获得有关部门正式批准的。

第四，专科毕业生报考本科或本科毕业生报考研究生者。

三、申请暂缓就业程序

第一，填写暂缓就业毕业生申请表、填写暂缓就业登记表（落实就业单位的毕业生需将就业单位资料报给各系辅导员汇总就业情况）；

第二，各系于5月30日前将暂缓就业毕业生登记表（附软盘）和经各系签署意见的暂缓就业申请表汇总交学院就业指导中心；

第三，学院就业指导中心于6月初将申请暂缓就业的毕业生名单统计并上报省就业指导中心；

第四，省就业指导中心于6月中旬对学校上报的申请暂缓就业的毕业生进行资格审核。

第五，毕业生领取暂缓就业协议书。

第六，办理了暂缓就业的毕业生户口和党团关系暂留学校，档案由省就业指导中心集中保管。

第七，终止暂缓就业协议。

派遣到非生源地的毕业生携带省就业指导中心核发的暂缓就业协议书、用人单位当地人事部门（人才交流中心）或教育行政部门的接收证明（就业协议书）或其他有效接收证明到省就业中心办理派遣手续和档案转递手续。

派遣到生源地的毕业生携带省就业指导中心核发的暂缓就业协议书到省就业中心办理派遣手续和档案转递手续。

办理好就业报到证后方可凭就业报到证（或复印件）、身份证、毕业证书到学院户籍管理部门办理户口迁移手续和办理党团关系的转接手续。

二、暂缓就业毕业生的档案管理

毕业生暂缓就业期间的学生档案由省高校毕业生就业指导中心托管。在暂缓就业期限届满时，仍未落实就业单位的，档案一律由省毕业生就业指导中心寄回生源地人事部门，省高校毕业生就业指导中心将不再保留任何毕业生的档案。

三、申请暂缓就业的利与弊

（一）申请暂缓就业有利之处

延长了找工作的时间，毕业生可以有更长的时间来选择；

准备专升本的同学，档案、户口可以暂时不迁回生源地；

为部分被用人单位要求先实习后签约的毕业生，提供了缓冲时间；

毕业生在暂缓就业期限内报考升学或公务员，可到省高校毕业生就业指导中心办理报考升学证明、报考公务员证明等。

（二）申请暂缓就业的不便之处

毕业生在暂缓就业期间既不是在校学生，也不是社会人，身份比较尴尬；

暂缓就业期间档案管理的省高校毕业生就业指导中心，不能出示失业证、未婚证等相关证件或证明；

暂缓就业期间，一旦找到就业单位办理入职手续时，需个人自行前往省高校毕业生就业指导中心取消暂缓就业协议，再回生源地领取相关证明方可办理。

因此，申请“暂缓就业”需要慎重考虑。

第六章 大学生就业心理与个人修养

第一节 正确的就业心理状况

一、大学生常见就业心理问题

（一）就业心理压力与焦虑

当前激烈的就业竞争环境使就业问题给大学生带来了较大的心理压力，而且这种压力在各年级学生中都存在。清华大学的调查显示，个人前途与就业已成为造成大学生心理压力变大的主要因素，而且压力有随着年级增高而上升的趋势。学生就业压力体验相当严重，尤其以心理体验最为严重。大学生毕业前心理压力较过去有明显增大，主要原因是毕业方向的选择、就业、考研、恋爱分合、大学中的不愉快经历、离别的感伤、突发事件、经济条件等冲突和事件；女大学生心理压力大于男大学生，农村学生的焦虑水平高于城市学生。而大学生面对就业压力的释放方式则过于内向化，主要是自己解决和求助于同学、朋友。

（二）就业心理期望与失落感

许多大学生都有一种“十年寒窗，一举成名”的心理，因此对择业的期望相当高。大学生大多希望到生活条件好、福利待遇高的大城市、大机关、大公司工作，而不愿到急需人才但条件艰苦的中小城市和基层小单位，过分地考虑择业的地域、职位的高低和单位的经济效益。高期望驱使毕业生总是向往高薪水、高职位、高起点，渴求高收入、高物质回报率，并一厢情愿地对用人单位提出种种要求，将自己就业的目标定得很高，即使找不到合适的单位也不肯降低就业期望值。比如，有一些学生就说：“非北京、上海、深圳不去。”可是现实就业岗位大多不像大学生所想象的那么美好，因此当发现现实与理想的差异较大时，大学生就容易出现“高不成，低不就”现象，并产生偏执、幻想、自卑等心理问题，并可能导致择业行为的偏差。

（三）就业观念不合理

大学生的择业观念虽然在总体上是倾向于务实化与理性化，但由于处于择业观念的转型过程中，因此各种不良观念也存在着，并影响了大学生的健康和顺利就业。这些不良观念主要表现在以下几个方面：

1. 只看眼前利益，忽略职业发展

一些大学生在择业标准中只考虑工作条件、收入等眼前实在利益，而对自我的职业兴趣、能力、职业的发展前景等因素不做考虑，因而极易选择到并不适合自己的职业。

2. 职业标准功利化、等级化

一些毕业生过分强调职业的功利价值，甚至还将职业划分为不同等级，而不考虑国家与社会的需要，不愿意到条件比较艰苦的地区和行业去工作。

3. 求安稳，求职一次到位的传统观念根深蒂固

很多大学生仍然喜欢稳定、清闲、福利保障好的单位，希望以此就能选定理想的职业，而不愿意选择有风险、有挑战性的职业，更不敢自己去创业。

4. 过分强调专业对口，学以致用

在求职时，只要是与自己专业关系不密切的职业就不考虑，这样做只能是人为地增加了自己的就业难度。

5. 职业意义认识不当

许多大学生从观念上来说，还是仅仅把工作当作一种谋生的手段，没有充分认识到职业对个人发展、社会进步的重要意义。

（四）就业人格缺陷

1. 自我同一性混乱

有许多同学在毕业、择业的时候，尚未达成自我同一性。具体来说，对自己的职业目标、需要、价值观以及自身特点等没有明确的认识；在就业时不能正视自己的能力、素质和择业的客观环境，不能对自己有一个客观、清醒、全面的评价。因此，他们在职业选择时往往是茫然、犹豫不决、反复无常、见异思迁、躁动不安的，不能主动、独立地获取职业消息、筛选目标、规划职业生涯，也不能解决就业中的问题，做出正确的决策。自我同一性混乱在就业中的两个突出表现就是盲目从众与依赖。

盲目从众是指在求职中不考虑自己的兴趣、专业等特点，盲目听从或跟随别人的意见以及盲目寻求热门职业的现象。持有这种心理的毕业生往往脱离自己的实际状况，跟在别人的后面走，如在就业市场中哪个摊位前人多他们就往哪里去，别人说什么工作好他们就寻求什么样的工作，而全然不顾自己的能力和现状，不会扬长避短。

依赖是指在就业中不愿承担责任，缺乏独立意识，没有个人独立的决策能力，没有进取精神，只是依赖父母或老师、学校，甚至只等职业送上门而不去积极争取。一些毕业生自己不去找工作，只等着父母和亲朋好友出面四处奔波，到处找关系、托人情，甚至还怀恋过去那种“统包统分”的制度，希望学校解决就业问题。当别人为自己找的工作不合心意时就大发脾气，抱怨父母或学校。还有不少毕业生由家长陪着参加供需见面会，职业的好坏完全由父母决定，毕业生缺乏自主择业的能力。

2. 就业挫折承受力差

不少大学生在求职时只想成功，一旦遭受挫折就会像泄了气的皮球，一蹶不振，陷入苦闷、焦虑、失望的情绪之中不能自拔。他们对求职中的挫折既缺乏估计也缺乏承受能力，不能很好地调节自己的心态，也不会通过总结求职中的经验教训来获得下一次的成功。

自主择业给大学生提供了就业的自由及通过竞争获得理想职业的机会。应该说这也是大多数学生所期望与认可的。但当大学生真正面临激烈的竞争环境时，也有许多人表现出缺乏信心、缺乏勇气，求职时战战兢兢、顾虑重重、畏首畏尾，不敢大胆自荐。结果是有压力没勇气，不能真正向用人单位展现自己的竞争实力，错过机会，在竞争中陷入了不战自败的境地。特别是一些冷门专业或学习成绩不佳的同学及没有“关系”的同学就更容易出现不敢竞争、不敢尝试的问题。

害怕竞争的保守心理一方面与大学缺乏社会实践锻炼有关，另一方面更与许多大学生害怕失败，不敢面对就业挫折有关，如一些大学生在就业中只找那些把握大的职业，而对竞争强的工作不敢问津，害怕求职失败遭受打击。

3. 自卑与自大

一些毕业生在求职中常会产生自卑心理，对自己评价偏低，他们总是以为自己的水平比别人差，单位要求很高自己肯定达不到，自己能力不行等。就业中的自卑一般产生于以下一些情况：首先，一些冷门专业的学生看到就业市场寻求自己专业的单位少、待遇差或在求职中遭冷遇，就容易悲观失望；其次，一些性格比较内向、不善言辞的大学生看到其他应聘者口若悬河，自己什么也说不出来，于是自惭形秽；再次，一些在校成绩与表现一般的大学生看到别人的自荐书上奖励、证书、成果一大堆，自己却什么也没有，也容易自我贬低；最后，一些女大学生在求职过程中遭受到用人单位的歧视后也会自怨自艾。总之，自卑的大学生不敢正视现实，对自己的长处估计不够，怀疑自己的能力，不善于发现适合自己的职业岗位，在对自己的抱怨、贬低中失去了求职的勇气。

自卑的反面是自大，而且两者有时会相互转化。一些专业较好、就业资本较雄厚的大学生容易从自信变为自负。还有一些大学生是脱离实际的自大，他们既缺乏对自己的客观认识，也缺乏对就业市场、职业生活的了解，一切都凭自己的主观想象。如有的大学生自以为经过大学几年的学习和锻炼已经满腹经纶，任何工作到手中都可以出色完成，在求职中自觉高人一等、自命不凡、四处吹嘘，一旦出现变故则容易陷入自卑、自责情绪中，甚至一蹶不振。

自卑与自大是大学生身上常见的人格缺陷，在就业中的表现都是对自己缺乏一个客观的评价，同时对职业缺乏深入的认识。在就业中自卑与自大常存在交织的现象，如一些大学生在求职比较顺利时容易自大，一旦出现挫折就自卑；一些大学生虽然对自身条件比较自卑，但是真正遇到用人单位时却又表现为自大，对薪资要价很高。

4. 偏执与人际交往障碍

大学生就业中的偏执心理有不同的表现。①追求公平的偏执。大学生要求公平的竞争环境，对一些不良的社会风气感到气愤是正常的，但有一些大学生表现为对公平的过分偏执，将自己求职中的一切问题都归结于就业市场不公平，以致给自己的整个求职过程都笼罩上了心理阴影。②高择业标准的偏执。大多数毕业生对求职有过高的期望，不过多数人能通过在就业市场中的体验，客观地认识和接受当前的就业现状并调整自己的择业标准。但仍有部分大学生固执己见，偏执地坚持自己原来的择业标准，甚至宁愿不就业也不改变。③对专业对口的偏执。一些大学生在就业时过分追求专业对口，不顾社会需要，无视专业伸缩性、适应性，只要是与专业有一定出入的工作就不问津，只要不能干本专业就不签约。这样就人为地减少了自己就业的机会。

有些大学生缺乏基本的人际交往能力。如有的在求职过程中过于怯懦、紧张，不敢在用人单位面前表现自己，甚至连面试也不敢去，常常一开口就面红耳赤、语无伦次；还有的在求职中不会察言观色，不懂得照顾别人的感受，不懂人际交往的礼貌、礼仪。如有位大学生在面试结束时，用人单位的负责人拿给他一支烟，他不仅当即拒绝还气愤地说："我从来都没有这种恶习！"

（五）就业心态问题

1. 过度焦虑与急躁

就业时许多大学生是既希望谋求到理想的职业，又担心被用人单位拒之门外，还担心自己在择业上的失误会造成终身遗憾，并对未来的职业生活感到心中无底。因此在就业过程中存在一定焦虑是正常的。但一些大学生的焦虑过了头，成天都充满了各种不必要的担心以及造成精神上的紧张不宁、忧心忡忡、烦躁不安、意志消沉，行为上反应迟钝、手忙脚乱、无所适从。

还有一些大学生在就业时显得过于急躁，整个就业期情绪始终处于亢奋状态，常常心急如焚、四面出击、东奔西跑，希望尽快找到合适的工作，但又缺乏对就业形势的冷静观察以及对自我求职的理性思考，做了许多吃力不讨好的事。因此常常都有一些毕业生在并不完全了解用人单位的情况下就匆匆签约，一旦发现实际情况与自己想象的不一样或发现了更好的工作时，就追悔莫及，甚至毁约，给自己带来许多不必要的麻烦与心理困扰。

2. 消极等待与"怀才不遇"心理

与就业时的急躁心理相反的是，一些大学生在就业问题上表现得非常消极，平时也不参加招聘会，有单位来就看看，如果不满意就等下去，满意时也不主动争取，抱着"你不要我是你的损失"的态度，期待着有单位会主动邀请自己。还有些人这山望着那山高，不肯轻易低就，明明已经找到工作，但拖着不肯签约，总希望有更好的单位出现。

另外有些大学生自恃条件很好，认为自己"满腹经纶""博古通今""学富五车"，可以大有作为，但在择业时却常常要么碰壁要么找到的工作不满意，于是抱怨"世上无伯乐"，抱怨自己运气不好，成天闷闷不乐、怨天尤人。

3. 攀比与嫉妒

在求职中，同学之间"追高比低"的现象时有发生，一些同学在求职中经常相互吹嘘自己的职业待遇好、收入高，导致职业期望越来越高，求职变成了自我炫耀。还有些同学看见或听说别人找到了条件优越、效益较好的单位，心理上就不平衡，抱着“他能去，我更能去”的态度非要找一个条件更好的单位，而不考虑自身的条件、社会需要特点、职业发展及就业中的机遇因素。

一些毕业生对别人所找的工作心存嫉妒，特别是看到自认为条件不如自己的人也能找到很好的工作就更容易出现嫉妒心理，于是有些人故意对别人的工作冷嘲热讽、贬低、讽刺和挖苦，意图打击别人，更有甚者抱着“我得不到，你也别想得到”的畸形心态在用人单位面前造谣中伤、打小报告。

4. 抑郁与逆反

在择业中受到挫折后，一些毕业生同学会感到无能为力、失去信心，表现为失落抑郁、不思进取、情绪低落、意志消沉，他们常常会放弃一切积极的求职努力，变得听天由命。严重时还会对外界的环境也漠然置之，减少人际交往，对一切都无所谓，并进而导致抑郁症。

而另外一部分毕业生则对正面的职业教育、职业信息存在逆反心理。对来自辅导员、班主任、学校就业指导服务中心以及同学和用人单位的正确信息、善意批评与建议，他们不相信、不听从，偏要对着干，要按自己的一厢情愿去求职。比如当别人为他推荐某工作单位时，他总是抱有戒心，别人讲得越多他越不相信。当求职失败时，不总结自己的问题，甚至明明知道自己失败的原因也不改正，在以后的求职中依然我行我素，听不进任何批评与建议。

5. 说谎侥幸与懒散心理

有些同学认为用人单位不可能去查实每个人的自荐书是否真实，而且面试时间比较短，不可能对自己做全面的考察和了解，只要自己当时充分地表现一下，把工作骗到手，签好协议书就行了。于是，一些毕业生把别人的获奖证书、成果证明等偷梁换柱地复印在自己的自荐书里，而且自己明明没有当什么干部，也没有参加什么社会实践活动，也照着别人的写上，甚至胡编乱造一番，以至于有时在用人单位收到的自荐书中一个班竟出现了五六个班长。还有的大学生在面试时把自己吹得天花乱坠、无所不能，结果经过现场实践考核或试用时就马上露出了原形。

有的毕业生签约比较早，往往在离毕业半年前或更长时间就落实了单位，这时就容易出现懒散心理，认为工作单位已定，没有什么可以担心了，应该松口气、歇歇脚了，于是学习没了动力，组织纪律散漫，考试仅仅追求及格，毕业论文只求通过，甚至长期旷课、上网、夜不归宿。还有极少数大学生因此受到学校的处分，严重的甚至被开除或勒令退学，找到的工作也因此丢了，使他们悔之莫及。

6. 心理不满与行为、生理反应失常

由于就业市场中确实存在一些不公平现象，以及某些专业、学校不易找工作的客观现实，一些大学生在遇到就业挫折时就容易出现各种不满心理，比如有些同学认为“学习靠自己，就业靠关系”，还有些同学出现了对专业、学校的抱怨、贬低。

在各种不满与不良就业心态的影响下，还会出现一些不良行为和生理反应。这些不良行为有故意旷课、夜归、喝酒、起哄、闹事、损坏东西、打架对抗、进行不良交往、行为怪异、过度消费等，严重时还可能导致严重违纪与违法行为的出现。由于心理应激水平高，心理冲突强度大，有的毕业生会出现一些躯体化症状，如头痛、头昏、心慌、消化紊乱、神经衰弱、血压升高、身体酸痛、饮食障碍、失眠。

行为与生理反应的失常通常是比较严重的就业心理失常的表现，出现这些问题时要及时进行心理调节或寻求心理咨询专家的帮助。

二、大学生就业心理的自我调适

（一）接受客观现实，调整就业期望值

在就业市场上的用人单位找不到人、大量的毕业生无处可去的“错位”现象普遍存在，这是因为大学生的就业期望普遍较高。因此，要顺利就业就必须首先根据自己的实际情况和就业形势，调整自己的就业期望值。调整就业期望值不是对单位没有选择，只要有单位就去，而是要在职业生涯规划和职业发展观念的基础上重新确定自己的人生轨迹。这就是说要树立长远的职业发展观念，放弃过去那种择业就是“一次到位”，要求绝对安稳的观念。要知道即使去现在看来再好的单位，将来也有下岗的可能，因此，在择业时要看得长远一些，学会规划自己整个人生的职业生涯。在当前获得一个理想职业的时机还不成熟时，应采取“先就业，后择业，再创业”的办法。也就是说，在择业时不要期望太高，可以先选择一个职业，不断提高自己的社会生存能力，增加工作经验，然后再凭借自己的努力，通过正当的职业流动，来逐步实现自我价值。许多大学生不愿意去经济落后的地区工作，可是随着西部大开发的进行，西部地区将成为经济发展的热点，也将给大学生们提供更多的发展机会，因此抢先到这样的地区去工作可能会更有利于自己的职业发展，从而使自己取得事业上的成功。

（二）充分认识职业价值，树立合理的职业价值观

传统观念认为，人们工作就是为了满足生存需要，但是对于现代社会的人来说，职业对个体的意义已经远不是如此简单，职业可以满足人们从低层次到高层次的多方面需要。如最近有人对职业价值结构进行初步研究，发现了交往、挑战、环境、权力、成就、创造、求新、归属、责任、自认等 11 个类别的因子。因此，职业的价值是丰富的，我们要充分认识到职业对个体发展、社会进步所起的重要作用。

在择业时不能只考虑工作的经济收入、工作条件、工作地点等因素，更要考虑职业对自我一生发展的影响与作用，应看重职业能否帮助实现自我价值。因此，要在考察社会需要的基础上，树立重自我职业发展、才能发挥、事业成功的职业价值观。对于那些虽然现在工作条件不怎么样，但发展空间大，能让自己充分发挥作用的单位要优先考虑；对于那些现在经济发展水平不太高，但发展潜力大，创业机会多的工作地点也要重视。总之，盲目到一些表面上看来不错，但不适合自己，自己的才能不能得到有效发挥的单位去工作，是不会让自己满意的。与其将来后悔，不如现在就改变自己，建立适应我国当前市场经济发展、人才需求规律的合理的职业价值观，以指导自己正确择业。

（三）认识与接受职业自我，主动捕捉机遇

大学生就业中的许多心理困扰都与大学生不能正确认识和接受职业自我有关，因此，正确地认识自我的职业心理特点并接受自我，是调节就业心理的重要途径，并可以帮助自己找到适合自己的职业方向。要知道自己喜欢什么样的职业、需要什么样的职业、自己的择业标准以及依自己目前的能力能干什么样的工作，这样才能知道什么样的工作更适合自己。

大学生就业中的机遇因素也是非常重要的，因此了解并接受了自己的特点以后，还要学会抓住属于自己的机遇，这样才能保证以后的求职顺利。要抓住机遇首先必须要多收集有关的职业信息，多参加一些招聘会，并根据已定的择业标准进行选择。需要注意的是，机遇并不是对任何人都适用的。一个工作的好与不好是相对的，对别人合适的，对自己不一定合适，因此一定不能盲从；要时时记住，只有合适自己的才是最好的。最后要注意机遇的时效性，在发现就业机会时要主动出击，不能犹豫，也不要害怕失败，应有敢试敢闯的精神。

（四）坦然面对就业挫折，提高心理承受能力

在求职中遇到挫折时，要用冷静和坦然的态度待之，客观地分析自己失败的原因，进行正确的归因。首先，在就业市场化、需求形势不佳、就业竞争激烈的条件下，出现求职失败是在所难免的，不能期望自己每次求职都能成功。要对可能出现的求职挫折有充分的心理准备。同时，应把就业看作一个很好的认识社会、认识职业生活、适应社会的机会，应通过求职活动来发展自己，促进自我成熟，因此“不以成败论英雄”。其次，自己求职失败并不一定就是因为自己的能力不行。出现求职失败有许多原因，可能是因为你选择求职单位的方向不对，也可能是因为你的价值观与单位的企业文化不符合，还有可能是其他一些偶然因素。总之，要正确分析自己失败的原因，调整自己的求职策略，学会安慰自己，以便在下次的求职中获得成功。

（五）调整就业心态，促进人格完善

在求职时，自己或身边的同学出现一些不健康的心态是正常的，没有必要过度担心、害怕自己有心理障碍。通过对自己在就业时出现的种种不良心态的分析，可以发现自己平时不容易察觉的一些人格缺陷。应该说这些人格缺陷是产生这种就业心理问题的根本原因，如果现在没有很好地完善自己的人格，那么这些问题还会在今后的工作、生活中继续带来困扰。因此，有关问题其实是暴露得越早越好，同时也不必为自己所存在的人格缺陷而懊恼，因为很少有人是绝对人格健全的，关键是要在发现自己的问题的基础上，积极改变自己、完善自己、发展自己，使自己的人格更加成熟，使自己将来的人生道路更顺畅。

（六）开拓进取，勇于创业

大学生是有理想、有抱负、有创新精神、敢做敢为的青年先锋。因此大学生要有自主创业的打算，这既可以在毕业后马上实现也可以通过一定的社会积累后再实行。大学生们一定要有开拓自己事业的信心与勇气。当前的一些大学生创业公司虽然遇到了一些困难，但也有相当成功的案例。大学生创业肯定是值得鼓励的，关键是要有准确的观念与思路，要对自己有一个合理的规划

与定位，要与有市场经验的人合作，要摆脱学生公司的意识，要进行科学化、职业化的管理。

第二节 基本的职场个人修养

一、大学生基本个人修养

（一）积极心态

心理学相信，在每一个人的内心深处都存在两股抗争的力量：一股力量是消极的；另一股力量是积极的。这两股力量谁都不可能战胜谁，关键是看个体自身到底是给哪一股力量不断注入新的能量，给哪一股力量不断创造适宜的生存心理环境。

积极心态就是面对工作、问题、困难、挫折、挑战和责任，从正面去想，从积极的一面去想，从可能成功的一面去想，积极采取行动，努力去做。积极心态要求你在一时一事中学会运用积极思维，积极思维是一种思维模式，也就是可能性思维、肯定性思维，它使我们在面临恶劣的情形时仍能寻求最好、最有利的结果。事实证明，当你往好的一面看时，你便有可能获得成功。积极思维是一种深思熟虑的过程，也是一种主观的选择。也就是说，在看待事物时，应考虑生活中既有好的一面，也有坏的一面，但强调好的一面，就会产生良好的愿望与结果。

积极心态是一种对任何人、任何情况或人和环境所把持的正确、诚恳而且具有建设性，同时也不违背人类权利的思想、行为或反应。积极心态允许你扩展你的希望，并克服大部分消极心态。它给你实现自己欲望的精神力量、热情和信心，积极心态是你面对任何挑战时应具备的“我能……而且我会……”的心态。积极心态是迈向成功不可或缺的要素，积极心态是成功理论中最重要的一项原则，你可将这一原则运用到你所做的任何工作上。

（二）正向思维

正向思维使我们的大脑处于开放状态，处于积极的激活状态，它使我们的情绪处于“兴奋”“激情”状态。这种状态正是大脑指令的表达，并能调动身体各个系统和各个器官有效地、良好的朝指令方向“动作”，于是，能力、创造力和潜力被挖掘出来。负向思维恰好相反，它否定自我、轻视自我，并放弃开发自我的努力。

在恶劣的环境中，正向思维的优势就更加显现出来。正向思维的人首先从内心培养坚强的意志，不断分析自己的长处，不断强化自己的信念，然后去奋斗和努力。正向思维的人能在追求成功的道路上更多地获得他人的支持，因为他们对他人采取对自己一样的态度：肯定自己也肯定他人，接受自己也接受他人，热爱自己也热爱他人，将自己的力量扩大到群体上，他们当然更容易能够成功。

思维方式的建立，是一个长期的调整、强化、反复的过程，这种过程，并非脱离实践的修身养性，而是在追求成功的过程中反复实践和成功循环。不断强化这种思维方式，即正向思维—导向成功—强化思维—进一步成功。

一个拥有健康的正向思维能力的人，能抵御生活中各种负向的影响。那种怨天尤人、悲风苦雨、灰心丧气、无能为力、无所作为的情绪，很难进入他们的大脑。即使情绪有些低落，也能及时调整，尽快清除。正向思维的人总处在激情、激活的状态，灵感、思想火花、绝妙的观点和宏伟的策略，都会迸发而出，自觉地、一次又一次地反复调整和控制自己，长此以往，一种良好的思维方式就会变成自己的意识活动。

（三）人格养成

人格是指人的性格、气质、能力等特征的总和，也指个人的道德品质和人作为权力、义务的主体的资格。而人格魅力是指一个人在性格、气质、能力、道德品质等方面具有能吸引人的力量。在今天的社会里一个人能受到别人的欢迎、容纳，他实际上就具备了一定的人格。良好的人格特征包括为人处世方式、广泛的兴趣爱好、幽默的性格等因素。

大学生完善的人格是指人格构成的诸要素即气质、能力、性格和理想、信念、人生观等方面的均衡发展。大学生的人格养成要体现在良好的道德素质，综合的文化素质，和谐的人际关系，健康的心理状态，彬彬有礼、温文尔雅的礼仪形象上。同时还要体现在学会感恩父母，学会承担自己在学校和家庭中的责任和义务，学会感受为他人服务的快乐，学会在乎每一个人，学会尊重每一个人。

（四）诚信正直

人有长幼、性别、贫富、性格之别，发展机遇和生存环境也各不相同，但是在言行举止、为人处世中，却处处能够反映出一个人的道德品质和修养。在众多的道德操守中，诚信正直堪称是做人的基本准则。诚信正直是一个人应有的美德，也是一个人的立身之本，是社会得以维系的基础。就人的自身而言，诚实待人，正直处事，可以使人心胸坦荡，正义凛然，少费了许多心机，可以用更多的时间和精力去干一些正当的有意义的事，有利于树立自己的信誉，有利于自己的发展，有利于社会的进步。这可能也是君子与小人的最大区别，所谓“君子坦荡荡，小人长戚戚”。虚伪奸诈的小人，常常用尽心机、劳神费力地去算计别人，到头来总是会暴露无遗，信誉全失，害人害己，得不偿失。从实际的角度讲，诚实正直具有强大的亲和力，与朋友交往可以减少别人的防范心理，给人以信赖之感。

一个人的诚信正直可以在他的各个方面的行为中得到体现，它是内在品格的外在表现。你的表现应当是可以预见的，因为你的选择及你的行动，一直都没有也根本不会背离你的原则和价值观。诚信正直不是不会犯错误，而是犯了错误之后你依然能够坦然地以一贯的正直的态度承认错误并请求别人的谅解。对人以诚信，人不欺我；对事以诚信，事无不成。一个诚信正直的人获得发展的机会可能不如弄虚作假、投机取巧的人来得快，但那些利欲熏心的人不会明白，在他们得到金钱、地位和满足的同时，已经丢掉了自己做人的品格，显得猥琐而渺小；诚信正直的人获得的成功才是一种真正的成功，诚实正直的人才是一个顶天立地的人。

（五）追求卓越

1. 要做就做到最好

一项工作，做到最好才算好。比如你得了 80 分，再想办法达到 85 分，达到 85 分了，再想办法达到 90 分，然后 95 分、100 分，不断努力，不断在否定中提高自己，甚至做到最好。

我们对待工作，绝对不要抱着无所谓、马马虎虎、得过且过的态度。面对每份工作都应积极开动自己的大脑，勇于承担责任，不为失败找借口，不让抱怨成习惯，每个环节都力求完美，那么你的结果一定是最好的。

2. 多做事情，少问问题

这是一种敬业精神，对上级的托付，能够立即采取行动，全心全意地去完成任务——“把信交给加西亚”。上级交给你一个任务，就是给你一个目标，至于采取什么方式去实现目标，那就是员工应该考虑的问题。目标是虚的，而执行力却是由实实在在的工作组成的，如果领导交给员工的工作，员工都能不多问一句地完成好，这样的员工还怕没有成功的那一天吗？

3. 没有任何借口

接受了任务就意味着做出了承诺，完成不了自己的承诺是不应该找任何借口的。可以说，工作就是不找任何借口地去执行。思想影响态度，态度影响行动，一个不找任何借口的员工，肯定是一个执行力很强的员工。无论在什么样的工作行为上，都要对自己的工作负责，不要用任何借口来为自己开脱或搪塞。

“拒绝借口”应该成为所有企业追求完美的最有力的保障，它强调的是每一位员工都应该对自己的执业行为准则奉行不渝，没有任何借口地坚定执行。不以任何借口为理由并不是最终的目的，这种要求是为了让个人学会应对压力和挑战，培养自己不达目的决不罢休的毅力。

4. 注重细节

中国伟大的思想家老子曾说：“天下难事，必作于易；天下大事，必作于细。”细节到位，执行力就不成问题。因此，作为员工，应把做好工作当成义不容辞的责任，要认真对待，注重细节，来不得半点马虎与虚假。

看不到细节或者不把细节当回事的人，对待工作就会缺乏认真的态度，对事情只能是敷衍了事。他们只能永远做别人分配给他们的工作，甚至即便这样也不能把事情做好。而考虑到细节、注重细节的人，不仅认真对待工作，将小事做细，而且注重在细节中找到机会，从而使自己找到成功之路。

二、职场基本个人修养

（一）敬业

忠诚敬业是每一个人都应具备的职业素养，更是一个人成功的基础，如果你能做到忠诚敬业，并把忠诚敬业变成自己的一种习惯，你一定会一步步走向事业的成功之巅。

有句古老的谚语说“我们都是习惯的产物”，这种说法是千真万确的，因为所有的人都是遵从某种习惯来生活的。所以，每一位员工都需要注意以下几点，养成忠诚敬业的习惯。诚然，把忠诚敬业变成习惯的人，从事任何行业都容易获得成功。

（二）专业

一个企业要想发展，离不开人的支撑，所以很多企业会提出“以人为本”的用人理念；而从从业者的角度而言，要真正地成为企业的必需人才，就必须能够达到专业。

企业的发展需要人的支撑；而员工要想真正成为企业的主人与支柱，就必须不断地提升自身的职业修养，努力提升个人职业技能，将职业当作事业，最终实现自我超越。

“专业”解决的是技能问题，在个人职业素养的塑造中，专业是比较容易做到的，只要你谦虚就可以进步。为什么说“谦虚使人进步”呢？主要原因在于人谦虚的时候就可以看到他人的长处，就能正确地审视自己的不足，也就能够接受他人的建议与指导，这样就可以不断地实现自我提升。

“学习就是生产力”，学习首要解决的问题就是“本领恐慌”问题，当你达到专业以后就能够非常容易胜任自己的工作。专业也是在个人的职业素养中，最基本、最重要的东西。如果对本职工作不了解、不清楚，那么可能会连工作怎么展开都不知道。所以，专业是每个职业人都要达到的，是个人的硬性指标。

（三）勤奋

麦迪的天赋甚至超过了科比，但是他职业生涯的成就却远远无法与科比相比，很大程度上，是麦迪自己挥霍、浪费了自己的天赋，让他的天赋未能在比赛里完全展现出来，更没能将天赋与成功画上等号。

爱迪生说：99% 的汗水加 1% 的灵感等于成功。有人问牛顿是怎么发现万有引力定律的，他回答：因为我一直都在想这件事。上小学的时候，教室就有“书山有路勤为径，学海无涯苦作舟”，所以纵观周围成功人士，哪个不勤奋，哪个不是把工作当成生活？故勤奋是职业人成功的基础，也是职业素养中的一个重要指标。

（四）尽职

在桑布恩先生出差的时候，联邦快运公司误投了他的一个包裹，给放到了沿街再向前第五家的门廊上。幸运的是邮差弗雷德发现他的包裹送错了地方，并把它捡起来，放到桑布恩的住处藏好，还在上面留了张纸条，解释事情的来龙去脉：“桑布恩先生，窃贼会时常窥视住户的邮箱，如果发现是满的，就表明主人不在家，那您可能就要身受其害了。我看不如这样，只要邮箱的盖子还能盖上，我就把信件和报刊放到里面，别人就不会看出您不在家。塞不进邮箱的邮件，我就搁在您房门和屏栅门之间，从外面看不见，如果那里也放满了，我就把其他的留着，等您回来。”

弗雷德的工作是那样的平凡，可是，他的这种敬业精神又是那样高尚。在接下来的 10 年里，桑布恩一直受惠于弗雷德的杰出服务。一旦信箱里的邮件被塞得乱糟糟的，那准是弗雷德没有上班。只要是弗雷德在他服务的邮区里上班，桑布恩信箱里的邮刊一定是整齐的。弗雷德这种近乎完美的尽责敬业精神源自他对客户深深的责任感，正是这种责任感保证了他热情、周到、细致的服务，使他成为敬业精神的象征，成为广大员工学习的楷模。

（五）服从

任何人不得以任何理由或借口违背上级的命令，都必须无条件地服从执行，这是执行规则最重要的理念。公司有规定的，必须严格按照规定执行；执行人对规定有意见的，也必须先执行，执行后提出个人意见；然后通过公司的正常渠道进行意见传递。公司没有规定的，按照公司的文化和价值观，并以公司利益最大化为目标，先把事情做起来，然后再做汇报、建制度；在没有形成新的制度之前，必须要服从。

（六）守纪

中国人对规则的认识往往是不深刻的。我们常常在小聪明的怂恿下，肆意篡改规则；更可怕的是多数人自以为是地改变规则后，因为“结果”不坏，于是得到上司的认可甚至奖励，这样更强化了人们投机取巧的意识。作为一个有职业素养的人，就应该把制度当成自己职场的行为准则，因为那是维系日常工作的基础。

（七）有礼

以学习的姿态示人，保持谦虚、务实与尊重，职位再高、水平再高的人都会在你面前放下身段，乐于和你分享，贵人也会来到你的身边。谦虚有礼，不仅是做人准则，在职场中应尤其注意。通过“请教”，不仅能了解到公司项目操作的特点，更重要的是能认识很多同事，消除他们的戒心，将来合作起来也更加顺畅。

（八）认真

工作是你自己的，不是老板的。只有认真工作，才对得起自己。假如由于员工的不认真，造成了企业的损失，而最后受到最大伤害的，正是员工自己。试想，如果你为公司损失了这么大一笔财富，公司还能继续雇佣你吗？因此，要培养严谨细致、认真负责的作风，坚决克服工作中马虎、粗枝大叶、不认真、不细致、不负责的现象。

（九）踏实

职场中，只有埋头苦干的人才能成就一番事业。自以为是、自高自大、不脚踏实地的人，再有才华、天分，也很难有所成就。在工作中，做事心浮气躁、只图一时热情、草率马虎的人，工作成绩只能原地踏步，甚至不断倒退。

三、个人修养的自我提升

（一）做一个真我的人

“上善若水”，每一个人，都持有自身生命的活水，那就是“真我”。真性真情，就是我们天生具备的自家宝藏，取之不尽，用之不竭。有禅诗说：“拨开世上尘氛，胸中自无火炎冰竞；消缺心中鄙夷，眼前时有月到风来。”拥有真性情，拥有诚实的心，对待家人，即可至亲至孝、至情至深；对待朋友，即可淡无心机，坦荡心怀；对待他人，即可宽厚待人、少思计较；对待事物，即可驱除眼碍，寻得本性，自得其乐。

（二）做一个自律的人

“书见贤学躬行，官爱民业种德”，读书不学圣贤，就是文字的奴隶；做官不爱护人民，就是衣冠楚楚的强盗；讲学问不崇尚实践，就像随口念经不悟佛心的和尚；建功立业却不培养道德修养，就像开放的花朵，转眼间就会凋谢。自律，源于一个人对自己的真正关爱，源于一种道德良知。“不妄没于势力，不诱惑于事态，心有长城，能挡狂澜万丈。”做一个自律的人，就是能率真地面对自我，素心为人，侠义交友；就是能品行如修竹傲立，操履严明，守正不阿；就是能做到德居人前，利在人后；就是能面对形形色色的诱惑，做到心不动、眼不迷、嘴不馋、手不伸。因为自律，拥有自尊，因为自律，拥有自信。

（三）做一个守静的人

“宠辱不惊，闲看庭前花开花落；去留无意，漫随天外云卷云舒。”静，是一颗平常心，是一种气度，是一种境界。守静，就是守志向、守本心、守清贫、守气节、守志向。守静，就是要做一个身置闲处、心安静中的人。心不动，才能坚守节操，心不动，才能守护真我。静，并不是静止的，而存在于动的平衡状态之中，是一种通过自我调节走向平衡、安静的内心状态。一颗冷静的心，可跳出世俗的羡慕；一颗安静的心，可消磨贪念与执迷；一颗沉静的心，可拥有闲散的志趣；一颗守静的心，即可达到苏轼《定风波》中“回首向来萧瑟处，归去，也无风雨也无晴”的淡然境界。

（四）做一个挑战自己的人

老子说：“知人者智，自知者明。胜人者有力，自胜者强。”一个人，能了解别人，慧眼识人，是聪明人，但能够认识自己、了解自己的人，才是真正有智慧的人；能够战胜别人的人，是有力量的勇士，但能够战胜自己的人，才是真正的强者。困境不可怕，可怕的是我们自己失去自信，失去斗志。生活是一本教科书，很多时候，我们身边的环境，并不如我们所愿，在困境中，更需要学会欣赏自己，相信自己，肯定自己，鼓励自己，这样，你就会发现，你的生命将焕发新的生机，让你在生命中的每一天，都做一个全新的自己，一个敢于挑战的自己，一个生命飞扬的自己。每一个人都与众不同，有着自己独特的美丽。生活原本如此美好，天空原本如此晴朗，需要改变的，不是身边的环境，只是我们的心态。

（五）做一个自省的人

自省即自我反省。自省就是通过自我意识来省察自己言行的过程。夜深人静时，独坐观心，自我反省，这时候，就可以得到大惭愧。反省，是一面镜子，是一剂良药，是把自己引向做一个有尊严、有人格的人的阶梯。桃源至今不可得，自种桃花在堂前。一切，从自己做起，从现在做起。门前，自有桃花绚丽开放；生命，因此充满生机和乐趣。

第三节 进入职场以后的成长

一、初入职场培养的能力

（一）解决问题时的逆向思维能力

面对工作中遇到的新问题，一时又找不到解决方法，而上司可能也没有什么锦囊妙计时，要擅长用逆向思维办法去探索解决问题的途径。要清楚具体业务执行者比上司更容易找出问题的节点，是人为的，还是客观的；是技术问题，还是管理漏洞。采用逆向思维找寻问题的解决方法，会更容易从问题中解脱出来。

（二）考虑问题时的换位思考能力

在考虑解决问题的方案时，有的人通常站在自己职责范围立场上尽快妥善处理。而我们却应该自觉地站在公司或老板的立场去考虑解决问题的方案。

作为公司或老板，解决问题的出发点首先考虑的是如何避免类似问题的重复出现，而不是头疼医头、脚疼医脚的就事论事方案。面对人的惰性和部门之间的纠纷，只有站在公司的角度去考虑解决方案，才能找到一个比较彻底的解决方案。如果我们能始终站在公司或老板的立场上去酝酿解决问题的方案，逐渐地便能成为他们可以信赖的人。

（三）强于他人的总结能力

我们要具备比常人更强的对问题的分析、归纳和总结能力。要能找出规律性的东西，并驾驭事物，从而达到事半功倍的效果。人们常说苦干不如巧干。但是如何巧干，不是人人都知道的。否则就不会干同样的事情，有的人一天忙到晚都来不及；而有的人却整天都很潇洒。

（四）简洁的文书编写能力

老板通常都没时间阅读冗长的文书，因此，学会编写简洁的文字报告和编制赏心悦目的表格就显得尤为重要。即便是再复杂的问题，我们要能将其浓缩阐述在一页 A4 纸上。有必要详细说明的问题，再用附件形式附在报告或表格后面，让老板仅仅浏览一页纸或一张表格便可知道事情的概况。如其对此事感兴趣或认为重要，就可以通过阅读附件里的资料来了解详情。

（五）信息资料的收集能力

我们应学会注意收集各类信息资料，包括各种政策、报告、计划、方案、统计报表、业务流程、管理制度、考核方法等。尤其重视竞争对手的信息。因为任何成熟的业务流程本身就是很多经验和教训的积累，遇到要用时，就可以信手拈来。这在任何教科书上是无法找到的，也不是哪个老师能够传授的。

（六）解决问题的方案制订能力

遇到问题，我们不应让领导做“问答题”而是做“选择题”。有的人遇到问题，首先是向领导汇报，请示解决办法，然后带着耳朵听领导告知具体操作步骤，这就叫让领导做“问答题”。而我们则应该带着自己拟订好的多个解决问题的方案供领导选择、定夺，这就是常说的给领导出“选择题”。领导显然更喜欢做“选择题”。

（七）目标调整能力

当个人目标在一个组织里无法实现，且又暂时不能摆脱这一环境时，我们往往要学会调整短期目标，并且将该目标与公司的发展目标有机地结合起来。这样，大家的观点就容易接近，或取得一致，就会有共同语言，就会干得愉快。反过来，他人也就会乐于接受自己。

（八）超强的自我安慰能力

遇到失败、挫折和打击，我们要能自我安慰和解脱。学会迅速总结经验教训，而且要坚信情况会发生变化。我们的信条是：塞翁失马，焉知非福，上帝在为你关上一扇门的同时，一定会为你打开一扇窗。

（九）书面沟通能力

当发现与老板面对面的沟通效果不佳时，我们应采用迂回的办法，如采用电子邮件或书面信函、报告的形式尝试沟通一番。因为，书面沟通有时可以达到面对面语言沟通所无法达到的效果，可以较为全面地阐述我们想要表达的观点、建议和方法。让老板能听你把话讲完，而不是打断你的讲话，或被其桌上的电话打断你的思路。也可方便地让老板选择一个他认为空闲的时候来“聆听”你的“唠叨”。

（十）企业文化的适应能力

我们要对新组织的企业文化有很强的适应能力。换个新企业犹如换个办公地点，照样能如鱼得水地干得欢畅并被委以重用。

（十一）岗位变化的承受能力

随着竞争的加剧和经营风险的加大，企业的成败可在一朝一夕之间发生。对我们来讲，面对岗位的变化，甚至于饭碗的丢失都应该无所畏惧。我们要提高自己承受岗位变化的能力。因为这不仅是个人发展的问题，更是一种生存能力的问题。

（十二）职业精神

我们要有一种高效、敬业和忠诚的职业精神。主要表现为以下几个方面。①思维方式现代化，拥有先进的管理理念并能将其运用于经营实践中。②言行举止无私心，在公司的业务活动中从不掺杂个人私心。这样，就敢于直言不讳，敢于纠正其他员工的错误行为，敢于吹毛求疵般地挑剔供应商的质量缺陷。因为，只有无私才能无畏。③待人接物规范化，这也是行为职业化的一种要求。有了这种职业精神的人，我们到任何组织都会是受欢迎的，而且，迟早会取得成功。

二、进入职场后的自我成长

（一）学会主动工作和思考

大学的时候，有老师给你布置任务。在工作上，似乎开始的时候也有领导给自己分配一些任务，但长此以往，你还认为和上学的时候一样有期限，那就大错特错了。

工作上领导喜欢的是你能够自主地去把负责的事情做好。你要能自己去规划一些事情，同时有好的想法（并且是能够落地的）可以及时去和他们反馈。一般的领导只在你入职最初的时候，像老师那样来给你布置作业，甚至还有些无微不至的关怀，但是最后都是希望你能够成长起来，独当一面。

（二）学会拓展社交圈子

大学生初入职场开始工作时，会觉得自己干活快一点、好一点，就可以不在乎圈子和关系的处理，这是典型错误的。

建议不要只专心于工作而忽略了圈子的维护。比如团队一起吃中饭这种事情，不管他们是什么样的人，吃什么样的食物，重要的是你去了，关系在维护着。同时除了本部门以外，也要主动和其他部门或者公司其他职能部门多沟通和合作，不要只是低头工作、低头看眼前。

（三）学会长远眼光做决策

这是一个大学生刚踏入职场时会经常容易犯的错误，根本原因是学生时代一般没有经济来源，还要靠父母的支持，所以一直没有什么钱。同理，大多数学生因为诸多原因，自身视野眼界也并不高，所以会很容易满足和安逸。

如今创新创业很吃香，互联网行业很吃香，那么互联网与各行各业融合起来，我们的选择就更丰富了。这时候就是对以后发展趋势的长远预判的阶段了，是选择 BAT？还是创业公司？是选择互联网金融领域还是 O2O 领域？是选择 VR/AR 还是人工智能？你要好好地思考并做决策了。

（四）学会掌握事情优先级

大学生当初学习时，上的课程是有限的，作业也是有限的，而且还有相对明确的时间周期和期末考试；考试完结后，学习暂停了一段时间。但是在工作上你会发现你没有一个类似暑假或者寒假的东西，另外最可怕的是你的活是干不完的，它无穷无尽。如果你是在一个创业公司或互联网公司，给你任务的速度很多时候是超过你的处理速度的。

所以在接到被分配的任务时，不要马上开始做，而是要强迫自己停顿一下，判断这个任务的优先级，然后分配好开始时间，再开始做。这点尤其重要。特别当看到一个简单或者日常任务，不要因为任务简单就马上开始干，不然这样极可能最后被简单重复劳动把自己的时间全部占光，没来得及干重要的事情，或者没有精力去思考更加长远、更有影响力的事情。

先去做紧急和重要程度高的事情（这种事情一般来说做起来不是很愉悦，甚至会比较棘手或者说无从下手），而把简单重复的活尽量往后排。这时你才会发现你的忙碌是有意义的，而不是简单的重复劳作。我常常看到我们公司的实习生和一些毕业不久的人每天都很忙，但却没有抓住重点，只是为了忙碌而忙碌，或者用更加贴切的话描述是："为了感动自己而忙碌。"很多时候这样的忙碌，最后除了感动天感动地感动了自己，什么也没有得到。

在国内，创业路上也有很多这样的创始人，他们自己的方向可能没怎么想清楚，或者路线没有执行得当，却一天到晚在朋友圈晒自己和同事们的加班，觉得这样的"忙碌"很充实。其实这是一种很可怕而且对自己和团队极不负责的做法。

（五）关注工作以外的部分

1. 家庭很重要

在国外，一般人们都特别注重生活与工作的平衡，在工作台上放的也是家人的合影，可能刚毕业的大学生还不会有所感受，但是当你有一天迈过30岁这个坎儿时，就会认识到孩子和家庭的重要性。

2. 身体最重要

不停加班熬夜的时候想想自己的身体健康问题。工作上的很多事情其实对于公司的影响没你想象的那么大，而你的身体才是你自己最为宝贵的东西。所以多锻炼，正常作息，别抽烟。一般在国外，人们会经常性的早起健身，周末陪家人，然后还会把各种晒幸福的照片往Facebook上发，给人一种其乐融融的感觉。

（六）调整个人职业发展规划

工作起来之后经常会觉得节奏很快，压力很大，使得整个大脑感觉像是被填满了，在很长且连续的时间里要马不停蹄地处理各种各样的事情。根本没有时间进行时间管理，时间久了就会陷入一种盲目的工作状态，如同一个机器。我们要适当地停一停，停下来思考一下，重温一下大学时制订的职业发展规划，再审视一下现在的发展状况，时刻调整和管理自己的职业发展规划，因为只有一切在规划当中开展，一切才会按照预期的计划进行。

第七章 大学生就业能力培养

第一节 技能的分类知识

一、专业知识技能

专业知识技能是指那些需要通过教育或者培训才能获得的特别的知识或能力，也就是个人所学习的科目、所懂得的知识。比如：你是否掌握外语、中国古代历史、电脑编程或化学元素周期表等知识。

专业知识技能不能够迁移，需要经过有意识的、专门的培训才能掌握。但是专业知识技能并非只能通过正式的专业教育获得，通过自学、课外培训、讲座、研讨会或就职单位上岗培训等也可以学到。因此，如果你想从事本专业之外的工作而又不能够重新读一个专业，仍然有许多途径可以帮助你获得相关的专业知识技能。

二、自我管理技能

自我管理技能经常被看作个性品质而非技能，因为它们经常被用来描述或说明个体具有的某些特征。它涉及个体在不同的环境下如何管理自己：是勇于创新还是循规蹈矩，是认真还是敷衍了事，能否在压力下保持镇定，是否对工作有热情，是否自信等。良好的自我管理技能能够帮助个体更好地适应周围的环境、应对工作中出现的问题，因此它也被称为“适应性技能”。

自我管理技能是人们进行自我管理的一种能力。人们在面临许多社会问题时，都需要在情绪、情感信息的参与下才能正确地解决。这种对情绪信息加工的能力，被称为情绪智力或情商，是一种新的能力结构。一般认为情商由五个部分或者五个方面的能力构成：①自我觉察：认识你自己，了解你的各种情绪状态要告诉你些什么；②自我调节：有能力管理和控制你自己的情绪状态；③动机：引导你的各种情绪，让你能够达成自己的目标；④同理心：能够识别、理解其他人的各种情绪；⑤社会性技能：与别人建立关系并影响他人。

这些技能可以从非工作领域迁移转换到工作领域，有助于个体推销自己及其才能，是成功所需要的品质。事实上，人们被解雇或离职更多的时候是因为缺乏自我管理技能而不是因为缺乏专业技能。

三、可迁移技能

可迁移技能就是一个人会做的事。比如教学、组织、说服、设计、安装、帮助、计算、考察、分析、搜索、决策、维修等。可迁移技能的特征是它们可以从生活中的方方面面，特别是工作之外得到发展，可以迁移应用于不同的工作之中。因此，可迁移技能也被称为“通用技能”。基于这样的原因，可迁移技能也是个人最能持续运用和最能够依靠的技能。

与能力相关的还有一个重要概念，就是自我效能感（Selfefficacy）。所谓自我效能感，是指个人对自己的能力，以及运用该能力将得到何种结果所持的信心或把握程度。

研究发现，在实际生活和工作中，对个人行为起决定作用的往往不是个人实际能力的高低，而是个人的自我效能感。比如，一份关于男女薪酬差异的调查指出：男女两性在薪酬上的差异部分来自女性的数学水平普遍低于男性，通常薪酬高的职业会要求比较高的数学能力。而女性在数学学习上的弱势并非由于女性天生不擅长学习数学，更主要的原因是相对男性而言，女性对自身学习数学的能力缺乏信心而倾向于在该科目上花更少的时间。

同样，成人学习人际交往技能或学习英语并不比孩子学走路或学说中国话更难，唯一的区别可能在于：我们从来不会认为有哪一个孩子学不会走路或说中文，但我们却常常怀疑自己能否学会与人交往或娴熟地使用英语。在心理咨询中，我们也常见到有的人本来能力很不错，也得到他人的很多肯定，却由于自卑而束缚了自己，做事畏首畏尾，不能充分发挥自己的才能。这些，都充分说明了自我效能感对个人发展的影响。

第二节 职业能力培养

不同类型职业人员的能力体系不同，不同职业对录用人员的素质要求也不一样。现分别就科研型、管理型、事务型、工程型、文化型和社会型职业人员的素质要求做一解读。

一、典型职业素质认知

（一）科研型职业应具备的素质

科研工作是一种创造性劳动，科研型人员应具备以创造力为核心的知识结构。在知识结构方面，具备扎实的基础知识，较好的外语交流能力，既要有专长又要有较渊博的知识，达到专与博的有效结合。具备创造性，熟练的基本技能和理论理解及应用，把这三者融会贯通，协调结合起来的能力。具备独立思考，勤于实践的良好习惯，以及不怕挫折的良好心理素质。

（二）管理型职业应具备的素质

从事管理型职业人员应具备的素质，主要包括以下几点：贯彻国家的方针政策并能灵活运用，有高度的公众意识。具备坚实的管理专业理论和实际知识，同时具有较广博的自然知识和社会知识。具备一定的领导、组织协调和社会才能以及中外语言文字表达能力。具有健康的身体和充沛的精力以应付千头万绪和千变万化的工作。

（三）事务型职业应具备的素质

事务型职业，是指与组织机构内部日常的制度性、规范性、信息传播等事务有关的职业活动，如打字员、档案管理员、办事员、秘书、图书管理员、法院书记员等。事务型职业对从业者的素质要求，在知识方面侧重于基础文化知识，对于职业技术专门的知识有较具体的了解，要懂得统计、档案管理知识，熟悉专门法规和规章条例，一些涉外单位对外语也有较高的要求。事务型职业不少岗位需要员工严守纪律，保守秘密，有的对礼仪方面还有特殊要求。在能力方面要求具有较高的社交能力、语言表达能力和干练的办事能力等。

（四）工程型职业应具备的素质

工程型职业，主要是指工业、建筑业等行业的工程技术人员应具备的素质要求。要有不辞劳苦，艰苦奋斗的创业精神和严肃认真、一丝不苟的求实工作态度。要谦虚谨慎，深入工作第一线，能和同事密切合作。在牢固掌握专业知识的基础上，对相近专业的知识要比较了解，并有较高的外语水平、计算机应用能力、语言表达能力和理论应用于实际的能力。

（五）文化型职业应具备的素质

文化型职业，如作家、服装设计师、音乐家、舞蹈家、摄影家、书画雕刻家、广告设计师等。文化型职业在知识和能力方面对从业者素质的要求是：能博采众长和广泛涉猎；敏锐的观察力；丰富的想象力；坚强的毅力；得天独厚的艺术天赋；持续的创新精神。

（六）社会型职业应具备的素质

社会型职业包括教育，救死扶伤，提供公共服务，协调人际关系，为人民提供生活便利的工作，如教师、医生、律师、法官、广播电视工作者等社会公共服务人员。社会型职业要求从业人员在知识素质方面，应具有基础的科学文化知识，尤其是应该具备广泛的知识面和职业要求的专业知识；在能力素质方面，要有一定的理解能力、社会活动能力、组织协调能力、自身形象设计能力和文字表达能力等。

随着经济的全球化、人才竞争的国际化，中外语言的表达能力和计算机操作使用技能已成为各种职业类型所要具备的基本技能。

二、专业技能培养

专业技能就是指你在某专业领域所具备的能力。如果你打算在今后的职业生涯发展道路上走技术 / 职能型路线，那么在大学期间你就得着力打造自己的专业技能，并使之成为你求职的核心竞争力。

就大学生而言，专业技能实质上包含了两个方面的内容：一是与所学专业知识相对应的知识性技能，具有较强的专业学科性，例如计算机专业学生所应具备的 PHP 编程、JS 编程、ASP 编程技能等；二是与自己的目标工作岗位要求所对应的特殊性技能，具有较强的职业性，例如从事杂志编辑工作需要有较强的阅读能力和文字表达能力，律师应具有很强的逻辑推理能力，建筑师应有一定的空间判断能力。因此，大学生不仅要以所学专业为依托，努力培养自己的知识性专业技能，还应根据自己的目标职业，着力打造与未来工作岗位相匹配的特殊性专业技能。

一般来说，大学生可以通过以下几个途径来培养自己的专业技能。

（一）认真学好专业课程，夯实专业知识基础

尽管专业知识≠专业技能，但专业知识却是专业技能的基础。尽管目前的大学课程设置、课程内容与社会现实需求存在脱节的现象，但专业课程学习仍是最系统、最规范地获取专业知识的手段。扎实认真地学好所学专业的核心课程，是未来你在某一专业领域自由驰骋的第一步。

（二）积极参加学科竞赛，把专业知识转化为专业技能

参加各类大学生学科竞赛是培养锻炼专业技能的一种非常有效的方式，大学生可以根据自己所学专业选择参加某一种或几种学科竞赛。通过一次学科竞赛，你不仅会发现你的某项专业技能得到了提升，而且还会有不少意外的收获，自己的创新精神、协作态度和实践能力都可能会得到提升。

（三）理性选择专业性学生社团，努力成为社团骨干

专业性学生社团包括专业学术型、科技创新型两类，其成员为共同的专业任务而进行学习、交流和探索，形成一种集体性学习氛围，从而形成一个“学习型组织”。在专业性的学生社团里，你不仅可以将所学专业知识付诸实践，还可以结交到一批志同道合的朋友，在互相砥砺中提升各自的专业技能。如参加“电子科技协会”一类的社团可以培养锻炼维修家电的技能；参加“法律协会”可以培养锻炼法律文书的撰写技能；等等。

（四）根据职业发展目标，有选择地参加资格认证考试

各行各业都有自己特有的资格证书，资格证书是参加某种工作或活动所应具备的条件或身份的证明，也是对我们所学习的专业的一种肯定。大学生参加资格认证考试，一方面可以检验专业知识的掌握程度，另一方面也可以检验专业技能的熟练程度。例如，国际贸易单证员证书考试，其考试内容包括国际贸易实务和单证操作实务，以及外经贸英语函电两部分，具有很强的实践性。

（五）参加一些专业技术含量高的科研或实践项目

有道是“纸上学来终觉浅，绝知此事要躬行”。比如你所学专业是市场营销或电子商务，那么你就可以利用课余时间开一家网店，也可以参与到一个市场调研团队为某某公司做一次产品的市场调查，只有在实际的行动中你才可能培养某一方面的专业技能。当然，参加学校专门资助的学生科研项目，也不失为一种简单可行的锻炼专业技能的方法。学校科研项目的大致流程是：初期设想—确定指导老师—明确研究方向—进行相关实践—课题构思、确定项目—填写项目申请书—学院、学校初审—答辩—立项—中期审核—结项（后续活动）。

（六）参加课外培训、专业研讨会/讲座，请专业领域内的行家指点迷津

大学的学习是多方位的，课堂学习仅仅是其中的一部分。在实际的专业技能学习中，课堂外的学习往往更让大学生受益匪浅。适时地参加一些课外的专业技能培训、跟着老师参加一些专业领域的会议、听一听行业专家的专业知识讲座，都可以扩充我们的专业视野，学到一些难得的专

业技能经验。或许你还有可能被你的“职场贵人”相中，在扩展知识面的同时获得一些专业实践锻炼的机会。

此外，学校组织的寒暑假社会实践、专业实习以及青年志愿者服务等也不失为大学生培养锻炼自己专业技能的有效途径。

三、职业训练和社会实践是关键

职业训练主要是指职业技能的训练。大学生参加职业训练可以获取某种职业的技能，最重要的目的还在于培养和提高自身的职业化能力，增强就业竞争力和职业发展力。但是，零星的、互不关联和不连续的职业训练，将会导致职业训练活动与职业技能和职业目标联系不紧密，只会事倍而功半；反之，大学生在明确了职业意向后，进行连续的和战略性的职业训练，则将事半功倍。

根据职业的分类和各类职业的任职条件，大学生可以选择不同的方式进行基本的职业训练。

第一大类：国家机关、党群组织、企业、事业单位负责人。这类职业的特点主要是管理工作，体验式的职业训练方式有以下几种：

在学校内担任学生组织的负责人，初步体验管理者的角色；

在助理岗位上协助管理者工作；

在领导机关办公室工作，近身观察、熟悉管理者的工作；

在人事部门工作，学习和观察如何处理复杂的人事关系和矛盾；

观察身边的领导者和管理者，辨析他们适宜和不适宜的领导行为方式；

在某一岗位上代理一段时间的管理者工作。

第一种主要是在校大学生进行职业训练的方式，已经进入职场的毕业生可以利用后五种方式来进行职业训练。

第二大类：各类专业技术人员。这类职业的特点是要用理性的思维，不断地研究和探索。职业训练方式如下：

参加有关专业技术工作的社团和协会；

通过一些活动来提高工作技能，如会计专业的学生，职业目标是会计，可以试着做学生组织的预算计划人，也可以参加一些专业技术方面的竞赛活动；

参与具体工作，利用实习、兼职的机会做职业目标涉及的岗位工作，直接训练工作技能和积累工作经验，也可以在老师指导下，从事一定的学术科研活动。

第三大类：办事人员和有关人员。这类职业的特点是事务性强、工作繁杂、服务性强。你可以选择在校内外担任一定组织内的一般工作人员的方式进行职业训练。

第四大类（商业、服务业人员）、第五大类（农、林、牧、渔、水利业生产人员）和第六大类（生产、运输、设备操作人员及有关人员）职业可以通过兼职、实习、职业培训等途径进行职业训练。

第七大类：军人。因为这类职业的特殊性，职业训练只能通过间接的职业体验来进行，例如参加军训、参加预备役部队等方式。

人际交往能力、应变能力、沟通能力和协作能力对所有类别的职业而言，都是需要的，而对第一、第四类人员尤为重要。你可以在校园内外与不同的人共事，或参加职业能力培训班，提高这些能力和素质。

大学生的自我职业化，除了职业训练这种直接方式外，社会实践也是一种非常重要的间接方式。

社会实践应该成为在校大学生进一步认识自我、了解职业社会、明确职业意向的一种职业活动。社会实践主要有兼职、社会调查、社会服务等。社会实践引导职业生涯设计的基本模型是：职业意向—社会实践—获取心得和信息—职业设计—再社会实践—职业决策—职业训练和职业实践。在这个过程中，社会实践起到五个方面的作用：第一，它是学生接触、了解社会的重要途径；第二，通过社会实践，大学生可以提前进行职业定位；第三，社会实践可以帮助学生做好从学生角色到工作角色的技能转换准备，加速其职业化进程；第四，社会实践可以在一定程度上培养大学生的专业素质和能力；第五，社会实践还可以充分发挥社会的德育功能。

社会实践活动形式多样、丰富多彩，从有利于求职择业的角度来讲，大学生可以进行以下几种类型的社会实践活动。

（一）知识（教育）型社会实践

学生利用自己现有的知识和技术来获得报酬，增长见识。这种实践形式是最常见的，如师范类专业的学生做家教。

（二）劳动（职业）型社会实践

诸如商品派送、市场调研、发放广告、勤工俭学等大学生以自立成才为目的，多层次有偿的社会实践活动。

（三）基本（服务）型社会实践

它不受专业知识的限制，但要求一些先天条件，如担任模特、礼仪人员等。

（四）义务型社会实践

如学雷锋、做义工等活动。

（五）了解社会型社会实践

比如通过游学、社会调查、参观访问、工作访谈等方式，了解社会情况，了解相关行业和职业情况，为自己拓宽职业视角，也为自己的职业化寻求更多的信息和资源。

四、职业经验的积累

大学生在校期间多以理论学习为主，很多实际的职业技能和工作经验无法通过书本或课堂学习获得，而用人单位在招聘中特别注重职业技能和实际的工作能力。这对在校大学生的启示是：尽可能想办法寻找实践机会，将所学的理论知识尽快转化为实际的操作技能，才能弥补经验不足的劣势。

（一）招聘条件中“经验”要求的内涵

在招聘活动中，绝大多数的用人单位都会要求应聘者具有相关的工作经历或经验。虽然大部分同学清楚求职时经验的重要性，也尽可能地想办法增加自己的经验，如家教、推销、市场调查、发表文章、学生管理工作……但这些所谓的经验到面试官面前仿佛变得一文不值了，究竟在什么地方出了问题呢？这个问题恐怕要从用人单位对经验的定义中寻找答案。用人单位对员工所要求的经验是从工作岗位出发的，是与岗位相关的“工作经验”。

首先，经验要与具体工作相关。我们说某个人经验丰富，其实是针对某方面的工作成绩而言的，而不是笼统的评价。比如，我们评价万科公司的王石是一个有经验的人，指的是他对企业管理和市场把握很有经验，但面对房地产建筑工程的施工，他可能根本就无经验可谈。比如一个管理学专业的毕业生，应聘某企业的质量管理岗位，他自认为是经验的学生会工作，在企业看来与质量管理根本是风马牛不相及。其次，经验要有连续性。从时间上来看，积累的经验应该具有连续性，也就是说要注重纵向积累。只有在某个领域、行业内工作较长一段时间（3 ~ 5年）后才有可能成为专家。因此，在校大学生要有选择地去积累相关经验，而不要被迫去积累不相干的经验。再次，经历绝不等于经验。随便翻开一份毕业生的简历，就能看到流水账似的“经验”，可是仔细一看，其实就是与求职目标没有任何关联的简单经历，根本构不成经验。在用人单位看来，经验是有一定成就的经历，并且要与工作相关。所以有过经历不等于就有经验，这也是不建议毕业生入职后频繁跳槽的重要原因。最后，经验要构成优势。这是个需要“出格”的年代，没有特点很难出人头地。当我们想要积累工作经验的时候，尽量要确保能够获得经验优势。如果构不成优势，经验就派不上用场。比如你做过市场调查，别人也做过，可你与别人不同的是你还会问卷设计与分析，知道如何去规划一次好的市场调查，这样才有经验优势。

（二）大学生“经验”积累上的误区

通过对用人单位要求“相关经验”的提示，我们可以看到大学生在积累经验这条道上所走的弯路：

1. 经验积累没有针对性

经验不是孤立的，而是与具体的岗位工作紧密相关的。如果不了解工作，任何经验积累的行动都是盲目的。恰好同学们在这个方面容易犯“主观主义”的错误，在没有弄清楚什么是经验、从什么地方开始、积累什么样的经验的情况下，就行动了，最后费力不讨好。

2. 经验积累不连续

经验积累有纵向与横向之分。一般来说，一个人在职业初期必须注重纵向经验的积累，如果在经验积累的时间上出现断层，或者经验非常有限，这在面试官的眼里就是做事情不专一、朝三暮四。

3. 将经历当作经验

目前许多大学生在经验积累上进入了“量变会带来质变”的认识误区，以为经历越多越好，没有考虑这个经历是否有用，能否帮助成功就业。其实面试官不看重应聘者的经历多少，而是看重应聘者在每段经历中是否得到成长。如果你在一次现场活动中，做了一些体力劳动，或者只做了一些辅助工作，就不能认为你具有组织能力；如果你在一次现场宣传活动中，只做了发放宣传单的工作，就不能被认定为有市场推广经验。

4. 经验不够专业，形不成优势

往往同学们热衷于以“积累经验”的名义，参加很多互不相干的活动，但没有形成经验优势，面对同样的工作机会，与工作相关且更加专业的经验才能成为你的优势，才能帮助你在求职竞争中胜出。

面对用人单位对工作经验的要求，毕业生最大的抱怨就是“我们都是学生，哪来的工作经验”。在你不知道经验的真相之前，你可以这样说，上述我们已经提示了经验的真相，接下来我们采取行动获得工作经验。

（三）经验积累的过程

我们用一名企业管理专业本科生的例子，来说明完整的经验积累过程：

第一步：选定工作方向。

企业管理专业毕业生的就业方向首先是从事企业管理工作，因此需要知道企业里面哪些地方需要管理。企业其实是个管理实体，任何地方都需要管理，如战略管理、人力资源管理、生产管理、市场管理、销售管理、采购管理、行政管理、技术管理、质量管理……你不是天才，所以只能选择其中一个方面。对照你的兴趣与专业，你恰好喜欢市场管理，这就为自己确定了一个就业方向。

第二步：整理工作职位。

接着你要访问一些权威的人才网站，查找市场管理类的职位，把所有的职位工作职责、任职要求下载下来，然后进行整理、统计，并按照职位高低顺序进行排列，再把每个职位对应的工作职责、任职要求条理化，你就会看到一张清晰的企业市场管理职位结构图。当然最重要的是你看到了作为一个市场管理者要做些什么工作，每项具体的工作需要什么样知识、技能体系。当你把这些资料整理好后，你就成为一名市场管理工作的入门者了。

第三步：选定一个职位。

通过对职位的整理可以知道，市场营销管理的岗位一般包括：战略类、策划类、品牌类、促销类、公关类、渠道类、媒介类、终端类、设计类、文案类、调研类等，对照各个职位的任职要求，选择一个合适的职位。假如你对企业策划很感兴趣，那么暂时忘掉专业，按照岗位任职要求来准备自己的经验结构。

第四步：选定目标行业。

调查表明，一个成功的人在职场最多经历 5 个行业，太多就入行太浅，无法积累行业优势。对大学毕业生来说，必须选定一个行业作为职业突破口，熟悉这个行业的背景才能有助于职业计划的落地。如果你具备互联网行业要求的专业知识，又对互联网的相关业务感兴趣，那么就选择互联网作为试验田。

第五步：理解岗位任职要求。

到了这个步骤，你的方向已经非常清楚：互联网企业策划是很好的一个职位。现在你需要明白胜任这个职位所需要的一般素质。互联网企业策划的岗位职责包括：分析用户需求与市场竞争状况，为公司核心产品策划推广方案；根据市场需求策划并推广新的产品服务；直接对公司年度目标负责，并协同其他部门完成目标；负责针对传统行业提供有竞争力的合作方案及产品；负责行业、媒体合作的策划。其任职要求包括：对互联网的发展及其与传统行业的结合等有较深刻的认识；对电信增值业务有一定的了解；有 SP、媒体或广告行业工作经验者优先；有独立领导策划、实施大型深度营销活动的成功经验；具备清晰的战略能力；有优秀的方案写作和良好的沟通能力。通过对具体职位的任职要求与工作职责的分析，你就知道了经验积累的具体方向，即知识、技能与态度的具体要求，经验积累也就变得清晰。

第六步：开始积累经验。

丰富电信、互联网等方面的行业知识，包括服务项目、运营方式等；

扎实营销策划类的专业知识与策划技巧，丰富专业知识结构；

广泛浏览有关的策划案，学习别人的策划技巧；

关注与跟踪互联网大型策划活动的特点、趋势、进程及大型研讨会等；

捕捉机会，参与到行业相关活动中去；

平时积累想法，善于将好的创意通过策划案的方式沉淀下来，并发送给感兴趣的企业；

培养独立思考、积极主动、团队合作的心态；

需要说明的是，我们之所以把专业作为积累经验的起点，是因为绝大多数的大学毕业生必须通过专业来明确自己的职业第一步，很少有人能逃脱这个“宿命”。

经验源于积累，而实践是获得经验最好的方法。经验积累不是一蹴而就的，要日积月累，找到方向只是起步，最重要的是坚持。从什么时候开始积累经验都不为早，专科学生从大二开始，本科学生从大三开始应该是比较合适的。积累经验的主要方式就是参与，多一些正规训练，少一些小打小闹。申请到大公司实习、参加学校正规社团活动、参与教师的课题研究，这对系统提高大学生的经验是很有帮助的。

第三节 通用能力提升

一、时间管理能力

“一寸光阴一寸金，寸金难买寸光阴。”虽然大家都懂得这个道理，但能真正做到珍惜时间的人很少，真正懂得时间管理的人则更少。对于职场人士来讲，做好时间管理，不仅意味着丰厚的经济回报，更能令自己的事业突飞猛进。我们每个人特别是求职者要牢牢记住这一点：做人要惜时，做事要守时。

日常工作中，许多事务并不是只有简单的先后顺序，而是大量存在相互独立的平行状态。这就要求统筹利用时间，在同一时间内同时做好几件事情。比如，我们在计划办理一件需要较长时间的复杂事务时，可以穿插利用间隙时间安排办理一件或几件需要较短时间的事务。如果事先没有计划，大量的工作间隙时间就可能白白浪费掉了。事务总有轻重缓急之分，如果对事务没有事先计划，人们就会盲目地遇到一件事就去处理一件事，不管这件事是否重要，它的价值究竟有多大，都一律按先后顺序去办理。这样的结果往往会因小失大，捡了芝麻而丢了西瓜。

（一）时间管理的秘诀

一般情况下，人们总是根据事情的紧迫感来安排先后顺序，而不是根据其重要性。其实这样的做法是被动地迎合事情，而不是主动地去完成事情。

在时间管理学上，依据重要性和紧急性标准把事情分为四种类型：紧急且重要的事情、不紧急但重要的事情、紧急但不重要的事情和不紧急也不重要的事情。

对四类事情的处理原则是：先做A类事情；再做B类事情；C类事情应该做，但也要学会拒绝；尽量放弃D类事情，并减少D类事情的发生。

A类事情：紧急且重要的事情。比如，救火、开会、处理客户投诉等。紧急且重要的事情，当然需要我们首先关注，并且第一时间去完成。但是要尽可能降低此类事情发生的频率，因为当我们过多地被迫处理紧急之事时，那些重要而非紧急的事情迟早会变得紧迫，使我们陷入“救火队员”的模式之中，似乎永无宁日，也无法达到游刃有余的境界。显而易见，要想减少这类事务的比例，平时你必须提前关注不紧急但重要的事务。

职场中，这部分工作一般不会出现什么问题，员工通常都能处理好第一象限的工作。对职场人士提出最大考验的往往是第二象限事情的时间管理。

B类事情：不紧急但重要的事情。比如，做计划、培训、思考等。这类事情需要我们最为关注，但现实中又往往被我们以各种借口忽视。然而第二象限和第一象限的事情是互通的，第二象限的扩大可以使第一象限的事件减少。例如一项重要的工作任务，限期是一周完成，如果我们认为时间充裕而一味拖延，直到最后期限将至才开始工作，这件工作便从第二象限转移到第一象限，紧张的工作不仅加重了自己的负荷，更加大了工作中错误发生的概率。如果再遇有其他突发事件，则必然会措手不及。

不紧急但重要的事情关乎我们人生的效能，如果每天我们的生活都能围绕这样的事情展开，那么我们工作和生活行事的优先顺序自然就出来了。

C类事情：紧急但不重要的事情。比如，同事紧急找你帮忙、上司让你代他去开一些无聊的会议、朋友“三缺一”的紧急召唤等。在工作中，许多员工经常会遇到这个象限的事情。我们为什么会感到忙而无功，原因往往在于我们将大量的时间都花在了这类事务上面。

这类事务表面看起来需要立刻采取行动，但是客观地检视，我们可以把它们列入第三次序中去完成，必要时可以适当且合理地拒绝。假如你正在完成第一象限中的工作，这时有不重要的电话打进来，长话短说当然可以，还可以告诉对方你将在何时回复，等到紧急且重要的事情告一段落，再回电话也不迟。学会拒绝也是解决这类问题的一种办法，有很多人会在口头上答应帮助别人完成一些事情，然而这会在很大程度上影响到自己的时间安排和工作进度。因此，当自己实在没有时间和精力的情况下，应该学着礼貌而坚定地说“不”，这样才能保证工作的效率和进度。

D类事情：不紧急也不重要的事情。这类事情往往与你难于戒掉的习惯相关，譬如有求必应，沉迷于网游、泡吧等。

每个人对这四类事情都会有自己的判断。但不管怎样，重要性与目标有关，凡是有价值、有利于实现目标的就是要事，而紧急之事往往对别人重要而非对自己重要。因此，我们要把主要精力和时间用在不紧急但重要的事务上，从而减少那些紧急且重要的事务，把紧急但不重要的事情控制在合理的范围内，杜绝不紧急也不重要的事务侵占你宝贵的生命。作为管理者，更要学会把紧急但不重要的事务合理进行委托或授权，从而使自己能够更加从容地面对重要但不紧急的事务。

（二）时间管理的要求

1. 不要透支你的时间储蓄

不可否认，现代人的生活节奏越来越快，许多人都感叹时间不够用，许多紧急的事情都处理不完，根本没有时间去做许多重要的事。但是，我们也不要忘记鲁迅先生曾说过：“时间就像海绵里的水，只要愿挤，总还是有的。”

除了认真利用闲暇时间，我们还要善于利用零碎时间。比如，乘车时、等待时的零碎时间，都可以用于学习、思考、计划和总结。把零碎时间用来从事零碎事务，从而最大限度地提高效率。短期可能没有明显的感觉，但日积月累，将会有惊人的成效。没有利用不了的时间，只有我们不会利用的时间。如果你透支了自己的时间储蓄，那你就会比别人晚一步。

2. 今日事，今日毕

时间管理的一项重要法则就是“今日事，今日毕”。成功者往往把“今天”看作是生命中的最后一天，从而在每一个“今天”里让生命更加充实和完满。

从心理学的角度来讲，本来当初可以很愉快、很容易做好的事，如果拖延了几天，甚至几个星期之后，就会令人生厌，而且完成起来更加困难。在“今日事，今日毕”的过程中，我们不仅可以检查工作任务的完成情况，而且通过对一天情况的回顾与反思，可以知道一天中哪些方面做得好，还有哪些是可以改进的。一个只会“低头拉车”，而不会“抬头看路”的人，一辈子会有“拉不完的车”。

如果你希望自己成为一名行动者，就请把人生字典里的“明天开始”换成“现在行动”。切勿依赖明天，如果你总是把事情留到明天，那么，你将一事无成。“今日事，今日毕”，在职场中会将你的行动力、执行力和胜任力完美体现，这是所有组织在招聘、用人时最看重的能力之一。

3. 恪守时间

对于现代人来说，守时是一种美德，也是一种信誉。

浪费他人的时间，无异于谋财害命。因此，当你决定参加一个活动时，请首先明确活动的具体时间和地点，然后估计乘车或步行到达活动地点所需要的时间，并将堵车或其他偶然事件可能耗费的时间考虑进去。在招聘面试中，求职者因为迟到而使自己抱憾的例子比比皆是。因此，无论我们要参加公务活动还是与人有约，都应该养成遵时守约的好习惯。

恪守时间，是工作的灵魂和精髓所在，同时也代表明智与信用。职场中，现代组织对时间的要求越来越严格，一个称职的员工必须养成守时的好习惯。守时看似是一件极其简单的事情，也有人认为它实在微不足道，但是细节决定成败。因为你根本无法预料在你迟到的时间内会发生什么，也许有重要客户打来电话，也许重要人物来访，也许紧急会议要参加，等等。难道这些对你都不重要吗？假如你是一名管理者，你的迟到会影响到你的团队，难道你希望自己的下属也不守时，在你紧急召唤时手下无人可用吗？

我想你的回答都是否定的，那么从现在开始，请珍惜自己的时间，而且要特别珍惜他人的时间，这才是真正的赢取时间之道。

4. 做好时间规划

时间规划可以确保我们一生中最宝贵的财富——时间经济效益的实现。也就是把所有的时间都用在最有成果和成效的活动上，或者用尽可能少的时间来达到所追求的目标。时间规划得越好，就越能成就我们个人的和职业的目标。从时间管理的意义上讲，时间规划意味着为实现目标做准备以及进行时间的结构化。

在现实生活中，我们每天所做的每一个选择或决定，都有两种可能性或者结果：一种是离你的目标越来越近，另一种是离你的目标越来越远。因此时间规划是以目标为导向的，是把终点当作始点的。时间规划就是要把人生最重要的目标放在首位，然后把总体目标分解成可实现的阶段性目标，并给目标加上时间坐标和成功的标准，接下来做出行动计划，剩下的就是现在马上着手行动了。

（三）提高时间管理能力的常用方法

1. 养成记事习惯

提前做好时间计划。在工作中，至少提前一天对第二天的工作做好计划，把待办事项按重要性和紧急性综合排序，同时随手记下临时事项，这样做既可以提升你的效能，也能降低你忘记某件事情的风险。提前多日的计划可以在日历或手机提醒事项上做出标记。

2. 专注于能够控制的事情

不要浪费时间去担忧或思考无法掌控的事情，把精力花费在消极的活动上是在浪费时间。

3. 确定效能曲线图

一天之中，什么时候效能最高？在该时间段内全神贯注去做最重要的任务，能够在更少的时间内完成更多的工作，这必将给人一种成就感和充实感，长此以往，自我效能感也会随之提升。

4. 利用效能低的时间

低效能时间应当被花费在一些不需要花费很多脑力和创造力的事情上，比如打一些问候或致意的电话，接收电子邮件，复印材料等。

5. 一次性完成事情

在处理每项事务时，设定这样一个目标，能够一次完成的事情，绝不要浪费时间分两次去做。如果你正在阅读一份邮件，立刻回复，这样你就不需要再去重新处理这件事。

现代职场所需要的员工，最起码要具备两个素质：一是要做应该做的事；二是要把应该做的事做成、做好。因此，我们需要重点研究，怎样做好应该做的事，只有个人的努力方向是对的，才能把有限的时间转化为最大的价值。我们只有做一个有效管理时间的人，才能抓住机遇，去实现我们的价值。

二、沟通协调能力

从我们踏上求职的征途开始，就注定了我们要走进一个合作共生、合作共赢的时代。如果有人想单凭一己之力去获得成功，那几乎是这个时代的一个神话。一个优秀的职业人，不仅要有较强的专业技术知识与技能，更需要具备良好的沟通协调能力。良好的沟通协调能力，是组织选人、用人的一项关键性参考指标。因为工作中每个人都需要和各种各样的人打交道，而这些人的身份、地位、心理需求、工作性质都不尽相同，能否与他们友好相处、相互配合、协调一致，能否使上下级相互沟通、同级相互信任、大家齐心协力，直接关系到工作和事业的成败兴衰。

（一）沟通和协调的内涵

沟通就像影子一样，时刻陪伴在我们左右，无时不在发挥着作用。在单位跟同事打招呼是沟通，跟朋友、客户互致电话、邮件也是沟通，上下级之间、同级之间、部门之间、单位之间同样都离不开沟通。尤其在我们的求职过程中，面试更是一种直接的沟通方式。沟通的方式和手段多种多样，除了面对面的交谈外，一封信、一次演讲，甚至一个眼神、一个动作都可以进行沟通。其实，沟通就是将事实、意见、建议、意图传递给他人的过程。不论是陈述事实，还是表达意见，都是向接收方传递信息，并且让对方理解这种信息，以此来影响对方的思考。由此可以看出，沟通的要点是思考的互动，是意见的交流，是人与人之间、组织与组织之间的信息交流。

良好的沟通常被误解为沟通双方达成协议，而不是准确理解。如果有人与我们意见不同，不少人可能认为对方没有完全领会我们的看法，换句话说，很多人误认为良好的沟通是使别人接受我们的观点。当一场争论持续了相当长的时间，旁观者大多断言是由于缺乏沟通，其实此时正在进行着大量的沟通，每个人都充分理解了对方的观点和见解，但无法达成一致。在这种情况下，协调就尤为重要。协调是使人们的行为、意见、观点趋于认同、趋于和谐，进而相互接受的过程，是使行为导向指向共同目标、共同意向的一种管理活动。从某种程度上讲，沟通和协调的关系是手段和目的关系。

沟通过程除了信息交流以外，还包括思想交流、情感交流、观点交流和态度交流。沟通更强调双向性、交互性。如果沟通的信息或想法，没有被有效地传递给接收者，则意味着沟通没有发生；如果只是实现了传递，而接收者没有理解或理解有误，说明沟通没有成功。因此，如果我们想进行有效的沟通，那么信息不仅要被传递出去，还需要能够被接收方理解。完美的沟通，应是经过传递之后被接收者感知到的信息与发送者发出的信息完全一致。

（二）练就沟通技能

沟通不是一门学问，也不是一种知识，更大意义上应该是一种习惯，没有勤学苦练就无法成为沟通的高手。

1. 谈话有技巧

语言是沟通的桥梁，语言表达的逻辑性、准确性和可理解性在很大程度上决定着沟通的有效性。因此，平时有意识地锻炼自己谈话的技巧，假以时日，沟通能力肯定会有所提高。

（1）谈话时看着对方

与人谈话时，尤其是想让对方了解自己的谈话内容时，看着对方的眼睛，会让对方感受到你的魅力与自信，也能增强说服力。

（2）适当运用敬语

在人际关系中，最能表现人们心理的语言是敬语，它是心灵交流的润滑剂。要保持良好的谈话氛围，维系良好的人际关系，敬语扮演着极为重要的角色。

（3）掌握说话的节奏

语速是语气的特征之一，谈话气氛紧张时，过快的语速会令气氛更加紧张，也有咄咄逼人之感。语速过慢则显得犹豫、不自信。

（4）语调宜平稳

与他人交谈时，切忌操之过急，为了表达自己的意见而打断对方的谈话，或者急于表达意见，不知不觉中提高音调，其效果只会适得其反。

（5）掌握“三个适当”

即谈话一定要选择适当的场合、适当的时机以及适当的人，这样才能达到事半功倍的效果。

（6）不使用质问语气

质问的语气，极易导致双方的不快，引起争论，使谈话升级为争吵，不仅达不到沟通的效果，反而伤害人际关系。

（7）机智、委婉地表达观点

如果你与对方的意见相左，特别是需要说服对方接受自己的观点时，最好不要直接攻击别人的错误，而应在分析的基础上，机智、委婉地表达自己的观点。

2. 沟通有方法

沟通中如何让自己被人认识、被人理解、被人接受，以及如何认识、理解、接受他人，这就需要掌握良好的沟通方法。

（1）从共同点入手

沟通前，了解对方的爱好、脾性；沟通中，随时观察对方的反应，抓住与对方的共同点，一步步展开，这样即使最后表达了相反的观点，对方也容易接受。

（2）善于倾听

每个人都喜欢自己的话有人听，特别是认真、仔细、耐心地倾听。沟通中让对方畅所欲言，并适当回应，以表示关心与重视，就能赢得对方的好感与善意的回报。

当然倾听也需要技巧。比如与人谈话时要注视对方，表现出全神贯注的神情，不可左顾右盼，不过死死盯住对方也不可取。无论对方谈话内容如何，都不能拉长脸，或露出鄙夷的神态。身体稍微倾向对方，适当地运用一些表示恳切的小动作，如点头、微笑、轻声附和。要让对方把话说完，能听到最后的人才是会听的人，不要匆忙打断对方的谈话。

（3）响应附和别人的话题

沟通中，听者可能不时插上一些附和的话，表示对其所言的赞同，此即附和语。附和语主要有两种：一是重述对方所言；二是为其所言帮腔，其中往往夹杂着赞同的意思。当然，响应与附和也要注意表里如一，将言、行结合起来，往往能细致入微地洞察附和者的真意所在。

（4）多加赞美

在沟通过程中，善用真诚且适度的赞美，有化腐朽为神奇的力量，能有效增强沟通效果。

（三）有效沟通的行为法则

要想把信息从沟通链条上毫无障碍地传送给接收信息方，还需要注意以下这些行为法则：

1. 自信的态度

一般来说，取得成功的人，通常都有自己的想法和作风，他们对自己了解得相当清楚，并且肯定自己，他们的共同点就是自信。充满自信的人常常是最会沟通的人，也最能把自己想要传达的信息清晰地毫无障碍地传送给接收方。

2. 体谅他人的行为

这其中包含体谅对方和表达自我两个方面。体谅让我们设身处地为别人着想，并且体会对方的感受和需要。由于我们的尊重和了解，对方也相对体谅到我们的立场与想法，因而做出积极而合适的回应。

3. 适当地提示对方

产生矛盾与误会的原因，如果是由于对方的健忘，我们的提示正可以使对方信守承诺；反之，若是对方有意食言，提示就代表我们并未忘记他的承诺，并且希望对方信守诺言。

4. 有效地直接告诉对方

一位知名的谈判专家分享他成功的谈判经验时表示：以“我觉得”和“我希望”这样的话作为起始语，沟通结果往往令人不满意。但是直言不讳的沟通方式要切记“三不谈”：时间不恰当不谈；气氛不恰当不谈；对象不恰当不谈。

5. 善用询问与倾听

询问与倾听，可以控制自己的情绪，让自己不致为了维护权利而侵犯他人。尤其是对方退缩、沉默时，可用询问引出对方真正的想法，并且运用积极倾听的方式，来诱导对方充分发表意见，进而实现有效沟通。沟通高手，绝对不是只会自己侃侃而谈，更应该是善于询问和积极倾听的人。

（四）沟通有禁忌

有些语言、态度和习惯会影响沟通效果。主要禁忌有以下几个方面：

不良的口头禅，如“你不懂”“你有问题”等类似的话；

用过多的专业术语或夹杂英文；

只顾表达自己的看法，不顾对方的观点和感受；

用威胁的语句；

忽略自己不了解的信息；

被他人的第一印象或身份、地位所左右；

过度以自我为中心；

经常打断别人的谈话；

不良的肢体语言，比如梳理头发、掏耳朵、挖鼻孔等小动作。

总之，对于在校大学生来说，应多参加一些学校、院系、学生会、社团组织的社会实践、志愿服务等集体活动，在活动中锻炼沟通技巧，提高自己的沟通协调能力。

三、再学习能力

在当前的知识经济时代，知识不断更新，科学技术也是日新月异，我们应紧跟时代步伐，不断地学习、学习、再学习。当然，如果一个人从书本当中学到了很多知识，却不知道如何把他们运用到实践中去，那么这些知识的价值肯定会大打折扣，而且随着时间的流逝，这些知识会像一潭死水，逐渐失去生机。如果同学们认为通过几年的大学学习，积累的知识已经足够了，走上工作岗位后只是一味地吃“老本”，不久就会被超越，甚至被淘汰。

在这个学习的时代，我们需要再学习能力。再学习能力指的是一个人把知识运用到实践的能力，是可以不断地在工作中自学的能力，是把所学的知识用活的能力。

（一）再学习能力是职场通行证

在招聘过程中，用人单位看中的人选是那些好学、上进、勇于求知的应聘者；是那些具有积极的自学主动性和优秀的知识领悟能力的应聘者；是那些能通过适当的培训与积极的自我学习不断发掘自身潜力的应聘者；是那些能与公司的工作环境和外部的市场形势共同发展的应聘者。

在应聘的过程中，任何一位求职者都会将自己描述为一个具备了很强的再学习能力的人，那么如何证明我们真正地具备了这一重要能力呢？首先，简历将成为第一线索。我们应当根据所应聘的单位所处的行业领域，列举自己通过系统学习正规课程、进修证书课程或者参加其他类型的培训，已经初步获得了开拓这一领域的基本知识和技能。如果我们曾经在该行业的组织中有过一些实习或兼职的经历，就应该详细说明我们参加了什么类型的活动，承担了哪些工作责任，结果如何，自己获得了怎样的提升和锻炼。其次，通过对行业和组织信息的收集和整理，在求职信或在面试中阐述自己对所应聘岗位职责的认识，并说明自己计划如何通过再学习迅速胜任该工作，请招聘者借以评估我们的再学习能力。再次，在简历中或回答面试问题时，说明自己获取文凭之外的学习经历。另外，面试过程中为考察、了解求职者是否具备组织所需要的某种发展潜力，可能常会问这样的问题："描述一个你感兴趣，但不具备相关技能的机会，这时你如何应对？""描述一个你曾参与的项目，你在做这个项目时对什么感兴趣？"或者"你认为自己成绩最突出的一次工作经历是什么，这次的成功有哪些方面归功于你的积极性？"招聘者用这些问题评估求职者是否充分利用了自己所得到的学习机会。因为大学生缺乏其他求职者所具备的工作经验，所以招聘者必须找到乐于学习和善于学习的大学生求职者，这样的人才可能在短期内适应工作，才能在以后的工作中提高效益。

进入职场，未来的职业生涯学习能力的高低将完全取代文凭的作用。据调查统计，一个大学生在校获得将来必需知识的5% ~ 10%，90% ~ 95%的知识是在以后工作中获得的。这个统计结果也印证了"知识折旧"的定律，即"现代人如果一年不学习，你所拥有的全部知识就会折旧80%"。

大学生告别了校园走上职场，实际上是走进了社会的大学，必须坚持不懈地继续学习，使自己成为适合社会发展的职业人才，终身学习是唯一的途径。

（二）如何提高再学习能力

在知识日新月异的今天，我们强调以能力为中心的学习大大优于以知识为中心的学习。这是因为：首先，获得知识靠能力。知识更新的速度非常之快，大学毕业没有两年，所学知识已过时大半。有了获取知识的能力，我们的知识才能跟上时代前进的步伐。其次，运用知识靠能力。知识是死的，只有具备运用知识的能力，才能使知识活起来，才能解决实际问题。

那么，如何提高自己的再学习能力呢？

1. 明确学习目的和目标

每个人的时间和精力毕竟是有限的，面对庞杂的知识和信息，难道都需要我们去学习吗？回答当然是否定的。因为对于个体而言，并不是所有的知识都是有用的，也并不是所有的信息都含有知识，学习的目的是为了使用，不是为了学习本身。

因此，我们每个人在开始学习之前都应该有一个明确的目标。这个目标应该与你自身职业生涯发展的目标是一致的。你的职业目标决定了你学习的范畴、领域和内容，反之，你的学习生涯也在一定程度上决定了你职业生涯的发展与成功。没有目标的学习是盲目的，而且也难以真正激发学习的兴趣和内在动力，更加难以持久。兴趣是活动的内在动力，是形成能力和专长的条件。兴趣会使学习变得更加持久和专注。学习虽然是艰苦的脑力劳动，但兴趣能使其变成愉快的经历。

2. 保持“空杯心态”

两个一模一样的杯子，一个注了一半的水，另一个是空的。现在继续往这两个杯子里注水，显而易见，空杯子能被注入更多的水。然后我们把原来空杯子的水倒空，它可以继续被注入水，而原来半杯水的杯子经过一次注水之后再也倒不进水去了。学习就是这样，如果你认为自己的知识已经足够丰富或者只欠缺一点，你就会像那只装有一半水的杯子一样，只能学习到很少的知识和技能，便再也学不进去了。而只有那些时刻自省，深知自己还有很多知识和技能要学的人，才能像空杯子一样不断被注入新的知识和信息。

3. 学会创造性地学习

学习能力可以分为维持性学习能力和创造性学习能力两种类型。维持性的学习也就是我们通常所说的继承性学习，即简单地继承过去已有的知识，学习的广度在时间方面表现为历史上的纵深发展，在空间方面表现在现实上的横向无边。而创造性学习最大的特点是面向未来世界走向，伴随时代发展潮流，一方面能够根据我们的创造需要主动地进行学习，另一方面又能够同时进行知识的重组与创造。

传统的学习大多属于继承性的学习，重视理论知识和前人的经验。不可否认，这种学习方式在保持人类知识的积累与延续方面发挥了很大的作用，但是它也存在方法不科学、效率较低、内容单调等问题。现代职业人的学习，更多的应该是创造性的学习。

创造性的学习首先要有明确的目的，强调学习的实用性。创造性的学习不能轻信理论，要善于思考，对任何问题要有自己的见解；创造性的学习要自觉地结合工作实践，在实践中加深对知识的理解和应用；创造性的学习要通过不断将知识分类、加工、整理、归纳，把所学知识为自己所用；创造性的学习更注重学以致用，创新使用。

4. 拓展学习渠道，优化学习方法

在阅读中学习是最常用的学习方式。书籍是知识的主要载体之一。当博览群书变得异常困难的时候，在有限的时间内阅读真正的好书，是提高学习效率的好方法。学会透过书籍平实的表面，发现其中知识的含量和思想的光辉，是选择书籍的重要标准。快速阅读则是提高学习效率的关键。快速阅读只需要运用眼睛和大脑两个功能的信息处理环节，通过眼睛对信息的快速浏览检索，迅速发现有用信息，并经过大脑快速分析与处理，掌握其中最为关键的信息。快速阅读需要经过有意识的刻苦训练才能做到，而且在阅读中还要改变从头到尾的阅读习惯，结合浏览、跳读、略读等方法，减少无用信息的干扰，抓住主要知识，迅速吸收，提高学习效果。

另一个非常重要的学习渠道就是在实践中学习。实际工作中经常会遇到难以解决的问题，在解决问题的过程中学习，经过观察与思考形成概念，并予以整理，在新环境中进行验证，取得实践经验，完成一个解决问题和学习的循环过程。同时在不断分析问题、解决问题的过程中，不仅学习了很多实用的知识，而且提高了解决问题的能力。

再一种有效的学习渠道是对信息的收集与整理。信息不等于知识，信息中包含有知识，但也有更多的无用信息，因此信息需要进一步整理、分析、归纳才会变成知识。面对浩如烟海的信息，你需要进行把关，先为自己确定几个信息源，如收藏需要经常登录的网页、现阶段重点订阅的几份报刊，而与目标关系不大的信息源，尽可以舍弃。然后你需要对有用的信息通过剪报、录入或扫描等方式进行整理，无论何种方式不要忘记建立有效的信息检索，以便用时能够迅速检索到。

还有一种学习渠道也不容忽视，那就是在职场社交中学习。在人才济济的职场中，你的上司、同事、客户等，都可以成为你学习的对象。他们是你身边生动的样板，取人之长补己之短，吸取他人的经验，增长自身的才干，这是不需要付费而又十分有效的学习方式，尤其向职业生涯比较成功的职业人学习，成功者一定有方法、有经验，更有教训。

在当今这个求职竞争日益激烈的浪潮中，身为正在求职路上的一员，我们应该清晰地认识到：再学习能力是我们能够在平凡中脱颖而出的秘密武器，只有具备了这种能力，才能够提升我们的就业竞争力，才能够提高我们的职业发展力。21 世纪的学习，不再是被动狭窄的短期功利行为，而是贯穿于生命全过程的主动自觉的意识和生活需要。

四、创新能力

创新就是不满足于人类已有的知识经验，努力探索客观世界中尚未被认识的事物规律，从而为人们的实践活动开辟新的领域，打开新局面。如果人类没有创新能力，没有勇于探索和创新的精神，人类的实践活动就只能停留在原有水平上，人类社会就不可能在创新中发展，在开拓中前进，人们所成就的事业就必然陷入停滞甚至倒退的状态。

（一）创新能力的内涵

所谓创新能力，是指能想出新方法、新点子来处理一切我们所面临的问题的能力。创新并不是天才的专利，也不是科学家、发明家的专利，它已经深入普通人的工作和生活中。任何人都可以创新，都可以在生活和工作的各个方面迸发出创造的火花。日常工作同样需要创造性思考和创新能力，一个人成功与否在很大程度上取决于他是否能找出更加有效的处事方法。在招聘员工时，创新能力也是大部分用人单位考察的重要能力之一。

（二）创新思维的特点

了解创新思维的主要特点，有助于我们在生活和工作中更好地把握、应用创新能力。

1. 求异性

创新是一种求异思维，是在人们认识事物的过程中，特别关注事物间的差异性与特殊性，特别关注现象与本质、形式与内容之间的不一致性。这是一种质疑的心理，即它常常表现为对司空见惯的现象和已有的理论或权威结论持怀疑的、批判的态度，而不是一味盲从和轻信。

创新思维的求异性，主要体现在发散性思维上。所谓发散性思维是指从某一点开始，向四面八方作尽可能多的发散，即从所给的已知信息中产生更多的信息，从同一来源中产生各式各样为数众多的思维结果。总之，创新要求我们摆脱习惯性思维，勇于标新立异，克服盲从，超越理论，超越经验，超越自我。

2. 敏锐的洞察力

牛顿不放过苹果落地，伽利略不忽视吊灯摆动，瓦特研究烧开水后的壶盖跳动……本来这些都是司空见惯的现象，但是他们那过人的洞察力使其看到了常人所看不到的东西，从而有所发明或发现。

创新需要以敏锐的洞察力，观察和接触客观事实，并不断地将事实与已知的知识联系起来，加以思考和分析，科学地把事物之间的相似性、重要性及特异性进行比较，以期为以后的创造过程提供完全真实可靠的论据。

3. 丰富的想象力

想象是创新思维的重要特征，是一般思维，尤其是逻辑思维所难以比拟的。丰富的想象力是创新的源泉，想象思维对创新具有极其重要的作用。

4. 活跃的灵感

灵感是一种综合性的突发心理现象，是在创新思维与其他心理因素的协同活动中表露出的最佳心理状态。灵感是创新思维的重要一步，往往也是创新成功的关键一环。

5. 新颖性

创新的本质是新颖、新奇、新型、新异，是打破常规，与众不同，可能是局部新颖，也可能是整体新颖，抑或功能效用新颖，等等。

（三）培养创新能力

1. 面对问题和挑战，请相信成功一定有方法

古人曾一度认为，“水不可能倒流”，那是因为他们没有找到发明抽水机的方法而已。要培养创新能力，当面对问题和挑战的时候，不能给自己太多的框框，

不要总是“自我设限”。假设“不可能”已经成为一个人的口头禅，他会习惯于对自己说：“这不可能，那也不可能”。这样的人会将注意的焦点放在找借口上，而不是找方法上，也就不可能会有所创新，和成功也就渐行渐远。因此，要想培养创新能力，一定要坚信：成功一定有方法，千万别说不可能。

2. 批判性思维是创新的前提

要想培养自己的创新能力，应该适时运用批判性思维，摆脱因循守旧的思维习惯，不依赖别人的判断做事情，让“金点子”在脑中激荡。

要想成为一个批判性思考者，应该具有活跃的、充满活力的思维。一般来说，应该从以下几个方面进行努力：

（1）宽容

在讨论中，认真听取每一种观点，对每一种观点都给予认真和公平的评价。

（2）有学识

创新不是“天外飞仙”，它一定要建立在事实和知识互动的基础之上。

（3）思维活跃

积极主动地运用智力思考来面对问题，迎接挑战，而不是简单、被动地应付局面。

（4）好奇

对问题喜欢刨根问底，深钻细研，而不是满足于蜻蜓点水。

（5）独立思考

不怕与别人的观点不一致，认真地分析，而不是不加批判地从众。

（6）善于讨论

能以一种有条理和理智的方式对他人和自己的看法展开讨论，即使大家对某些问题的看法有分歧，也能认真地听取他人不同的意见，并在深思熟虑的基础上谈自己的看法。

（7）有创造性

能打破思考的常规，以创新的方式解决问题。

（8）热情

强烈地渴望了解和认识问题，总是努力把问题搞深搞透。

3. 不做经验和常规的“奴隶”

妨碍创新思维发挥的最大敌人是墨守成规、思想僵化。心理学的相关实验表明：一个人的创新能力在成长的过程中会逐渐被抑制。也就是说，随着我们年龄的增长，我们越来越多地接受了“应该”和“必须”的条条框框，而使得创新能力不能得以有效发挥。

人们在一定的环境中工作和生活，久之会形成一种固定的思维模式，这就是思维定式，它是创新思维的大敌。一般人遇到新问题时，常会与以往的经验相比较：用以前学到的知识如何解决此问题？在原有经验的基础上，寻找解决该问题的办法，不愿意去探索其他更佳的方法。长此以往，思想也便更加僵化。

因此，遇到新情况、新问题，请不要按照经验和常规去思考，换个位置、换个角度、换个思路，也许我们就能开创一番新天地。

第八章 大学生择业技能提升

第一节 大学生职业信息

一、职业信息的内容

（一）职业名称

本人的目标职业的规范性称谓，例如：律师助理或网页设计。

（二）职业行业信息

目标职业所在的行业，行业的发展历史、现状和未来趋势，行业在不同地区间的发展状态（特别关注本人有意向就业地域的行业发展状态），行业人才需求现状分析（专业、学历、能力、经验），目标职业在行业内的薪酬待遇情况。

（三）职业组织信息

目标职业组织的发展历史、现状和未来发展战略，组织在行业内地位，组织所在地域行业发展态势，组织结构，组织文化，组织最高管理者的基本情况。

（四）职业岗位信息

岗位所在部门及其职责，岗位职责和工作内容，岗位员工的任职要求和胜任条件，工作标准和工作制度，岗位的薪酬制度，岗位的职业上升路径，岗位工作人员的工作状态和职业体验。

二、职业信息的收集

就业竞争不仅是实力的竞争，也是信息的竞争。对面临求职择业的毕业生来说，最关键的莫过于能得到更多的就业信息。谁能拥有更多、更有效的就业信息，谁将赢得择业的主动权。就业信息可以分为宏观信息和微观信息。宏观信息包括行业信息、职业信息、企业信息等。掌握这些信息，就可宏观地把握就业方向；微观信息是指某些具体的招聘信息。如用人单位的职位空缺情况、岗位职责、职业发展前景、需求专业、任职条件、福利待遇等，这些信息是毕业生必须收集的具体材料。

毕业生必须积极主动掌握足够的就业信息，应根据自己的实际情况和需求，对收集到的原始就业信息进行去粗取精、去伪存真，有目的、有针对性地加以筛选处理，使获得的信息更具准确性、全面性和有效性，如此才能拓宽视野，顺利就业的把握性才越大。

（一）职业信息收集的渠道

就业信息多种多样，收集的渠道也各有不同。一般来说，大学生收集社会需求信息的主要渠道有：

1. 各高校的毕业生就业主管部门

就业指导中心是学校对毕业生提供就业政策咨询和开展就业指导工作的职能部门。多年来，他们与各用人单位保持着密切的、长期的工作联系，掌握着很多用人单位的资料介绍和社会需求信息。各地举办“双选”活动的信息、有关用人单位简介材料及需求信息等，一般都能及时掌握。在长期合作的实践中与用人单位已经形成了稳定而可靠的供需信息网络，他们提供的信息一般都具有较强的针对性和可靠性，是毕业生获取社会需求信息的主要渠道之一。

2. 各级、各类供需见面会

供需见面会有多种形式，如学校举办的专场招聘会、各地有关主管部门组织的大型毕业生双向选择洽谈会、网络招聘会以及专场人才招聘会等。毕业生将直接面对用人单位，通过彼此的交流，进一步获得更为丰富和全面的信息。

3. 报纸、杂志、广播、电视等传播媒体

当前，各新闻媒介普遍关注毕业生就业，每年毕业季都会有大量关于大学生就业的信息，包括就业政策、行业现状、职业前景、人才需求等方面的报道和分析。有的用人单位通过新闻媒介，介绍企业现状、发展前景及人才需求，宣传和刊登自己的招聘广告。

4. 各种社会关系

社会关系网也是获得准确、可靠信息的一个重要渠道。毕业生在寻找就业信息的时候千万不要忘记你周围的亲戚、老师、校友、朋友以及朋友的朋友，他们对自己所处的行业或行业内单位的情况比较熟悉，同时对毕业生也有一定的了解，也许他们会给你提供一些不易得到的社会需求信息。

5. 互联网上获取需求信息

通过网络求职是近年来在大学毕业生中比较流行的、新兴的信息收集途径。不少毕业生在网上的人才信息库里储存个人的基本情况和有关资料，以供用人单位查询。这种途径往往可以立竿见影，有些用人单位在网上查阅了毕业生的有关资料后，很快就会与其进行联系。相信在不久以后，网上求职和择业将会成为个人择业的重要途径。

除此之外，毕业生还可以通过毕业实习或社会实践等机会广泛地接触社会，通过多种途径和方法收集社会需求信息。

2. 职业信息收集的步骤

第一步：清晰界定意向职业的名称；

第二步：收集不同行业、不同组织相同职位的招聘信息；

第三步：对第二步采集的信息进行比对分析；

第四步：明确目标职业岗位的一般要求和个性要求；

第五步：了解目标职业进一步的有效信息。

第二节 求职礼仪

求职礼仪，是指求职者在求职面试中所要了解和应用的相关准则与规范，以便面试时能从容不迫地展示自己的与众不同，从而脱颖而出，取得满意的工作岗位。

一、求职礼仪的意义

求职礼仪是个人礼仪在求职过程中的具体体现，是求职者在与招聘单位接触时应具备的礼貌行为和仪表形态规范，是求职应聘时必须掌握、必须应用的交际规则。

求职礼仪是一种非常重要的素质，它往往体现于求职者的应聘资料、语言、仪态举止、仪表着装等方面，是求职者整体素质的一个重要表现，对于能否实现求职者的意愿、能否被理想单位录用起着重要作用。求职礼仪要求求职者重视自身仪表仪态规范，重视求职前的必要准备，大学生们必须懂得基本的求职礼仪规范，知道如何利用求职礼仪，在求职面试中正确应用求职礼仪，才能在短暂时间里充分展示自己的优秀素养，并能顺利通过面试找到理想工作，最终实现自己人生的真正价值。

二、求职礼仪原则

（一）整洁得体

整洁得体原则，指求职者在仪表服饰方面的要求。求职者无须刻意着装，整洁得体就好；也不要刻意化妆，造型简单即可。男生展示阳刚之气，女生显示端庄之美，塑造青春形象。

（二）从容自信

从容自信原则，是指求职者的表情和举止自然适当。求职者的眼神、坐姿、握手动作等仪态会影响评委判断。面试前充分准备，面试中才能表现出从容自信，有条不紊地展示自我形象。举止得体，仪态自然，与面试官适当交流眼神，从容自信、阳光健康的仪表仪态会为求职增光添彩。

（三）准时守约

大学生求职时应注意准时守约，最好提前 5 ~ 10 分钟到达面试地点，这样既可以提前熟悉公司环境，也可以找到确切的面试场所，还能调整一下情绪，避免心情慌乱地开始面试。时间观念非常重要，面试迟到是求职大忌。

三、求职礼仪策略的应用

（一）面试前的礼仪应用策略

仪容，是指一个人的外貌。仪容美就是内在美、自然美、修饰美这 3 个方面的统一。内在美和自然美一时难以改变，而修饰美却可以在面试前根据自己的外貌、体型及气质，适宜地进行形象塑造，主要体现在对发型、面容进行修饰。发型极饰，是指求职者根据自己的年龄、脸型、身材、服装等对头发进行打理，要适合应聘职业要求，展现干练清新形象。

着装，能体现一个人的文化修养和审美情趣。大学生在求职面试时着装是很重要的。就着装的基本礼仪来说，要考虑整体性和个体性，还需注意文明得体。面试时着装一定要庄重规范，符合应聘单位和职位的要求。

无论是第一次向社会求职的大学毕业生，还是已经工作一段时间的再次求职者，当带上求职书去某个用人单位求职时，特别是去参加面试这一关键时刻，一定要注意自己的仪表风度，这里主要是指穿着得体，稳重大方，适当化妆，仪表整洁。

男士可穿的服装有以下几种：

一是西装。穿西装要在合适的季节，如在春季和秋季。若家庭条件允许，可准备一套得体的西装以备不时之需。

二是休闲装。这种休闲装适合青年人求职面试时穿用。但要注意颜色应稳重些。颜色不可过于鲜艳刺激，那样恰恰缺少稳重感。

三是牛仔服。可穿单件牛仔裤，也可穿牛仔套装，但不可穿有特殊结构的牛仔服，如牛仔裤是膝盖处制作成破洞状的，裤脚处带有长线飞边的。

四是衬衫和裤子搭配。这是夏季男士最常见的服饰。衬衫有长袖与半袖之分。若穿长袖衬衫，在求职面试时，要扣上袖扣子，切不可将长袖卷起。若觉得天气很热，可穿半袖衬衫，不可长袖短穿，不伦不类，很不雅观。欧美的一些国家的上班族男士，若在办公室里，可以脱下西服上衣，只穿长袖衬衫，但必须打领带，长袖不可卷起。若穿半袖衫，也要求打领带。在仪表方面，男士通常不必化妆，但要注意修剪头发和胡须，脸部要刮干净，切不可留胡子、蓄怪发。

女士可穿的服装有以下几种：

一是西服套装。这种西服套装是上衣加套裙。同样是按季节穿用。还要看家庭是否有实力购买，如果不便购置可穿其他服装，不必非穿西服套装不可。

二是连衣裙。春夏季女士穿连衣裙显得轻松漂亮。但颜色不要过于鲜艳，以略显素雅一些为好，既美观又稳重。

三是休闲装。

四是牛仔服。通常是穿牛仔套装，但切忌不可穿袒露腰腹的牛仔套装，牛仔裤也不可是膝盖处故意制成破洞的，这样很不严肃。

女生求职面试时不宜穿的服装有以下几种：

一是紧身衫。这种紧身衫过于性感，当与用人单位领导或人事部门人员谈话时，有刺激招引之嫌。

二是旗袍。虽然中国的旗袍是最能显露东方女性美的服饰，但由于其面料考究、色彩艳丽、雍容华贵等特点，年轻的女大学生穿此旗袍给人以奢华之感。故不适于在求职面试的场合穿用。

三是吊带裙。这种吊带裙过于袒露胸、背、臂部，过于性感，更不宜穿用在求职面试场合。

另外，女生求职面试时可以化淡妆，切不可浓妆艳抹。

心理准备，首先，充分了解自己的实力，同时要有竞争意识、顽强意志、抗挫折能力，做好经历多次面试失败的准备，不要因为一次失败而丧失信心，要相信自己，经过努力总会有收获；其次，客观分析自身优缺点，在巧妙避开自己缺点的同时，最大限度地发扬自己的优点，在心理上战胜自己，相信自己会做到最好。

其他准备，首先是简历、相关证书及复印件等材料的准备，制作精良的简历会成为求职者应聘的敲门砖，材料要有选择性和针对性，且真实准确；其次是对应聘单位作提前了解，要充分了解应聘单位的基本信息，如规模、发展潜力及工作职位的需求等情况，适时调整求职战略和面试中的应用策略。

（二）面试过程中的礼仪应用策略

进门：入室敲门要注意以食指连续敲击 3 次的方式，敲的力度要合适，静待回音。听到对方回应时推门进入顺带关上，双手递上简历等材料，得到应允后入座。

仪态：是指大学生求职者站、坐、握手等姿态的礼仪。仪态礼仪是传递一个人思想和感情的重要媒介，体态语言在人际沟通方面具有独特价值。男生站时，身体挺直，平视前方，膝盖并拢，双脚呈“V”字形分开，双手放于身体两侧自然下垂；坐时腰背挺直，平视前方，两腿分开但不宜超过肩宽，双手分别放于左右膝盖上。女生站时，双脚要呈“V”字形分开，膝与脚后跟尽量靠拢，或者一只脚略前一只脚略后，前脚的脚后跟稍稍向后脚的脚背靠拢，后腿的膝盖向前腿靠拢；根据实际情况，适时调整身体姿态，展现自然美；坐时上身自然挺直，目视前方，两腿并拢，两脚同时置于一侧，两手交叠放在左腿或右腿上；也可两腿并拢，两脚交叉放于身体一侧，保持身体平稳、优雅大方。

握手：握手也是人际交往的一种常见礼仪，进门后主动与招聘人员握手表示友好，握手力度以不轻不重、适度为宜，神情专注，面带微笑，并有恰当的言语交流。

自我介绍：首先，要向面试官表示感谢，感谢他们给予的面试机会；其次，根据招聘方要求组织语言，一般包括姓名、年龄、学历、学业情况、特长工作、能力和经验等要素，要把自己与所求职位相适合的优点和特长展示出来，突出自己的专业素养。重点介绍与所求职位相匹配的方面，注意详略得当，简明扼要，不要过于夸耀或过于谦虚，适当客观地评价、有创意地展现自己在所求职位方面具有的才华。

语言：面试场上，语言表达艺术标志着求者职的成熟程度和综合素养。对求职应试者来说，掌握语言表达的技巧无疑是重要的。

第三节 优秀的面试表现

一、了解面试

（一）面试的特点

面试，就是面试官“用合适的方法向合适的对象了解合适的信息”的过程，这里面包括三个“合适”。

第一，合适的方法，就是考察手段。考察手段大体上可以分为直接手段与间接手段。直接手段是指通过面试官与应聘者的直接接触来考评应聘者素质的方法，包括笔试、面试、简历、测评等，是企业招聘中最常用的手段；间接手段是指可以帮助面试官从侧面了解应聘者素质能力的方法，一般包括第三方评价、介绍信等，一般很少使用，取信度不高。

第二，合适的对象，就是具备合适的知识、技能、态度和行为等胜任素质的应聘者人选。

第三，合适的信息，与职位要求相一致的应聘者素质信息包括知识、技能、态度和行为四个方面。面试过程中，面试官主要参照每个职位的任职要求，对应聘者进行针对性的素质考察，试图发现应聘者是否完全具备胜任该职位的素质，并最终确定人选。

招聘之前，招聘单位首先要对招聘职位进行“工作分析”，每个职位都有具体的工作内容，每项工作需要一定的素质支撑才能完成，综合所有的工作任务所对应的素质要求就构成了胜任该职位的“素质体系”，通过合理的规范与固化，就形成了该职位的“胜任素质模型”——这就是所有面试的秘密所在。

在招聘中，面试官将“胜任特征”定义为：能将优秀与平凡的应聘者区分开来的个人深层次特征，包括某领域知识、行为技能，以及自我形象、特质、态度、价值观、认知或动机等。胜任一个职位大致需要四个方面的素质：一是知识，包括岗位所需要的专业知识、管理知识、行业知识等；二是技能，包括岗位工作技能、沟通技能、管理技能等；三是态度，包括自我认知与定位、个性、价值观、动机等；四是行为，包括面对任务所做出的反应、行为倾向、努力程度等。现在换个角度，从应聘者的角度来理解“员工胜任素质”：一是知识，就是对岗位所要求的知识了不了解，如果了解，了解得有多深；二是技能，就是会不会，如果会，能熟练到什么程度；三是态度，就是愿不愿意，是不是发自内心的；四是行为，就是做得怎么样，能不能达成目标。

很多情况下，我们习惯把“知识与技能”归纳为“智商”，而把“态度与行为”归纳为“情商”。面试中，招聘单位越来越重视对应聘者“情商”的考察，因为“态度决定一切”，一个有良好知识与技能修养的员工如果没有“工作态度”，不可能做出好的成绩，相反，一个缺少必要的工作技能与知识但有强烈工作意愿的员工，反而能得到赏识，因为技能与知识可以培养，而态度与行为很难改变，这也是为什么在很多企业的面试中会碰到性格测试的原因。

（二）面试的形式

根据面试的标准化程度可分为结构化面试、非结构化面试、半结构化面试。结构化面试又称为规范化面试，是依照预先确定的题目、程序和评分标准进行的面试，要求做到程序的结构化、题目的结构化和评分标准的结构化。

通常，面试的形式有很多种，在实际实施过程中，大多数企业往往采用不同的组织形式和测试方法。下面介绍几种常见的面试形式供大家了解。

1. 行为面试

行为面试法是目前最受企业欢迎的一种行为回顾式面试方法。它结合了关键事例法的访谈方式，通过让应聘者回忆过去一段时间内感到最有成就感或挫折感的关键事例，来考察应聘者的职位胜任能力。这种面试方法认为“能从一个人的过去看到他的未来”。面试中，面试官通过两种方法来获得这样的关键事例：一是从应聘者的简历中获得，二是直接向应聘者提出举例的问题。在面试官眼里，关键事件应该是个完整的故事，即要符合“STAR”原则：“S”代表情境（Situation），故事是在什么样的背景下发生的；“T”代表任务（Task），就是要做一件什么样的事情；“A”代表行动（Action），为完成任务采取了什么样的行动；“R”代表结果（Result），任务最后完成得如何，取得了什么成果。一对一面试和多对一面试是最主要的行为面试形式。大多数用人单位都习惯使用一对一面试形式，即由一名主考官和一名应聘者，在指定的面试地点进行一对一的、面对面的交谈。一对一面试又有两种类型：一是只有一位主考官负责整个面试过程；二是由多位主考官参加整个面试过程，但每次均只与一位应试者交谈，公务员面试大多属于这种形式。主要测试重点在于对应聘人员的基本素质和工作能力进行判断。

多对一面试也是用人单位进行面试非常常见的一种形式。通常由两至三位面试官组成面试小组，有的企业甚至多达 5 位面试官，对一个求职者进行面试。面试期间不同的主考官可以就各自感兴趣的问题，对面试者进行提问，也可以就一个问题，由不同的主考官，从不同的侧面反复提问。测试的重点，是对应聘者的综合能力以及个人特性进行判断。

对用人单位来说，行为面试主要考察应聘者以下重要素质：

（1）诚信

通过行为面试可以考察应聘者是否在简历以及谈话中撒谎，目前大量的虚假简历让招聘单位非常头痛。

（2）经验

应聘者在过去的经历中是否获得了胜任工作的经验，如果仅仅是“经历”就无法满足职位要求。

（3）知识与技能

通过行为面试，考察应聘者是否具备应有的知识与技能。

（4）角色

在过去的事件中，应聘者是充当领导者还是普通成员，如何评价自己的角色及成绩。

（5）心态

应聘者在过去是如何对待工作的，以及怎样看待错误等。

（6）创新

应聘者在过去的经历中有无突出的创新意识，以及创新成果。

（7）沟通

在过去的事件中，面对冲突，应聘者是否具备良好的沟通协调能力。

面试官提出的每个问题都有深刻的意义，应聘者在此关中要确保自己所说、所写的能够经得住推敲。行为面试中，细节至关重要。经验在面试官的眼里是考察应聘者的关键线索，通过对经验的考察，可以知道应聘者经验的真假、实践的深浅等。行为面试给应聘者的直接启示就是：不要撒谎，不要夸大，不要滥竽充数，如果应聘者没有某种实际的经验，最好不要出现在简历中，以免被发现后降低面试官对你的评价。

2. 压力面试

压力面试是指面试官有意通过一些手段，如场面、语气、问题、任务等，制造紧张气氛，以了解求职者将如何面对工作压力，来考察应聘者对压力的承受能力、应变能力、情绪控制能力及人际关系能力。

压力面试中，应聘者经常会碰到以下类型的面试问题：

（1）任务型

面试官突然交给应聘者一项陌生的任务，或者是一项无法完成的任务，来考察应聘者的态度、学习能力、责任心、思维能力等。

（2）环境型

面试官从面试一开始就把面试气氛搞得很严肃，看应聘者是否具有良好的人际关系能力，以缓和气氛，或者在这样的气氛中是否仍然有出色的表现。

（3）质疑型

面试官对应聘者使劲“泼冷水”，甚至完全否定应聘者，看应聘者能否有勇气与信心对面试官的质疑做出合理的解释。

（4）追问型

面试官就某个问题向应聘者提出一连串的问题，不断追问，直至其无法回答，以考察应聘者的反应能力。

（5）陷阱型

面试官突然提出一些没有标准答案的问题，考察应聘者的思维惯性，有的应聘者会在未经仔细思考的情况下轻易做出回答。

面对压力测试，没有丰富面试经验的应聘者就会怯场，要么消极对待，要么放弃。其实大多数情况下压力面试是一场智力游戏，没有对错之分。只要沉着冷静，不被面试官所吓倒，随机应变，就能顺利过关。需要特别注意的是，对压力测试题的回答，除了要自信外，还要坚持自己的观点，如果因为面试官的反问就轻易改变自己的立场，就等于告诉对方你是一个没有主见、缺乏思考的人。

3. 情景面试

情景面试又叫情景模拟面试或情景性面试等，是目前最流行的面试方法之一。在情景性面试中，面试题目主要是一些情景性的问题，即给定一个情景，看应聘者在特定的情景中是如何反应的。在情景性面试中，主要是问一些与应聘者过去的工作经验有关的问题。它最主要的特点就是把应聘者置身于最逼真的实际或模拟环境中，看他们在这个环境中的真实反应，以了解应聘者最真实的素质状况。

应聘者在面试中经常会碰到以下情景：

（1）现场型

在面试现场，面试官故意设计一些小环节，来考察应聘者的生活、价值观、行为等方面的品质，如废纸、电梯、时间等都可能构成情景面试题。

（2）礼仪型

不同的企业对衣着、礼仪等有不同的要求，面试官通过应聘者在面试过程中的言行举止、衣着礼仪等来考察应聘者的个人修养。

（3）假设型。面试官经常会问一些假设性的问题，把应聘者置身于一个陌生或者尴尬的情景之中，来考察应聘者的道德、价值观、反应能力等。

（4）任务型

面试中，面试官会给应聘者一个复杂的任务，让一个或者多个应聘者在规定的时间内去完成，这是情景面试最精彩的地方，HR 把它叫作“无领导小组”，主要考察应聘者的语言表达能力、问题分析与解决能力、决策能力、团队合作能力、沟通协调能力、领导能力等。

情景面试是一种开放、自由的面试方式，做出什么样的答案全在于应聘者的个人修养，但是什么样的答案能被面试官看中，那就看应聘者在面试中所表现出来的素质是否与所应聘职位相一致。在情景面试中，细节具有很重要的作用，对应聘者的直接启示就是：除了学一身本领之外，还要注意个人内心世界的修养。当然，应聘者大可不必为应付情景面试而“草木皆兵”，你的内心是什么样的，你的行动会再现出来。

4. 集体面试

集体面试又叫小组面试，指多位面试官同时面试多位求职者的情况。在面试期间，面试官各自根据事前分工，无顺序地对应聘者进行测试。其目的是通过对于应聘同一职位的人员同时进行面试，通过求职者的经历、谈吐以及一些相关问题来衡量其职业素养；同时也考察求职者的沟通能力、协调能力、洞察与把握环境的能力、语言表达能力和领导能力等，更容易比较出各自的长处及不足，也更容易了解面试者处于竞争和无序状态下的心理素质。在集体面试中，无领导小组讨论是最常见的一种集体面试法。通常要求应试者做小组讨论，相互协作解决某一问题，或者让应试者轮流担任领导主持会议、发表演说等。

5. 无领导小组讨论面试

是情景面试中任务型面试的一种，一般是面试到最后阶段，招聘单位通过对应聘者进行集体面试，达到优中选优的目的。主要形式是面试官将一定数目的考生分成一组，要求他们在一段时间内围绕一个问题或者任务进行讨论。讨论的过程由应聘者自行安排、组织，不指定小组领导，也不指定座位次序，最后小组要将讨论的结果向面试官陈述。面试官通过观察每个应聘者在团队中的语言及非语言行为来评价并做出选择。

无领导小组讨论面试运用松散的群体讨论方式，快速诱发应聘者的特定行为，并通过对这些行为的定量分析，以及与其他应聘者的表现进行比较，来判断每个应聘者的胜任能力水平。它主要用来考察应聘者的问题分析与解决能力、决策能力、组织与合作能力、沟通协调能力、领导能力、语言表达能力、自我控制能力、反应能力、思维灵活性、自信度等，多应用于中、高级员工的选拔上，一些企业也用它来选拔基层员工。

无领导小组讨论面试的试题主要有以下几种类型：

（1）开放式问题

面试官提供的也许不是一个问题，而是一个引子，凭借这个引子，应聘者要做发散性的讨论，涉及的知识面可能很广。主要考察应聘者思考问题的全面性、思路的条理性、是否有新的观点和见解等。如：今天上班堵车了，怎么办？

（2）困境问题

面试官提出的问题涉及一些非常困难的选择，无论做什么样的选择都有利弊，可谓进退两难，但应聘者必须做出选择。主要考察应聘者的分析能力、语言表达能力、说服力及权衡能力等。如：客户向你索取回扣怎么办？

（3）操作性问题

面试官为应聘者准备一些材料、工具或者道具，要求他们用这些材料搭建出指定的建筑模型，并要求他们做出相关说明，这种问题主要用来考察应聘者的合作能力、动手能力及参与的积极性等。

（4）角色扮演

面试官给定一个任务，要求指派一个领导者领导其他成员在规定的时间内按照既定的目标完成任务，领导者由小组的成员轮流担任。这种方式主要用来考察应聘者的领导能力、问题解决能力、决策能力等。

在无领导小组讨论中，面试官主要通过以下方面来考察应聘者：应聘者参与有效发言的次数；是否提出证据确凿的见解和方案；对自己或者别人的意见是否有原则性的坚持或者反驳；是否善于调节气氛，调解争议，统一意见；是否尊重团队其他成员，言行礼貌；语言表达能力如何，分析、思考、总结能力如何，反应是否敏捷；面试中是否主动积极，善于合作，不刻意争抢角色。因此在无领导小组中，应聘者要想胜出，需要做好两件事情。一是合作：这是一次团队任务，“情景”限制了应聘者的活动范围，因此要求言行不能脱离团队，一切为了完成团队任务而努力。如果一味强调个人的能力，第一个出局的可能就是自己。二是竞争：这是一个竞争的团队，面试官要通过团队其他成员的表现来判断一个应聘者是否更加优秀，更加适合岗位，因此应聘者还需要与其他人竞争，在完成团队任务的基础上，必须比其他人更加出色，否则就是为他人作嫁衣了。

6. 电话面试

区别于传统的面试，电话面试不需要 HR 约见求职者，所以在面试上可以节省时间，提高招聘效率，特别在筛选大量求职者时，特别灵活适用。在电话面试中，因为没有了肢体语言，也没有纸质证明材料，求职者的口才表达能力显得特别重要。如果空有一身本事但表达不出而被否定了，那是非常可惜的。电话面试一般出现于较大型公司或者求职者离公司较远时，公司的 HR 便会选择首先采用电话面试。电话面试往往是 HR 对求职者的第一印象，对以后能否有第二次面试和笔试都有决定性的作用。但由于电话面试的条件局限性，一般都只会作为初步了解求职者大体情况的工具。

我们可以通过以下几个方面了解电话面试：

（1）使用时机

应聘者距离招聘单位很远，往返不方便；对应聘者基本素质进行测试，以筛选应聘者，减少现场面试压力；在招聘基层员工时经常使用。

（2）测试范围

测试应聘者的语言素质，如发音、表达、逻辑等；了解应聘者的基本情况，如生活、学习、目标规划等；少数情况下会用来进行专业测试。

（3）电话面试官

一般是 HR 招聘专员、助理或者需求部门的经理助理等，少数情况下会是部门经理、主管。

（4）面试难度

这是所有面试环节中难度最小的，因为测试的都是最基本的素质，但也是一道关口，只有打开才能进去。

7. 远程网络视频面试

视频面试是指运用现代先进的网络视频技术，用人单位与求职者足不出户，通过网络互联、视频摄像头和耳麦，以语音、视频、文字的方式进行即时沟通交流的招聘面试行为。视频面试打破了传统现场招聘的模式，节约了人力资源成本，提高了招聘的质量和工作的效率。应聘者通过视频面试也避免了传统面试时因紧张发挥不理想的问题，提升了应聘成功率。

其实，无论是什么样的面试形式，都是围绕考核应聘者的素质是否符合所招聘岗位的要求而展开的。应试者应该去除不安和焦虑，表现出积极和自信，落落大方，表达流畅，只有这样，才能发挥出最佳水平。

二、面试准备

面试是求职过程中的关键环节。我们应该在参加面试之前，调查了解各种与面试有关的信息，认真准备，做到未雨绸缪。

（一）研究你应聘组织所在的行业

面试中，面试官经常会问到一些关于行业背景的问题，目的在于考察应聘者对行业的关注程度。对行业的关注程度侧面反映出应聘者对该行业的兴趣。在人力资源管理者看来，兴趣是提高员工工作稳定性和满意度的关键因素。

因此在做面试准备时，招聘单位所在行业的状况是有必要了解的。这方面的研究内容包括：你所应聘的职业及其所在行业的发展现状和未来趋势，因为一些行业由于社会对产品和服务的需求日益增多而逐渐繁荣，而一些高度自动化和只需要员工机械作业的行业却逐渐走向衰落；你所应聘的组织在行业内的地位及发展前景；这个行业中地位靠前的组织名称及其优势。

（二）研究组织面试的工作单位

你对应聘的单位了解得越多，你在面试中的表现就会越好，你获得工作的机会就会越大。调查公司、部门、岗位、文化和制度是非常关键的，但是在找工作的时候我们经常忽视这一点。对公司缺乏了解可能会使你失去一次机会，尤其当面试官发现你对组织一无所知的情况下。在成功求职者的所有准备中，最重要的是了解自己感兴趣的公司。

你可以通过考察公司的组织图表、企业文化、年度报告和其他文献来确定各公司的不同特点。你也可以通过其他人对公司的描述和评价来更好地了解公司。随着公司的成长，它逐渐发展出更多的功能，所以组织的图表也会变得更加复杂。典型的主要有行政、生产或提供服务、营销、人事和财务等部门。如果在一个小型的公司里，一个人就能行使这些职能，而在大公司里会有数以百计的人服务于这些职能。如果你加入有一定规模的组织，你是否适合呢？在你申请或参加面试之前，首先检查一下组织图表，如试着去了解一下工作的分配、部门或者你所能做的工作和你感兴趣的工作。一旦你通过组织图表确定了自己认为最适合的工作，你就要将精力集中于此，深入调查研究。调研的方法一种是阅读所有你能得到的关于组织的信息；另一种则是要与你所要去的部门的人员通过访谈做进一步的了解。

（三）了解组织文化

每个组织在一代代传承中，逐步形成其独特的价值观、信仰、传统、英雄人物、礼仪和历史。强大的组织文化创造了一系列非正式规则，这种规则指导着行为，使人们有更高的生产力，并能确保雇员对他们的工作更满意。在你对组织进行调查研究时，也许一些信息并不是显而易见的，只有通过阅读一些材料或与组织中的一些人交谈后你才会了解。如果你致力于发现组织文化与你的人格的匹配度，并据此进一步明确求职目标，你就应该坚持调查。

当你确定了几家比较感兴趣的单位后，你需要对他们有更进一步的了解，以便最终选择一家满意的单位。在进行调查时，可以调查以下内容：组织结构、生产的商品或提供的服务、组织的文化或部门的亚文化、组织中员工的类型、需要解决和确定的问题、做决定的方式、晋升和提职的政策、工资的结构和薪水的范围、在该行业中的地位、发展的前景、员工的道德观、教育和培训的机会、特殊的要求等。

三、面试技巧

面试是一个双向沟通的过程，语言沟通技巧非常重要。

（一）回答问题的技巧

假设你正在自己最想从事的备选职业中寻找就业机会，写下你的职业选择，正在寻找的特定职位以及你将要去面试的工作组织的类型。面试官常问的以下问题，你将怎样回答？对每个面试问题，记录下出现在你脑海里的最初答案。

第一，为什么你想把这份职业当作你的事业？

第二，为什么你对为我们公司（组织）工作感兴趣？

第三，我们为什么要雇用你？你能为我们做什么？

第四，你想和什么样的人一起工作？

第五，你认为这份工作的薪资水平应该如何？

第六，关于我们的组织你想要知道些什么？你有问题要问我们吗？

回答完以上问题，看着答案并问自己：“如果我就是用人单位，我会录用自己吗？为什么？”

这六类问题可能会以不同的形式出现在大部分面试中。我们对每个问题的解读将集中在你如何回答，从哪里可以找到与问题答案有关的信息，以及用人单位为什么要问这些问题。

1. 为什么你想把这份职业当作事业

回答这个问题，可以谈谈你的职业兴趣、工作价值观以及职业目标。重点可以阐述蕴含在职业目标中的兴趣和价值观，它们可以表明你的成就动机。面试官喜欢听求职者说他们对这份工作感兴趣，并认为这份工作非常有价值。为使你的回答适合你正在求职的单位，建议你打电话到相同领域的另一家公司，请求与正在从事该岗位工作的员工进行交谈，问问这份工作是什么样的，日常都做些什么，与其他岗位或部门是怎么配合的，以及她或他为什么喜欢这份工作。有了这些信息，你会对自己即将从事的工作有更深刻的了解。

2. 为什么你对我们单位的工作感兴趣

回答这个问题，你需要事先花时间和精力来调查这个单位。你可以说说自己对该单位的一些特色感兴趣，谈谈自己与企业文化一致的价值观。用人单位关心你对他们了解多少，你花时间来研究组织的行为说明你对他们有兴趣，你的回答会给大部分面试官留下深刻的印象。提及媒体上公开介绍的用人单位的业绩、荣誉等更能给你的回答“锦上添花”。

3. 我们为什么要雇用你

这个问题需要论述你的技能和专长，以及一两项与工作相关的成绩。你可以强调你的能力和背景如何能满足组织，并且符合这个特定岗位的工作需要。为你提到的能力专长提供一个证明事例，可以把你和竞争对手鲜明地区分开来。用人单位的招聘启事中通常会有岗位职责和任职条件的内容，从中可以获取关于岗位技能的信息。用人单位想知道你的技能和经历对他们起到怎样的帮助作用。一些内行的求职者认为这个问题是最基本的，面试中一定会被问到。

4. 你想和什么样的人一起工作

这个问题可能被这样提问："你是一个什么样的人？"你可以想到很多用来形容人格特质的词语，比如你在霍兰德职业人格理论中看到的那些。回顾这些材料可以帮助你找到用来描述自己的词语。你可以解释你希望未来工作环境中有这种类型的人，并会和他们融洽地相处。同时，你也希望自己的个性可以很好地适应工作氛围。谁还能对这样的想法有疑义呢？用人单位肯定希望你能较好地适应工作和环境。双方都不希望面对令人烦躁的、难以处理的、使人灰心丧气的个性冲突。

5. 你认为这份工作的薪资水平应该如何

如果没有其他的理由可以说服你在面试之前对用人单位进行调查，关于薪水的问题就是一个充分的理由。面试官通常会问你期望的薪水，因为他们希望知道你需要他们花费多少钱，同时也为筛选求职者收集数据。如果没有做好这个准备，你可能会失去一个工作机会。尽量去了解组织结构图中正好在你的职位之上和之下的那些职位的薪水。在薪水谈判中，你可以从这个大致的范围开始而不会使你要求的薪水过高以至于无人问津，因为报出一个过高的薪水，可能会使你看起来毫无理性和不切实际，报价太低可能会给人一种对自己的价值无法正确把握的感觉。换句话说，既不要表现得贪婪，也不要表现得太容易满足。

如果你在公司提供的资源中无法找到关于薪水的信息，也许你的人际关系可以帮上忙。公司的竞争对手可能提供他们公司中相同或相近职位的薪水标准。记住，不同地区的薪资水平是有区别的。

如果你找不到关于薪水的明确范围，那么请不要在面试中给出一个具体的薪水数字。你可以声称，尽管你想要一份体面的薪水，但你最主要关心的还是做一份自己想做的工作，请求更多的时间全面地考虑薪水的问题，把关于薪水的谈判推迟到你决定接受这份工作而这个单位也决定雇用你时是比较好的做法，这通常需要一次以上的面试。如果你是公司想要的人，那么你就有讨价还价的优势。一旦公司决定雇用你，其将工资往这一工作职位的薪水上限移动的可能性就更大。

6. 关于我们单位你想要知道些什么

当你提问的机会来临之时，通常就是面试快要结束的信号。你对组织的调查做得越详细，就越可能产生一些关于公司的问题，如未来需要承担的职责，如何开展工作，关于工作环境，组织的成长潜力等问题，这些问题会随着你拥有知识的增加而更加明确深入，充分显示出你对应聘单位所做调查的深度。虽然在面试中求职者可以询问薪水、福利等情况，但你不应该从这些问题开始，而是把这类问题放在后面。

用人单位常常通过你的问题考察你是否对单位感兴趣，以及是否拥有了解它的动力。不会提问可能会给人留下你对单位不是真正感兴趣的印象，这对你的求职面试不是一件好事。

7. 介绍你自己

这是所有面试中最基本的问题。这是一个开放式的问题，实际的潜台词是“告诉我一些你简历上没有的信息”。很多面试官认为这是一个很好的破冰问题，是一种可以得到更多内在信息的途径，一般对这个问题的回答会有时间限制。想一想，你会如何回答？你会以介绍你最喜欢的人、天气或你的宠物的方式来回答这个问题吗？

一种应答策略是问面试官更具体的问题。你可以问：“您对我的哪些背景信息最感兴趣？”如果面试官仍然没有给出明确的指向，你可以介绍自己具有的该职位要求的能力和资格，也可以讲讲曾经取得的成绩，还可以是你对单位要求的准备情况。总而言之，避免给出和工作要求的能力不相关的个人信息。另一种应答策略就是直接表达你对工作的渴望和热情，以及你的价值观将如何激励自己出色地完成工作。同时，这个问题给了你一个很好的机会，你可以把面试官的注意力引导到自己擅长的领域。

8. 你的缺点是什么

你没有理由主动谈及你的缺点，但是如果你被要求说出缺点，则承认自己对这些缺点负有责任，解释你也从中得到了教训，并表明会努力改进或者强调已经改进的程度。不要总为你的缺点找理由，这样做无助于提高你的面试成绩。如果可能，讨论一下与现在工作无关的缺点，或者使你的缺点得到面试官的认同。切记不要突出真正能力方面的缺点，也不要急切地说你没有缺点，那样你只会被认定为不诚实。如果必须讨论你的缺点，解释你将如何分步克服，并且说明它们不会对你的工作绩效产生重大影响。

9. 描述一些你在以往的工作或学习中遇到的最困难的问题

面试官试图通过这个问题考察你是如何真正处理问题或者做决策的。第一，你可以承认这是一个问题，并愿意解决它；第二，说明你研究了当时问题发生的环境；第三，强调根据自己的判断，你有能力解决它；第四，你想出解决问题的几个方案；第五，你所进行的SWOT分析（优劣势分析）；第六，做出决策；第七，实施计划，提供实际的解决办法；第四，评价效果。这样的一个应答模式可以应用到很多场合。

10. 凭你所受的教育或经验，为什么不试图获得更高的薪水

这是一个压力面试的问题，毫无疑问，它给了你一个阐述金钱不是你唯一工作动机的机会。如果你真正相信非经济的价值观和兴趣是你工作的动力，就强调这一点。你可以表明你真的非常喜欢这份工作，因此愿意牺牲一些薪水而得到事业的满足。但是，如果你面试的目的是希望权衡自己的价值观和公司可能提供的薪水，那么你可以简要概述你的教育背景和工作经验，然后问面

试官你这样的人应该拿多少薪水。这样面试官的回答可能会启动薪酬谈判，你要事先做好准备。

11. 描述你希望成功却失败的一些事情

失败是很多人难以面对的事情，但是几乎每个人都经历过。没有人相信你从未失败过，以平静的语气叙述你的失败，而不是以防御的心态拒谈失败。回答此类问题的要点是说明我们从失败中学到了什么，并因此而进步。毕竟，从失败中得到的经验远比从成功中得到的经验更多。

12. 你想找什么样的工作，在未来的 5 年时间里，你希望怎么做

面试官想知道，你是否对自己的职业生涯进行了规划。你的回答应该表明你有明确的职业目标，并有长期目标、短期目标和行动计划，同时强调你对职业选择的承诺和留在组织中的意愿。最差的回答是“什么都可以”，这么说的人会被认为是优柔寡断、自信心差或者是冷漠无趣的人。

13. 你和你过去的上级或老板如何相处？或者面对上级对你的批评，你会有何反应

面试官可能会借这个问题发现你的缺点或错误，或者发现你是否可教导。回答这类问题的要点是表明你会认真地听取批评，自我反思。如果上级的建议富有建设性并且以恰当的方式提出，你可以说自己很感谢上司的关心，强调你愿意从错误中学习，并保证改进。即使有正当的理由，也不要批评过去的上级。用人单位总是倾向于认同其他用人单位，即使你对过去的老板极不满意并且认为自己有充分的正当理由，但面试官可能会想：“如果你这样说过去的雇主，以后你也会对我们做相同的事情。”对过去上级不满意的人很可能被认为是潜在的麻烦制造者，所以你只需要提及你尊敬自己过去的老板，并且感谢上级对你的指导和培养。

14. 你为什么辞去上一份工作

面试官往往试图通过这类问题找出你与上一个“东家”之间可能存在的问题，或者录用你可能会给他们造成什么麻烦。你可以为辞职找到很多恰当的理由，比如：正在申请的工作有更大的挑战性，或者比前一个工作地点更方便，可以减少交通时间，再或者这份工作对你的职业发展更好。其他可信的理由包括继续深造，或者原有职位可能会消失，等等。基本上，使面试官相信你辞职是为了自身提高，或者为了更加快乐的工作，或是为了工作更有成效。总之，让你辞职的理由正当化，而不是因为曾有可怕的事情发生。

面试问题五花八门，但万变不离其宗，基本上是在基本问题的基础上衍生出来的。虽然对上述问题可以做到事前准备，但是因为每一位面试官和每一场面试都不尽相同，因此所有的问题都没有最终或最佳答案。你的回答应该根据自己对公司、对职位和公司相关工作人员的研究而定。

（二）求职者可以问的问题

在不同的面试形式中，求职者要根据面试的相关情况，适时有选择地提出自己的问题。比如，在招录公务员的结构化面试过程中，一般不会安排求职者提问环节，因此求职者不用提问，只要认真回答面试官提出的问题就可以了。当然在一些要求不太严格的面试过程中，求职者在面试中被评估的同时，也应把面试当作一个交换信息的渠道，适当地提出自己感兴趣或关心的问题，提问的内容因招聘单位或者应聘岗位的不同而变化。因此，在参加面试之前，应事先准备一些问题，

在面试交流过程中，适当地调整和变换提出问题的内容和角度。在面试的开始阶段，可以就工作和工作性质提出相应的问题，切忌在面试过程中首先提到工资报酬方面的问题。如果你一开始即询问报酬、利益和职位，面试官会认为你是一个思维狭窄、以自我为中心的人。

询问用人单位是做什么的，这是一个“毁灭性”的问题，你很容易为此失去工作的机会，因为你没有事先做好准备。为了表示出你对用人单位的兴趣，你可以问：“你们计划在未来提供怎样的产品或服务？”你也可以问面试官：“你最喜欢贵单位的哪个方面？为什么？”如果回答模糊，那也许表示面试官自己并不是真正喜欢这个单位，这时如果你充满激情的回答可能反而会起到相反的作用。

（三）其他应注意的问题

不要只告诉面试官你的答案，更重要的是要告诉他，你是怎么得出这个答案的。在面试官的眼里，方法永远比答案更重要。

面试中，应聘者切忌一味迎合面试官的观点，否则面试官会认为应聘者没有主见，缺乏创新意识。因此应聘者在回答问题、表达立场时要不卑不亢，善于用迂回的方式表达与面试官有出入的观点，当然前提是自己的观点必须是经得起推敲的。

应聘者在面试中经常会被问到对比性问题。对此类问题的回答要谨慎，首先要承认差距，不要反驳；其次要阐明自己是如何弥补差距的；第三，如果弥补不了差距，就展示自己的可替代优势；第四，如果没有可替代优势，就要表达信心。如果什么都不做，就等于承认差距，就会失去这个工作机会。

回答面试官问题时，要注意思考，在没有完全了解情况前不要轻易地下结论，一旦下了结论，就要有充分的证据来证明，不能武断，回答任何问题都要条理清晰。

面试官经常会问应聘者一些能让人不假思索就做出回答的常识性问题。往往这些问题包含着先入为主的思想陷阱，目的在于考察应聘者的思维特征是感性的还是理性的。应聘者对这样的问题要保持警惕，以免“上当”。

在面试结束后，要向面试现场所有的面试官和工作人员表示感谢。感谢用人单位给自己面试的机会，感谢面试官给自己展示的机会，感谢工作人员提供的服务。为了加深面试官对自己的印象，增加求职面试的成功率，在面试后的两三天内可以给该单位负责招聘的部门领导和工作人员写一封感谢信。在实际的面试过程中，也有人因为向应聘单位写了感谢信而被录用。感谢信也许只花你三分钟的时间，而这短短的三分钟说不定会让你获得录用。当然，感谢信应简洁一些，最好不要超过一页纸。信中可以提及自己的姓名、简单的情况及面试时间，并对招聘人员表示自己的感谢。信的结尾还可以表达自己的信心，以及对工作人员或单位发展的祝福。

面试语言交流固然重要，非言语沟通同样不容忽视。面试时我们需要保持良好的姿态与面试官进行沟通，建议大家采用如下 SOLER 方法：

S（Sit squarely）：端坐，面向他人，背靠椅背，双脚着地，保持良好的姿势；

O（Open position）：开放的姿势，表明一种非防御性的态度；

L（Lean slightly forward）：身体稍微前倾 10 度左右，这是一种积极的身体语言；

E（Eye contact）：目光接触，在面试的大多数时间里要直视面试官，但目光不要过于犀利、冷漠；

R（Remain relatively relaxed）：保持相对放松，不要紧张或坐立不安，也不要有过分夸张的面部表情，而是自然地交流。

目光接触是非语言行为的重要部分，这需要从面试开始时就建立起来。无论何时，只要面试官说话，都直视他（她）。在你说话时，短时间的目光游离是可以的，但是在你回答完一个问题或陈述完一件事后，继续保持目光接触。人们往往根据目光接触情况来做结论。眼睛不看面试官表示你有所隐瞒，或者对他们不满；而与面试官目光接触则表明你赞同他们说的话。谈话时目光游离表明你不够自信，而看着面试官讲话，说明对自己说的话有信心。切记不要过度进行目光接触，毕竟直盯着面试官的做法既不自然也不礼貌。

第九章 就业权益保护

第一节 认知就业权益正确行使权利

一、毕业生的基本权益

权益是一种法定的利益，是权利与权利的行使而带来的利益之和。大学毕业生是一个特殊的社会群体，当前就业形势十分严峻，企业的用人自主权不断地扩大，由于大学生维权意识淡薄、大学生就业保护的法律法规欠缺等原因，大学生的合法权益受到侵犯的现象也逐渐增多。那么毕业生都享有哪些合法权益呢？

（一）大学毕业生在择业过程中享有的权利

1. 获取就业信息权

及时获取就业信息是毕业生求职择业成功的前提，只有在充分获取信息的基础上，才能结合自身情况选择适合自己的单位及岗位。

毕业生享有的获取就业信息权包括以下三方面的内容。

一是信息公开。即所有就业信息向全体毕业生公开，学校和个人不得隐瞒、截留需求信息。

二是信息及时。即传递给毕业生的信息必须是及时、有效的。

三是信息全面。毕业生有权获得准确全面的就业信息。

2. 接受就业指导权

接受就业指导与服务是每个毕业生享有的权利。自 2008 年 1 月 1 日起实施的《就业服务与就业管理规定》第四章中，有多款条文对公共就业服务机构的就业指导内容做了规定。毕业生应充分利用该权利通过学校就业指导中心、公共就业服务机构获得就业指导，帮助自己早日找到适合的职位。

3. 被推荐的权利

学校就业工作中的一个重要职责就是向用人单位推荐毕业生，毕业生享有被推荐权包含 3 个方面：①如实推荐，即高校推荐毕业生时应实事求是地向用人单位介绍，不能故意贬低或随意拔高毕业生在校的表现；②公正推荐，即学校推荐毕业生时应做到公平、公开、公正，不能厚此薄彼；③优生推荐，即学校根据毕业生在校表现选择推荐优秀的毕业生，激励学生在校努力全面提高各项能力、提高就业竞争力。

4. 自主选择权

根据国家有关规定，高校毕业生在国家就业方针、政策指导下，具有自主选择用人单位的权利。只要符合国家的就业方针政策，毕业生可以自主选择用人单位，学校、其他单位和个人均不得干涉。

5. 公平录用权

根据我国《劳动法》规定，毕业生不分民族、性别、宗教信仰，享有平等的就业权利。用人单位在录用毕业生时应公平、公正，一视同仁。公平录用权是毕业生最需要得到维护的权益。

6. 违约求偿权

毕业生、用人单位、学校三方签订就业协议后，任何一方不得擅自毁约。如果用人单位擅自毁约，毕业生有权要求对方严格履行就业协议，有权要求用人单位进行违约赔偿。

（二）进入职场试用期基本权益

试用期，顾名思义就是劳动关系的试验阶段，试用期是用人单位和劳动者为相互了解、选择而约定的考察期。在这段期间内，用人单位考察员工的工作能力，员工也考察用人单位的情况，是双方互相试用的过程。

试用期劳动者的权益受法律保护，劳动者不能因为试用就放弃了自己的合法权益。在试用期间主要权利有以下几种。

1. 要求用人单位履行就业协议接收毕业生的权利

就业协议书是明确毕业生、用人单位和学校在毕业生就业工作中权利和义务的书面表现形式，是编制毕业生就业计划和对将来可能发生的违约情况进行是非判断的依据，具有法律效力。一经签订就应严格履行，不得无故更改。用人单位必须依照协议书接收毕业生，并为其妥善安排工作岗位，保证毕业生的正常工作。

2. 签订正式的劳动合同的权利

有的用人单位认为，只要不与劳动者签订劳动合同，就可以不受劳动法律的约束，在辞退劳动者时较为便利，并且不必给予经济补偿，于是频繁地炒试用员工就成为他们的一种用工手段。为了达到这些目的，他们往往以试用为名，不与劳动者签订劳动合同，或者只签订一份所谓的试用期合同，许诺等试用合格后再签订正式劳动合同。对此，劳动者应该学会依法维护自己的合法权益。我国《劳动法》第十六条规定：“劳动合同是劳动者与用人单位确立劳动关系、明确双方权利和义务的协议。”“建立劳动关系应当订立劳动合同。”用人单位聘用劳动者后，不签订劳动合同是违反法律的。而许多劳动者不清楚的是，即使没有签订劳动合同，根据《关于贯彻执行〈中华人民共和国劳动法〉若干问题的意见》规定：“中国境内的企业、个体经济组织与劳动者之间，只要形成劳动关系，即劳动者事实上已成为企业、个体经济组织的成员，并为其提供有偿劳动，适用劳动法。”并且，“用人单位与劳动者之间形成了事实劳动关系，而用人单位故意拖延不订立劳动合同，劳动行政部门应予以纠正。用人单位因此给劳动者造成损害的，应按劳动部《违反〈劳动法〉有关劳动合同规定的赔偿办法》的规定进行赔偿。”

3. 获得劳动报酬的权利

在试用期间，由于工作熟练程度、技能水平与其他人相比可能有差距，因此，表现为工资水平上有差距，但只要劳动者在法定工作时间内提供了正常劳动，用人单位就应当支付其工资。

有的用人单位在招工时就声明，试用期不发工资，只有试用期满、双方签订了正式劳动合同后，才有工资或其他借口不付工资，都是违反《劳动法》的。遇到这种情况，当事人可向劳动监察部门反映。试用期间的工资标准与正式上岗后的工资标准相比，一般都比较低，但是低也要有个标准，我国《劳动法》规定：“用人单位支付劳动者的工资不得低于当地最低工资标准。”具体某个工种在当地的最低工资标准数是多少，可到当地劳动保障部门去查询。在这个最低工资标准之上，劳动者与用人单位可以协商确定。

4. 享有社会保险的权利

劳动者在试用期间，与其他劳动合同制职工一样，用人单位应当依法为其办理社会保险手续，为其缴纳社会保险费。社会保险，常说的就是“三险一金”，即退休保险、医疗保险、失业保险、住房公积金。另外在试用期内遭遇工伤的，应要求享受工伤待遇。

5. 享有劳动保护的权利

用人单位应当为其提供必要的劳动防护用品和劳动保护设施。防止事故，减少危害。

6. 解除劳动合同的权利

试用期间，劳动者可以随时通知用人单位解除劳动合同，不需要任何附加条件。用人单位不得要求劳动者支付职业技能培训费用，还应按照劳动者的实际工作天数支付工资。

试用期，企业须有理由退工，员工可无理由走人。我国《劳动法》规定，在试用期内，用人单位必须有证据证明劳动者不符合录用条件时，才能辞退。而员工只要“通知”单位就可以解除劳动合同，无须提供任何理由。合同签订后，用人单位不能随意解除。

（三）就业义务

毕业生在享有国家规定的权利的同时，还必须履行一定的义务。

1. 执行国家就业方针政策的义务

按照国家任务招收的各类毕业生，应服从国家需要，在宏观政策指导下自主择业。

2. 履行特定的义务

如家庭经济困难申领贷学金的学生，毕业后有按期归还贷款的义务。

3. 如实推荐自己的义务

毕业生在填写推荐表、自荐信，向用人单位介绍自己时，必须实事求是，不得弄虚作假。只有如实介绍自己的情况，才能赢得单位的尊重。

4. 履行就业协议的义务

三方就业协议属于我国民法调解的范畴，要求主体之间在履行合约时遵行诚实守信、公平公正的原则，任何一方不得无故违约。毕业生一经签订就业协议，就不能随便违约。只有当约定的解除协议条件成立时或不可抗力作用出现时，毕业生才可以单方解除协议。

5. 按时到工作单位报到的义务

教育部 1997 年颁布的《普通高等学校毕业生就业工作暂行规定》要求，毕业生办理完就业派遣手续后，应持“报到证”按时到单位报到。如自派遣之日起，无正当理由超过 3 个月不到单位报到的，由学校报上级主管部门，不再负责其就业，按社会待业人员处理。

6. 遵守学校有关规定的义务

文明离校，办理相关离校手续，如归还公物、清偿债务等。

二、毕业生如何正确行使就业权利

法律、法规和有关政策规定了毕业生享有多项就业权利，但是毕业生不能滥用权利，必须正确行使这些权利。

（一）毕业生要有履行相应义务的意识

毕业生应当树立责、权、利统一的思想，形成权利义务一致的观念。在就业阶段应该履行以下义务：

1. 回报国家、服务社会的义务

按照“得之于社会、还之于社会、报之于社会”的原则，毕业生理应积极地、有责任地以自己的职业行为，回报国家、社会和家庭，承担起自己应尽的义务。但是有许多高校毕业生看不起经济落后地区，只想在大城市或沿海地区找工作。此外，许多高校毕业生一出校门就梦想得到高薪、高待遇的工作，看不起小企业、小单位，这就与回报祖国、服务社会的义务相差甚远。目前广大基层特别是西部地区、艰苦边远地区和艰苦行业还存在人才匮乏的状况，需要大批人才特别是高校毕业生到这些地方建功立业。

2. 如实介绍自己情况的义务

毕业生求职择业过程中如实向用人单位介绍自己的情况，是诚信做人的基本要求，也是自己应尽的义务。毕业生在填写推荐表、撰写自荐信、向用人单位介绍自己时，必须实事求是，不得弄虚作假，讲优点不要夸张，谈缺点不能回避，有过失不可隐瞒，说成绩不能虚假，以诚相见，只有如实介绍自己的情况，才能获得用人单位的信任。

3. 遵守就业协议的义务

就业协议是明确毕业生、用人单位和学校在毕业生就业工作中权利和义务的书面表现形式，属于意向性协议。就业协议一经毕业生签字，用人单位签字盖章后即具有法律效力，任何一方都不得擅自解除，否则，违约方应向另一方支付协议条款所约定的违约金。但是从实际情况来看，违约多见于毕业生。毕业生违约，往往会产生诸多不良的后果，主要表现在三个方面：损害了签约单位利益，影响了学校信誉，影响了其他毕业生顺利就业。

4. 按时到工作单位报到的义务

《普通高等学校毕业生就业工作暂行规定》要求，毕业生办理完离校手续后，应持“报到证”按时到用人单位报到。如果自离校之日起，无正当理由超过 3 个月不去就业单位报到的，由学校报地方主管毕业生调配部门批准，不再负责其就业。在其向学校缴纳全部培养费或奖（助）学金后，由学校将其户籍关系和档案转至家庭所在地，按社会待业人员处理。

（二）要有正确行使权利的方法

不要超越权利的界限。毕业生在行使与就业有关的权利时，不得超越权利的界限，不得损害他人利益。所谓权利的滥用，是指权利享有者在行使权利的过程中，故意超越权利的界限，造成他人权利的损害，造成国家、社会、集体的利益损害。

（三）不要盲目行使权利

大学生在行使自己的权利之前，必须对自己所享有的权利有一个全面而清醒的认识，以客观理智的心态对待权利的广泛性，而不能主观地将自己的就业权利进行盲目的膨胀和扩张。

三、毕业生如何保障自身权益

毕业生在正式就业之前，通常在两个阶段最易遭受权益侵害。一是在求职应聘时最容易受到侵犯的权利，主要是财产权；二是签署就业协议时容易受到侵害的是就业权利。只要在这两个阶段做好防范措施，就能很好地维护自己的财产权利。

严峻的就业形势刺激了人才市场的火爆，在供需严重不平衡的现实面前，各种骗子乘虚而入，盯上了涉世不深的高校毕业生。

（一）如何在求职应聘中保护自己的权益

1. 早做心理防范

招聘中的各种骗术，究其原因，无非就是利用毕业生的心态。第一是自负心态，觉得自己能力强、身价高，高薪聘任才能体现自己的价值，结果往往落入“高薪”的陷阱。第二是着急心态，毕业生急于找工作的心理让一些不法之徒找到了借机骗财的机会，这些人以报名费、服装费、培训费、证件费等各种名义收取应聘者的费用后便人去楼空。

2. 认真研究协议书中条款内容

毕业生在与用人单位签约前，要认真仔细阅读就业协议书中的全部条款，力求了解条款的内容和含义，如有不清楚的，应向用人单位询问，切忌草率签约。教育部统一格式就业协议书考虑极其周详。

（1）岗位待遇

要明确就业的具体工作部门或岗位，明确工作条件和生活条件。约定最好以文字形式体现，不要仅仅在口头上达成一致。

（2）继续深造、调离

要明确工作以后是否能继续升学以及调离的条件及考取公务员的处理办法等。在协议书上应予以明确。

（3）用人单位的人事权

要了解用人单位有无人事权以及用人单位的隶属关系。无人事权的单位，除了用人单位需在协议书上签字盖章，还必须加盖用人单位上级主管部门的公章，以示同意录用。否则学校将无法将该生列入就业派遣方案。

3. 注意违约条款的合理性及本人的承受能力

毕业生在与用人单位签订就业协议书时，许多内容要靠毕业生与用人单位约定，并且经常会有另附约定条款加以补充的情况。毕业生在与用人单位进行约定时还要注意以下问题：

（1）约定条款是否合理

例如，有的单位在协议中规定，毕业生在单位中要服务多少年，如果毕业生违反约定将赔偿多少；但是却没有写明如果单位违反约定，将赔偿给毕业生多少。

（2）约定条款能否承受

例如，对于违约问题，有的用人单位约定的违约金少则几千，多则上万。这时毕业生应当考虑能否承受，必须慎重签约。

（3）是否有签字盖章

毕业生与用人单位的约定条款，一般是附后补充，必须要有双方的签字盖章，否则当日后发生争议时，由于没有双方签字盖章，导致约定条款没有法律效力。

（4）要把握签订就业协议的时机

在就业洽谈会上，通过双向选择，毕业生确定了用人单位，对方也明确表示录用意愿后，就要抓紧时间与用人单位签订就业协议书。要避免在自荐洽谈时积极主动，而在签约时左顾右盼、瞻前顾后、犹豫不决而使用人单位心存疑虑。

总之，毕业生应本着对自己、对用人单位和学校负责的态度，慎重签订就业协议书。

（二）维护权利的途径

当就业过程中出现一些侵害毕业生权益的行为，可通过以下途径对自身权益实施保护。

1. 行政部门的保护

当毕业生遇到就业权利受到侵犯时，可求助于就业主管部门。就业主管部门通过相应的行政行为来确保毕业生的权益，并对侵犯毕业生权益的行为予以抵制或处理。当毕业生的合法权益（如遇到各项不合理的收费）受到侵害时，应该及时向当地行政部门（如劳动监察部门）投诉，以维护自己的合法权利，或者直接向有权主管用人单位的行政机关，如工商管理局投诉或举报。此外还可以向新闻机构反映情况。

2. 学校的保护

学校对毕业生权益的保护最为直接。学校可通过制订各项措施来规范毕业生就业指导和就业推荐，对于用人单位在录用毕业生过程中的不公平、不公正行为，学校有权予以抵制以维护毕业生的就业权益。高等学校在毕业生签订就业协议过程中应进行监督和指导，对于用人单位与毕业生签订不符合国家有关政策规定的就业协议，学校有权拒签，未经学校审核同意的就业协议不能作为编制就业方案的依据。

3. 毕业生自我保护

（1）毕业生要有法律常识

毕业生应了解目前国家关于毕业生就业的有关方针、政策和规则，熟悉毕业生在就业过程中的权利和义务，这是毕业生权益自我保护的前提。

（2）毕业生应有自律意识

毕业生要自觉遵循有关就业规则，接受其制约，保证自己的就业行为不违反就业规则，不侵犯其他毕业生和用人单位的合法权益。

（3）毕业生要有维权意识

毕业生应学会动用法律手段维护自身的合法权益。正是求职者一次次的忍耐姑息让骗子更加肆意妄为。所以为使自己的权利不受侵害，让不法分子不再加害其他求职者，毕业生一定要拿起法律武器，维护自己的权利。

（4）自我保护的途径

针对侵犯自身就业权益的行为，毕业生应该首先与有关用人单位协商解决。例如，为避免被用人单位以聘用考试为名侵占自己的劳动成果，毕业生可以与用人单位事先讲明版权归属问题（最好是书面约定），一旦发现用人单位有此行为，就要拿出依据与对方据理力争，争取圆满解决；若协商不成，可向签订协议所在地的毕业生就业工作主管部门申请调解；也可依法向有关部门申请仲裁或直接向人民法院提起诉讼。

四、毕业生就业如何维权

毕业生的就业权益保护主要分两个阶段，一个是求职择业过程中（首次就业）的权益保护，另一个是就业上岗后（劳动关系）的权益保护。不同阶段的权益保护有着不同的侧重内容：前者主要集中在就业协议的签订、试用期的纠纷方面，后者主要集中在劳动合同的履行方面。

（一）首次就业维权建议

毕业生在首次就业过程中，一定要时刻保持清醒的头脑，了解和掌握就业方面的知识和政策，并严格按照程序办事，使自己的合法权益能得到充分的保障而不致轻易受到侵害。

1. 端正求职心态

毕业生求职时，往往会出现焦急、浮躁和盲目的心态，直接影响了他们在维护合法权益方面的态度和表现：或为不惜委曲求全；或不敢再“斤斤计较”；或被花言巧语诱骗而轻信对方。虽然不是“一次就业定终身”，但如果首次就业就令权益和身心都受到伤害，则必然会给自己未来的发展带来不小的负面影响。

2. 掌握政策，学习法律

在求职、择业、签约之前，一定要全面了解和掌握毕业生就业政策，做好相关法律法规的知识储备。只有如此，才能在应聘和签约时保持思路清楚和条理明晰，及早识破不法单位故意设下的陷阱；如此，才能懂得如何通过合法的途径和手段解决就业过程中出现的问题，最大限度地保护自己的正当权益。

3. 全面了解用人单位

毕业生享有全面、真实了解用人单位的知情权。签约前，毕业生应该尽量多方面打听、了解用人单位的运作状况、招聘信誉、用人意图、岗位职责以及企业文化等情况。如果有可能，最好去实地考察工作环境，尤其是颇为陌生的单位，未雨绸缪地将未来实际就业中权益受侵害的可能性降至最低。

4. 慎重签订协议

在与用人单位签约时，落笔要慎重，仔细研究就业协议书及其补充协议中的条款，确认合理合法后再签字；重点注意试用期及违约条款的约定；尽量不要在协议书中留下空白条款；对用人单位的口头承诺要尽可能在补充协议中予以书面注明,并明确将来签订劳动合同时对此予以确认。

5. 敢于据“法”力争

如果在求职应聘和签订协议的过程中发现有权益受侵害的不公平现象，不要害怕失去就业机会而忍气吞声，要学会积极运用法律的武器，力争自己的合法权益。缺乏诚信、用心不轨的用人单位不去也罢，否则将来吃亏的还是毕业生自己。加强自身的维权意识，是阻止侵犯毕业生就业权益现象泛滥的根本途径。

6. 借鉴专家意见

如果在首次就业的过程中遇到疑惑和困难，要及时咨询有关专家、老师和家长。毕竟大学生在社会阅历方面还是一片空白，而法律专家的专业视角、学校老师的指导经验，对于毕业生来说不啻为莫大的帮助。此外，往届校友在就业中的经验和教训，也是可供应届毕业生就业维权参考的一笔宝贵财富。

（二）劳动关系维权建议

初涉职场的大学生面对纷繁复杂的社会，在注重调节职业适应的同时，也不要忽略了对自己合法权益的保护，以免给自己职业生涯的发展造成不必要的阻滞和损失。

1. 学习劳动法

我国的劳动合同管理规定，是调整劳动关系、签订劳动合同、解决劳动争议的最基本也是最常用的法律法规，毕业生在实际就业之前应对这些法律常识有所了解。“法盲”是侵权者最为青睐和觊觎的猎取对象。

2. 重视劳动合同

如何签订劳动合同，关系到毕业生在实际就业过程中合法权益能否得到充分的保障。

首先，要及时签订。到单位报到后，毕业生应尽快与用人单位签订劳动合同，使双方的劳动关系能以法律的形式确认，使劳动者的合法权益能得到及时的保护。其次，要逐条细看。对劳动合同的内容，毕业生要仔细分析，权衡利弊，切忌盲目签字。对模糊词句要提出质疑，对不平等条款要敢于指出，对不公平合同要坚决拒签。最后，要保存证据。签订劳动合同后，毕业生也要持有一份合同，作为享受权利、履行义务以及处理劳动争议的依据。

3. 善用救济方式

掌握合法的维权手段是解决合法权益受损最有效的途径。一旦在实际就业中合法权益受到侵犯，应该积极运用法律武器，通过申请调解、仲裁、诉讼等合法途径，维护自己的正当权益。而对于用人单位一般的违规行为或争议不大的问题，劳动者可以先与用人单位协商，也可以向该单位所在的区县劳动保障监察机构举报，让劳动保障监察部门对其进行监督检查和处罚。

如果毕业生在实际就业中遇到劳动保障方面的问题，还可以及时拨打全国统一的劳动保障公益服务专用电话——“12333”，咨询劳动保障的政策，获取有关的信息，更好地维护自己的合法权益。

第二节 就业协议与劳动合同

一、就业协议

（一）高校毕业生就业协议书的主要内容

就业协议书包括毕业生基本情况、用人单位情况、学校意见、对履约的要求和其他补充协议。其他补充协议是毕业生容易忽略的地方。其实，就业协议的条款往往是一些原则性规定，对于毕业生和用人单位之间的具体劳动关系是很难完全加以规范的。毕业生最好在与用人单位充分沟通的前提下，对就业协议的一些关键性细则在补充协议里加以标注，这样做是对自己和单位负责的表现。

（二）毕业生就业协议书的作用

就业协议书是国家为规范高校毕业生就业工作，避免混乱，杜绝就业欺诈行为，维护高校毕业生就业工作的严肃性，维护毕业生、用人单位和学校的合法权益而采取的一项必要措施。

就业协议书具有一定的权威性，它是学校制订就业方案、派遣毕业生、用人单位申请用人指标的主要依据，也是毕业生办理报到、接转行政和户口关系的重要凭据。就业协议书明确了毕业生、用人单位和学校在毕业生就业工作中的权利和义务，对三方都有一定的约束力。协议书一经签署，协议各方须严格履行协议内容。毕业生要保证自己能正常毕业、按时到单位报到；用人单位要按照合法的用人程序接收毕业生，妥善安置毕业生的户口、档案；学校要按照规定程序派遣毕业生。

（三）签订“就业协议书”的法律责任

按照规定，每位毕业生只能与一家用人单位签订就业协议。就业协议明确规定了学校、用人单位及毕业生三方的权利、义务与责任，一经签订即视为生效，不能随意更改。“就业协议书”是学校派遣毕业生的依据。毕业生如果没有签署“就业协议书”，那么毕业生的档案、户口等人事关系都无法直接从学校转到用人单位。所以说，毕业生应按照学校的就业工作程序签署就业协议。毕业生在签订就业协议及其补充条款时一般应着重注意以下方面：

1. 查明用人单位的主体资格是否合法

毕业生签约前，一定要先审查用人单位的主体资格。就毕业生就业协议而言，不管用人单位是国家机关、事业单位还是企业，都应有用人自主权。如果其本身不具有用人自主权，则就业协议必须经其具有用人自主权的上级主管部门批准同意。因此，“毕业生就业协议书”必定是在用人单位已申请接收毕业生人事关系（档案）、户口的指标的情况下签订的。当前社会很多用人单位与毕业生之间的关系是通过劳动合同确立的劳动关系，并没有真正接收毕业生的人事关系。这种情况下，毕业生与用人单位无须签订“毕业生就业协议书”。如果用人单位没有接收毕业生人事档案关系及户口的指标，毕业生及用人单位不应无理要求学校对“毕业生就业协议书”进行鉴定。学校也不会将其列入毕业生派遣计划。

2. 协议条款是否明确合法

协议书的内容是整个协议书的关键部分，毕业生一定要认真检查。首先要检查协议内容是否合法，是否符合国家相关法律和政策；其次要检查双方权利和义务是否合理；最后要检查除协议本身外是否有附件，即补充协议；如有，还应检查其内容。按照《劳动法》《合同法》及相关法律的规定，协议内容至少应具备以下条款：服务期限、工作岗位、工资报酬、福利待遇、协议变更和终止条款、违约责任等。

毕业生与用人单位对有关条款可进行协商，因而毕业生与用人单位在签约时，应尽量采用示范条款。如确要进行变更或增加，内容上必须明确，不要产生歧义，尤其是涉及福利待遇、工作期限、违约责任等。否则一旦发生争议，由于事先约定不明确，不利于毕业生自身合法权益的保护。如无附加条款，应当将协议书中的空白部分删去，注明以下空白。

3. 签订就业协议的程序是否完备

签约程序涉及三个方面。首先，毕业生要签名并写清签字时间；其次，用人单位及其上级主管部门必须加盖单位公章并注明时间，不能用个人签字代替单位公章；最后，毕业生和用人单位签字后需及时将协议书交给学校毕业生就业主管部门一份以继续履行相关手续，从而保证毕业生顺利派遣。

毕业生与用人单位签订协议后再交学校就业工作部门鉴证。签订协议的程序应由学校做最后把关。有些毕业生往往为图方便，自己在协议书上签字后，要求学校先鉴证，再交用人单位签约，而有个别用人单位在协议书上另增有损于毕业生权益的其他条款后再签字盖章，待毕业生与学校知晓时，因三方已签字盖章，协议已生效，只能由毕业生承担不利后果。

4. 违约责任的界定是否明确

追究违约责任是保证协议履行的有效手段。鉴于实践中毕业生及用人单位违约率有所增加的状况，协议书中违约条款的规定就显得更为重要。在协议内容中，应详细表述当事人双方的违约情形及违约后应负的责任，同时还应写明当事人违约后通过何种方式、途径来承担责任。这样才有利于当事人双方履行协议，有利于防止纠纷的发生，也有利于纠纷的解决。

（四）就业协议与劳动合同的关系

1. "就业协议书"具有合同的属性

我国《合同法》第二条明确规定："合同是平等主体的自然人、法人和其他组织之间设立、变更、终止民事权利义务关系的协议。"大学毕业生所签订的"就业协议书"从本质上讲属于广义上的合同，具有合同的属性。就业协议作为确定劳动关系的依据，具有劳动合同的部分特征。

2. "就业协议书"不能取代劳动合同

虽然说就业协议具有劳动合同的部分特征，但不能等同于劳动合同。"就业协议书"作为一份简单的格式文本，很多诸如工作岗位、工作条件等劳动合同必备条款并不在其中直接体现。因此，单凭就业协议，毕业生就业后的劳动权利无法得到全面的具体保障。

另外，"就业协议书"仅仅是毕业生与用人单位确定就业意向的依据，它只是双方下一步确立劳动关系的前提和准备。如果毕业生在报到后与用人单位始终未签订《劳动合同》，双方一旦发生纠纷，毕业生就会处于不利的局面。根据《劳动合同条例》的有关规定，劳动合同是劳动者与用人单位确立劳动关系、明确双方权利和义务的协议，应当以书面形式订立。因此"就业协议书"做出了某些限定，即毕业生到用人单位报到后最长不超过一个月，双方应订立劳动合同。此时如果用人单位以种种借口不与毕业生订立劳动合同，毕业生应当拿起法律武器保护自己的合法权利。

就业协议签订在先，应尽可能将劳动合同的主要内容体现在就业协议的约定条款中。否则双方日后若就劳动合同有关内容达不成一致意见，毕业生表示不愿在该单位工作时，用人单位会反过来要毕业生承担违反就业协议的责任。因而毕业生在就业过程中应就劳动报酬、试用期、住房、服务期限等劳动合同的主要条款与用人单位事先协商，体现在就业协议中，而不应只作口头约定。

（五）"就业协议书"的签订与解除

目前，高校使用的"就业协议书"是由教育部高校学生司统一制订的，由学校、毕业生、用人单位三方共同签署后生效。它具有一定的广泛性和权威性，是学校制订就业方案、用人单位申请用人指标的主要依据，对签约的三方都有约束力。

毕业生持学校下发的推荐表，参与双向选择活动。单位确定后，毕业生凭借推荐表回执或单位接收函换取《全国普通高等学校毕业生就业协议书》，协议一律以原件为准，复印件无效。签订毕业生三方协议书的基本程序如下：

第一，毕业生获得用人单位的书面接收函。

第二，毕业生到所在学校领取一式三份的《全国普通高等毕业生就业协议书》。

第三，毕业生与用人单位签署就业协议，并在就业协议书上签名盖章，用人单位应在协议书上注明可以接收毕业生档案的名称和地址，并由可接收毕业生档案的用人单位上级主管部门或人才中心盖章。

第四，毕业生到所在学校签署就业协议。

第五，学校签署完就业协议书以后，学校、用人单位、毕业生本人各留一份就业协议，毕业生本人把用人单位应持的一份就业协议书转交用人单位。

1. 单方解除

包括单方擅自解除和单方依法或依协议解除。单方擅自解除协议属违约行为，解约方应对另两方承担违约责任。单方依法或依协议解除，是指一方解除就业协议有法律上或协议上的依据，如毕业生未取得毕业资格，用人单位有权单方解除就业协议；毕业生录取研究生后，依协议规定可解除就业协议；或毕业生未通过用人单位所在地组织的公务员考试，用人单位有权解除协议。此类单方解除就业协议情况，解除方无须对另两方承担法律责任。

2. 三方解除

三方解除是指毕业生、用人单位、学校三方经协商一致，取消原签订的协议，使协议不发生法律效力。此类解除原因是三方当事人真实意思表示一致的体现，三方均不承担法律责任。三方解除应该在就业计划上报主管部门之前进行，如就业派遣计划下达后三方解除，还须经主管部门批准办理改派。

（六）就业协议的违约及违约责任

就业协议书一经毕业生、用人单位、学校签署即具有法律效力，任何一方不得擅自解除，否则违约方应向权利受损方进行赔偿，如支付协议条款所规定的违约金。从实际情况来看，就业违约多为毕业生违约。毕业生违约，除本人应承担违约责任，往往还会造成其他不良的后果，主要表现在以下方面：

第一，对用人单位而言，用人单位往往为录用一位毕业生付出大量的时间和经济成本。同时毕业生就业工作时间相对比较集中，一旦毕业生违约，势必使用人单位的这一录用岗位空缺，时间上不允许再聘用其他毕业生，从而给用人单位的工作造成被动。

第二，对学校而言，用人单位往往将毕业生违约行为视为学校的行为，从而影响学校和用人单位的长期合作关系。从实际情况来看，一旦毕业生违约给用人单位造成损失，该用人单位在几年之内都不愿到该毕业生所在学校来挑选毕业生，影响学校声誉。同时，毕业生的盲目违约也影响学校就业计划方案的制订和上报，影响学校的正常派遣工作。

第三，对其他毕业生而言，若被录用的毕业生违约，有些当初希望到该用人单位工作的其他毕业生由于录用时间等原因，也无法补缺，造成就业信息的浪费，耽误其他毕业生的就业机会。因此，毕业生在就业过程中应慎重选择，认真履约。

国家规定："经过协商落实和国家毕业生分配主管部门审批的毕业生分配计划必须认真执行，未经高校和用人单位双方复议并报地方主管部门批准，学校不得随意改派毕业生，用人单位不得拒收和退回毕业生。"当遇到用人单位拒绝接收时，毕业生应主动向用人单位说明情况，不要与对方争吵，应及时与学校取得联系，由学校分清责任，按有关规定妥善处理。若属因学校工作失误造成计划不落实，误派毕业生的，应由学校负责提出调整意见报批。由于用人单位发生重大变化（如撤并、破产、倒闭等），无接收能力的，应及时与学校协商，合理调整。若是用人单位对毕业生提出难以达到的不符合政策规定的过高要求，则不能作为拒收的理由。属于毕业生本人身体有病而提出退回的，若是学生在校期间就有传染病史、精神病史，用人单位不知道，毕业生报到时才被发现的，应允许提出退回；若是报到后才患病的，应按在职人员病假的有关规定处理。

二、劳动合同

劳动合同亦称劳动契约，是劳动者与用人单位（包括企业、事业、国家机关、社会团体、雇主）确立劳动关系、明确双方权利和义务的协议。根据《劳动法》等劳动法律、法规，依法订立的劳动合同受国家法律的保护，对订立合同的双方当事人产生约束力，是处理劳动争议的直接证据和依据。按照国家法律规定，订立劳动合同应采取书面形式。劳动合同的条款分为法定条款和协商条款。法定条款是指法律、法规规定必须协商约定的条款；协商条款是根据工种、岗位的不同特点以及双方各自的具体情况，由双方选择协商约定的具体条款。协商条款也应在法律、法规、政策的指导下商定。另外，除合同文本以外，有时还需要制订附件来明确双方权利、义务的具体内容。如通过附件"上岗合同"明确具体的岗位责任，通过附件"厂规厂纪"明确企业的具体权利、职工的具体义务等。

第三节 社会保险

一、社会保险的内容

社会保险是国家通过立法的形式，由社会集中建立基金，以使劳动者在年老、患病、工伤、失业、生育等丧失劳动能力的情况下能够获得国家和社会补偿和帮助的一种社会保障制度。它包括养老保险、医疗保险、失业保险、工伤保险和生育保险。其中养老保险、医疗保险和失业保险这三种保险是由企业和个人共同缴纳保费的，个人承担的费用从工资里扣除；工伤保险和生育保险完全由企业承担，个人不需要缴纳。需要强调的是，社会保险是法定的，用人单位给劳动者上保险是一项法定的义务，这一点在新劳动法中已经作了规定。

（一）养老保险

所谓养老保险（养老保险制度）是国家和社会根据一定的法律和法规，为保障劳动者在达到国家规定的解除劳动义务的劳动年龄界限，或因年老丧失劳动能力退出劳动岗位后的基本生活而建立的一种社会保险制度。这一概念主要包含以下三层含义：

第一，养老保险是在法定范围内的老年人完全或基本退出社会劳动生活后才自动发生作用的。这里所说的“完全”，是以劳动者与生产资料的脱离为特征的；所谓“基本”，指的是参加生产活动已不成为主要社会生活内容。需要强调说明的是，法定的年龄界限（各国有不同的标准）才是切实可行的衡量标准。

第二，养老保险的目的是保障老年人的基本生活需求，为其提供稳定可靠的生活来源。

第三，养老保险是以社会保险为手段来达到保障目的。养老保险是世界各国较普遍实行的一种社会保障制度，一般具有以下三个特点：①由国家立法，强制实行，企业单位和个人都必须参加，符合养老条件的人，可向社会保险部门领取养老金；②养老保险的费用一般由国家、单位和个人三方或单位和个人双方共同负担，并实现广泛的社会互济；③养老保险具有社会性，影响很大，享受者多且时间较长，费用支出庞大，因此，必须设置专门机构，实行现代化、专业化、社会化的统一规划和管理。

（二）医疗保险

医疗保险是为补偿疾病所带来的医疗费用的一种保险。医疗保险同其他类型的保险一样，也是以合同的方式预先向受疾病威胁的人收取医疗保险费，建立医疗保险基金；当被保险人患病并去医疗机构就诊而产生医疗费用后，由医疗保险机构给予一定的经济补偿。因此，医疗保险也具有保险的两大功能，即风险转移和补偿转移，也就是把个体身上由疾病风险所致的经济损失分摊给所有受同样风险威胁的成员，用集中起来的医疗保险基金来补偿由疾病所带来的经济损失。

（三）失业保险

失业保险则是指为保证失去工作的职工在失业期间获得一定的收入补偿而建立的社会保险制度。根据国际惯例和我国的基本国情，我国的失业保险是由国家法律规定的，通过建立失业保险基金，使失业人员在失业期间获得必要的经济帮助，保证其基本生活，并通过专业训练、职业介绍等手段为其重新就业创造条件的一种社会保险制度。

我国失业保险基金的来源主要有四种，即企业缴纳的失业保险费、失业保险费的利息收入、财政补贴和职工个人缴费。此外，失业保险基金的来源还有对失业保险基金进行增值的收入、运用生产自救费开展生产自救活动所获的纯收入以及对未按规定缴纳失业保险费的单位进行处罚的滞纳金收入等。

（四）工伤保险

工伤保险是指国家和社会为在生产、工作中遭受事故伤害和患职业性疾病的劳动者及亲属提供医疗救治、生活保障、经济补偿、医疗和职业康复等物质帮助的一种社会保障制度。

（五）生育保险

生育保险是通过国家立法规定，在劳动者因生育子女而导致劳动力暂时中断时，由国家和社会及时给予物质帮助的一项社会保险制度。

我国生育保险待遇主要包括两项：一是生育津贴，用于保障女职工产假期间的基本生活需要；二是生育医疗待遇，用于保障女职工怀孕、分娩期间以及职工实施节育手术时的基本医疗保健需要。

二、住房公积金

住房公积金即通常所说“五险一金”中的“一金”，指国家机关、国有企业、城镇集体企业、外商投资企业、城镇私营企业及其他城镇企业、事业单位为其在职职工缴存的长期住房存储金。

住房公积金由两部分组成，一部分由职工所在单位缴存，另一部分由职工个人缴存。职工个人缴存部分由单位代扣后，连同单位缴存部分一并缴存到住房公积金个人账户内。职工和单位住房公积金的缴存比例均不得低于职工上一年度月平均工资的5%，不同的城市缴存比例有所不同。

住房公积金的提取及使用要遵从一定的章程，有以下情形之一的可以提取职工住房公积金账户内的存储余额：①购买、建造、翻建、大修自住住房的；②离休、退休的；③完全丧失劳动能力，并与单位终止劳动关系的；④出境定居的；⑤偿还购房贷款本息的；⑥房租超出家庭工资收入的规定比例的。依照前面第②、第③、第④项规定提取职工住房公积金的，应当同时注销职工住房公积金账户。

第四节 劳动争议

劳动争议又称劳动纠纷，指劳动关系当事人之间因劳动的权利与义务发生分歧而引起的争议。劳动争议的当事人是指劳动关系当事人双方——职工和用人单位（包括自然人、法人和具有经营权的用人单位），即劳动法律关系中权利的享有者和义务的承担者。

当前，劳动争议案件日益增多，如何正确解决这类纠纷，以维护劳资双方的合法权益是当代大学毕业生必须了解的内容，只有这样才能正确对待和处理劳动争议中的权益保障。

一、劳动争议的范围

《劳动合同法》中的劳动争议，指中国境内的企业与职工之间的下列劳动争议：一是因企业开除、除名、辞退职工和职工辞职、自动离职发生的争议；二是因执行国家有关工资、保险、福利、培训、劳动保护的规定发生的争议；三是因履行劳动合同发生的争议；四是法律、法规规定应当依照“企业劳动争议处理条例”处理的其他劳动争议。

二、劳动争议的处理方法

劳动争议发生后，依据《劳动合同法》《企业劳动争议处理条例》等法规，劳动争议的解决途径主要有四条：

（一）协商解决

协商是劳动争议双方当事人就争议的问题直接进行协商，寻找解决争议的途径。通过协商解决劳动纠纷，既有有利的方面，也有不利的方面。其有利方面是成本低廉、程序简便、处理快捷、气氛和缓。其不利方面是有可能不能从根本上解决问题，容易引发新的问题。

（二）调解

调解是劳动争议的一方当事人就所发生的争议向企业劳动争议调解委员会申请调解。

调解委员会调解劳动争议应当遵循当事人双方自愿的原则，经调解达成协议的，要制作调解协议书，双方当事人应当自觉履行；调解不成的，当事人在规定的期限内，可以向劳动争议仲裁委员会申请仲裁。调解委员会调解劳动争议有一定的时间要求，调解应当自当事人申请调解之日起 30 日内结束；到期未结束的，视为调解不成。

仲裁是劳动争议的一方当事人向所在地（县、县级市、市辖区）设立的劳动争议仲裁委员会提交申诉书寻求解决劳动争议的方法。劳动争议仲裁委员会是处理劳动争议的专门机构，它的组成成员主要有劳动行政主管部门的代表、工会的代表、政府指定的经济综合管理部门的代表。仲裁委员会应当在自收到申诉书之日起 7 日内做出受理或者不予受理的决定。仲裁委员会决定受理的，应当自做出决定之日起 7 日内将申诉书的副本送达被诉人，并组成仲裁庭；决定不予受理的，应当说明理由。仲裁庭做出裁决后，应当制作裁决书，送达双方当事人。当事人对仲裁裁决不服的，自收到裁决书之日起 15 日内，可以向人民法院起诉；期满不起诉的，裁决书即发生法律效力。当事人对发生法律效力的调解书和裁决书，应当依照规定的期限履行，一方当事人逾期不履行的，另一方当事人可以申请人民法院强制执行。

第五节 加强防范意识，谨防求职陷阱

一、用人单位常用的欺骗手段

（一）岗位名称陷阱

有些企业单位以项目经理、市场总监、总裁助理、管理人员的高职位名义招聘大学求职者，然后把求职者拉入跑业务、拉客户的陷阱。面对求职者的质疑，他们给出的解释是，先从最基层做起，了解最基本的业务，才能更好地做好管理工作。这样的理由显然是站不住脚的，大学毕业生切勿上当受骗。

（二）营销陷阱

很多媒体的广告栏，或者街头小广告上，都有这样的招聘启事：某营销公司，高薪，具体工作面谈。这其实是一些企业为求职者设置的营销陷阱。

（三）高薪陷阱

有些企业在招聘信息中打出对大学毕业生非常有诱惑的月薪，并且表示随着业绩的增加工资将逐月增加。这类招聘似乎不设门槛，面试程序非常简单，但是，天上不会掉馅饼。这种高薪一般固定工资部分很低，高薪主要来自业绩提成。

（四）试用期陷阱

每家企业单位对新招聘的人员都会安排试用期，这是为了便于双方互相考察和适应，一般待遇上也会低于正式录用期。但是有的单位为了降低用人成本，在试用期没有工资，等试用期一过，就以各种借口解雇新员工。还有的企业单位反复发布相同的招聘信息，利用“先培训后上岗”的手法骗取培训费等。

（五）押金陷阱

有些用人单位并没有什么实力，经济效益一直不好，但是招聘信息中给出的待遇却让大学毕业生心动。等求职者前来应聘，面试过关，并答应前来工作时，单位最后提出让应聘者先缴纳一定数量的押金。

我国有关法律明确规定：企业不得向职工收取货币、实物等作为入职押金。但是一些法律知识匮乏的大学毕业生求职者很可能为了获得这一职位，缴纳了押金。

（六）网络招聘免费劳动力

网上应聘已经逐渐成为大学生求职的主要渠道，通过网络应聘成了企业的免费劳动力。招聘者们把目前企业存在的问题出成考题，让他们把解决方案发给公司以达到节省费用的目的。

（七）工资陷阱

工资是一个很模糊的含义，有的单位讲的工资是税前工资，有的是税后工资，有的单位的保险、住房公积金等包含在工资中，有的只说基本工资。而有的单位尽管开的工资很高，可是求职者在进单位后实际拿到的工资与协议书上写好的工资数额相比大大缩水，而大呼上当，原来是公司从中代扣了各种有关费用。所以，大学生在签就业协议前不要忘了与用人单位进行充分地沟通。

二、大学生求职陷阱的防范

为了避免陷入求职陷阱后给自身造成损失，大学生求职者应加强自我防范意识，提高防范的能力。总体来说，就是要做到注意“三忌”、把握两大原则、掌握“四法”。

（一）注意“三忌”

1. 忌贪心

当看到招聘单位给出的高薪待遇时，要保持头脑冷静，要知道天底下没有免费的午餐，任何收获都要付出相应的劳动，待遇越高，信息的真实性有可能越低。即便招聘是真实的，也要首先衡量一下自己是否符合赢取如此高薪的职位能力要求，而不能纯粹为了追求薪水，去做无用的尝试。

2. 忌糊涂心

虽然现在工作不好找，但是也要看工作是否适合自己，是否与自己的兴趣、理想、特长相符合。也要认真分析企业的具体情况，防止应聘成功后因得意忘形，将要毕业的大学生都会对自己的第一份工作充满美好的憧憬，都急切想找到一个能证明自己能力的舞台，以施展自己的人生抱负。但是如果过于急切，就容易对陷阱放松警惕，陷入用人单位设下的圈套。所以，大学毕业生在求职过程中，要好好把握自己，在对用人单位充分了解的基础上再做出决定。

3. 忌急心

将要毕业的大学生都会对自己的第一份工作充满美好的憧憬，都急切想找到一个能证明自己能力的舞台，以施展自己的人生抱负。但是如果过于急切，就容易对陷阱放松警惕，陷入用人单位设下的圈套。所以，大学毕业生在求职过程中，要好好把握自己，在对用人单位充分了解的基础上再做出决定。

（二）把握两大原则

1. 不随便签字

面试成功后，用人单位拿出协议或合同要求签字时，一定要慎重，认真阅读具体条款，并仔细斟酌。特别是当遇到以推广、促销产品为名的民事协议时，千万不要签。

2. 不缴纳任何费用

到人才中介或职业介绍机构求职时，要了解对方是否有国家主管部门颁发的“特种行业经营许可证”。另外，凡是要求应聘者缴纳某种费用的用人单位，大多存在以此牟利的可能。对此，求职者应坚决拒绝缴纳，并停止应聘，当发现或认为自己的合法权益受到侵犯时，要及时向有关部门举报。

（三）运用“四”

1. 观察法

在面试时，应注意留心公司的办公环境和工作人员的状态，以及接待人员的素质，以此捕捉公司是否正规、可靠。凡是办公条件简陋，几乎没有办公设备、办公场所或接待场所不固定的单位，面试时只谈缴费的，骗人的可能性较高。

2. 利用听觉法

在面试时，通过仔细“偷听”单位工作人员交流的信息，或者通过与门卫、前台交流更多地了解公司的真实情况。

3. 询问法

对于在求职过程中遇到的自己不了解的问题，要多向亲朋好友、老师、同学请教，他们会为你提供更多有价值的信息和建议。当然，你也可以通过上网找资料、发帖询问的方式，求得相关问题的答案。

4. 提问法

在与用人单位负责招聘的人员进行面试交流时，要善于抓住机会勇敢地提出自己有疑问的问题，以试探虚实，而不应该以弱势群体的姿态自居，只做回答，不敢提问，以免到头来发现自己受骗了才后悔不已。

第十章 大学生创业能力提升

第一节 大学生创业能力之创业机会把握

一、大学生创业机会的内涵与特征

对于创业者来说,创业的第一步就是要寻找商机——创业机会。因为创业是个发现机会的活动,创业者要想实现创业行为,就必须对创业机会保持较高的敏感度,这样有利于其发现创业机会。

(一)创业机会的内涵

什么是创业机会呢?它是指在市场经济条件下,社会的经济活动过程中形成和产生的一种有利于企业经营成功的因素,是一种带有偶然性并能被经营者认识和利用的契机。创业机会的重要性得到了学者们的认同,但是已有研究中对于创业机会内涵的理解存在不同的观点。通过对已有文献的梳理,学者们对于创业机会内涵的认识主要可以分为两个方面。

一种视角是从客观角度考察创业机会,代表性学者如 Kirzner,他在研究中指出对于市场需求的满足以及价值的实现是机会的主要目的,即机会可以看作是对于市场的需求的进一步的满足,创业过程中的机会就是为了满足市场的需求特点。与这一观点相似的是 Ardichvili 等的研究,他们认为对于市场中产品或者服务的潜在价值的搜索、发现即为机会,也就是说从市场中获取潜在的利润的可能性即创业机会。上述研究将创业机会看作客观存在的,对于创业者来说,如何发现市场中的潜在机会是他们的使命。在此基础上,有部分学者则是更加突出创业机会中主观性的作用,认为创业者的个人主观因素在机会识别过程中扮演关键角色。代表性学者如 Casson,他的研究中认为创业机会是通过将新的产品、服务和原材料等引入生产的过程中,进而对这些要素进行组合以满足外部需求,创造出价值。这一观点将创业机会看作是可以提供一种新的产品或者服务,或者说是一种新的组织管理模式,通过对这些要素进行销售以获取利润。此外,Smith 也从主观的视角对创业机会的内涵进行了阐述。他认为创业机会是创业者利用市场的不完善性来追逐利益的一种可行的未来情景,在这种情境中,市场能够提供一个不断创新的环境或在未饱和市场中对产品、服务、原材料或组织方式等进行模仿。因此,从主观视角看待创业机会,其实质是从动态的视角对创业机会进行剖析。这一视角的研究揭示了对于创业者来说,在搜索创业机会的同时,也需要进一步地去评价和完善创业机会。国内学者林嵩等对于创业机会内涵的认识与国外学者存在相似性。他们认为创业机会内涵本身较虚，在对创业机会分析的过程中从深层次的构成上考虑则更具针对性，创业机会主要考虑了市场层面特征和产品自身特征，从这两个维度分析创业机会，可以更加有针对性地对创业机会的相关问题展开研究。

另一种视角是从“创业活动”来考察创业机会。创业活动是建立在创业机会基础之上的。创业伊始，因发现创业机会所获得的资源往往比组织智慧、才能以及资源更为重要。Busenitz 的研究就认为未来的创业研究需要在机会发现以及相关领域拓展，深入分析创业机会与创业活动中其他重要因素间的联系，以进一步深入揭示创业这种新价值创造过程中的内在机理。随着对创业研究的不断深入，更多的学者也开始认识到创业机会的重要性，认识到创业是围绕着创业机会的识别、开发和利用的一系列过程。

Timmons 在他所著的《新企业的创建》一书中提出了一个创业管理模型。他认为，成功的创业活动必须对机会、创业团队和资源三者进行最恰当的匹配，并且随着事业的发展还要不断进行动态平衡。

Timmons 十分强调模型的弹性与动态平衡。他认为，创业初期最关键的任务是对机会的发掘和选择，以及对团队的组建，而只有当新事业顺利启动后才会逐渐增加对资源的需求。而后随着创业活动的进行，机会、团队、资源三者之间的比重就会发生变化从而产生失衡现象，这时就需要及时地调整以掌握新的活动重心，才能使创业活动重新获得平衡。在创业过程中，由于机会的模糊性、市场的不确定性、资本市场的风险，以及外生因素的存在等，使得创业活动充满了风险，这就需要依靠创业者的领导能力、沟通能力和创造力来协调机会、团队和资源三者之间的组合，使它们重新获得平衡从而实现新事业的顺利进行。

从模型中清晰可见，商机、资源和团队是整个创业过程最为重要的驱动因素。商机是创业过程的核心要素，任何创业活动都是从识别和评估市场机会开始的，这也是创业过程中一个具有关键意义的阶段；资源是创业过程的必要支持，合理利用和控制资源对新创企业极为重要；团队是新创企业的关键组织要素，在创业过程中要求创业领导人和创业团队必备的基本素质是有较强的学习能力，能够自如地对付逆境，有正直、诚实的品质，富有决心、恒心和创造力、领导能力、沟通能力，但最为重要的是团队要具有柔性，能够适应市场环境变化。从对创业者能力研究的角度看，Timmons 的贡献是比前人们更加强调了创业者的“沟通”能力，因为这一能力决定着创业者能否获得把握商机的必要资源，进而成为创业的关键能力。

（二）创业机会类型的划分

对于创业机会类型的划分，目前已有的研究主要分为以下三个方面：

1. 从创业机会的显性程度进行分类

Smith 等对机会类型进行划分过程中引入了显、隐性知识的含义，他们根据机会的显性程度将创业机会划分为显性机会和隐性机会两类。显性机会指的是一种能够被很好地记录，并且可以清楚地进行描述和交流的，有利于进行追求利润的行为。同时，对于这种可以被清楚地记载和描述的机会来说，他们一般会出现在市场未饱和的情形下。这种机会的关注重点是对现有的产品/服务、原材料或者组织方式等进行的适度的改进或者是模仿。隐性机会则指的是一些记录困难并且没有被清楚地记录或者描述和记载的追求利润的行为。这种类型的机会的不清晰性特征则更有可能是存在于市场开发很少或者先前不存在的市场之中。对于这类机会来说，创业过程中主要关注的是产品/服务、原材料或组织方式等方面进行创新或者大范围的改进。通过这种分类，我们可以在一定程度上对机会识别的两种争论性观点进行解释，即越显性的机会越有可能被创业者通过有目的性和体系性的搜索方式而发现，而越隐性的机会则更有可能被具有丰富的相关知识的创业者所识别。

2. 从创业机会被开发的程度进行分类

这一视角进行划分的代表性学者为 Ardichvili 等，他们的分类主要是依赖于创业机会被开发的情况。他们采用了一个两维的创业机会矩阵，其中横坐标表示机会的潜在市场价值，即是否已经明确探寻出机会所代表的潜在价值；纵坐标表示创业者进行价值创造的能力，也叫作人力资本，其代表着创业者能否有效开发所搜寻到的创业机会。

按照这两个维度的划分，学者将创业机会分为了四种类型：梦想型，即代表了价值不确定的创业机会，同时创业者已有的能力能否实现这一价值也是未知的；迟滞型，已经明确了机会的价值，但创业者已有的能力能否实现这一价值也是未知的；技术转移型，对于机会的潜在价值没有明确，确定了创业者的能力可以实现这一价值；商业型，明确了机会的潜在价值和创业者创造价值的能力。

3. 从创业机会所具有的创新程度进行分类

这一视角的学者认为，创业机会主要包含了创新型和均衡型两种类型。创新型机会指的是新机会与企业的现存业务以及业务范围存在较大不同；均衡型机会则指新机会与现存企业的业务和业务范围的差异不明显。这种机会划分方式中，我们认为创新型机会主要代表了创业者对于未来情况进行推测的能力，表现出创新性特点；均衡型机会则是产生于供求本身的不确定性，它表现出市场均衡的特点。这种创业机会类型的划分方式主要是针对成熟企业来说的。同时，在研究创业机会的过程中，国内学者对于创业机会类型的划分也取得了一些研究成果。如：关注市场和产品的维度对创业机会进行分类。陈海涛、蔡莉综合了苗青和 Timmons 的研究成果，对市场中创业机会的分类结合营利性和可行性两个特征，将营利性特征分为对于市场所具有的吸引力的思考、针对目标市场的利润以及机会所具备的竞争力，可行性特征分为对于创业者自身的特征、能力以及其所具备的社会网络的思考。

综合国内外学者的研究，我们发现当前对于创业机会类型划分的观点各不相同，学术界目前尚未出现得到一致认可的界定。通过整理先前学者的已有分类研究，基于本文的研究目的，借鉴 Smith 等的观点，将创业机会的类型划分为显性机会与隐性机会。显性机会是指在市场中可以被明确观察到的机会，其具有一般性，是对于已有的产品/服务、原材料或者组织方式等进行模仿或者适度的改进；隐性机会强调了机会的难以模仿性，即机会的特殊性，是对产品/服务、原材料或者组织方式等进行较大的改进或者完全创新。这种从知识视角对机会分类更加符合知识密集型、科技型创业行为的特点。

（三）创业机会的特征

根据以上对创业机会内涵的介绍，我们可以总结出创业机会具有以下特征：

1. 普遍性

凡是有市场、有经营的地方，客观上就存在着创业机会。创业机会普遍存在于各种经营活动过程之中。

2. 偶然性

对一个企业来说，创业机会的发现和捕捉带有很大的不确定性，任何创业机会的产生都有“意外”因素。

3. 消逝性

创业机会存在于一定的时空范围之内，随着产生创业机会的客观条件的变化，创业机会就会相应的消逝和流失。这个特点说明创业机会识别作为创业活动的初始阶段和核心环节，是企业创造价值不可或缺的前提。

二、大学生创业机会与商业机会的区别

（一）商业机会不一定就是创业机会

在实际操作过程中，常有一些人将商业机会等同于创业机会，实际并不尽然，创业机会仅仅是适于创业的商业机会。要说清这个问题，涉及三个概念，即机会、商业机会和创业机会。机会是指实现某种目的可行的突破口、切入点、环境、条件等。商业机会是指实现某种商业盈利目的可行的突破口、切入点、环境、条件等。商业机会分之为两类，一类是转瞬即逝的商机，这是一般性商机；另一类是会持续一段时间，且不需要较多起始投入的商机，这才是适于创业的商业机会即创业机会。创业机会有三个重要特点，一是会持续一段时间，二是市场会成长，三是创业者有条件利用。

（二）机会辨识是创业的第一步

面对创业机会，创业者需要进行机会辨识。所谓机会辨识，就是要借助职业经验和商业知识，再加上理性的分析与思考，去了解特定机会的方方面面，进而判断创业者利用特定机会的商业前景如何。在对某一创业机会进行辨识之前，首先需要进行“机会界定”。对一个无法明确界定或没有明确界定的创业机会，是无法进行具体分析和筛选的。所谓机会界定，即界定特定机会的商业内涵和商业边界。在此基础上才能对该机会进行分析，进而判断该机会与特定的创业者是有关还是无关，是有利还是无利，以及利大还是利小。

对某一创业机会进行辨识，通常需要从四个方面内容进行分析。一是特定机会的起始市场规模有多大，二是特定机会将存在的时间跨度有多长，三是特定机会的市场规模将随时间变化而增

长的速度与规模上限，四是特定机会对于特定创业者的有利程度。

（三）要借助“机会选择漏斗”

在现实经济生活中，适于创业的机会并不是很多，因此，我们要学会筛选出“好机会”。创业者需要借助“机会选择漏斗”，经过一层又一层筛选，在众多机会中筛选出真正适于自己的创业机会。

第一层要筛选出较好的创业机会。一般而言，较好的创业机会多有五个特点：一是在前景市场中最近5年的市场需求会稳步快速增长；二是创业者能够获得利用该机会所需的关键资源；三是创业者不会被锁定在“刚性的创业路径”上，而是可以中途调整创业的“技术路径”；四是创业者潜在的市场需求；五是特定机会的商业风险是明朗的，且至少有部分创业者能够承受相应风险。第二层要筛选出利己的创业机会。面对较好的创业机会，特定的创业者需要回答四个问题：一是创业者能否获得自己稀缺但他人垄断的资源；二是遇到竞争时，自己是否有实力与之抗衡；三是是否存在该创业者可能开辟的新增市场；四是该创业者是否有能力承受利用该机会的各种风险。

（四）创业者还需要关注“机会窗口”

创业者选择了适当的创业机会，还需要在“适当的时间段”内启动创业、进入市场。这个适当的时间段，就是创业的“机会窗口”。换言之，特定的创业机会仅存在于特定的时段内，创业者只有在这个时间段内启动创业、进入市场，才有可能获得相应的商业回报。反之，如果创业者在“机会窗口”敞开之前或之后行动，那都可能创业失败。一般而言，特定机会的时间跨度越大，前景市场的成长性越好；相应地，“机会窗口”也就会越大。期盼成功的创业者必须在别人还没有觉察之前就去发现机会、辨识机会、选择机会，瞄准“机会窗口”敞口的时间段，及时出手，才可能大展身手。如果等到“机会窗口”接近关闭的时候再去创业，留给创业者的余地将十分有限，新创企业将很难盈利且更难成长。

三、大学生创业机会的来源

关于创业机会的来源，学术界还没有统一的认识，主要存在两种观点。一种观点认为创业机会是一种已经存在的客观现象，它独立于环境之中并等待被创业者去发现。这种观点的学者将创业机会看作是由于市场中的外生冲击所创造的，即现有的市场会产生创业机会，对于我们每个人来说都有发现创业机会的可能性。换言之，对于创业机会来说，它与创业者的“搜索”过程是无关的，即创业机会的存在与否与创业者的搜索行为毫无关系。之所以会出现“有人识别出创业机会而其他人没有发现”的情况，是因为创业者自身具备了他人所不具备的警觉性和经验知识，这些因素促使他在机会搜寻过程中更加具备优势。Kirzner的观点很好支持了这一论述。他认为正是创业者自身具备的高“警觉性”特点，使他们更加善于发现市场中的信息，从而捕捉到市场中出现的商机，即市场中产品或者服务存在的空缺，从而发现了创业的机会。发现的视角认为机会是客观存在的，所以有部分人能先于他人觉察机会的主要原因是个体之间存在着差异。

另一种观点则是将创业机会看作是创业者自身的一种能力体现，即创业机会是由创业者创造的（Sarasvathy），而不是存在于已有市场之中。在创业者创造出机会之前，并不清楚创业机会与市场之间的关联（Baker&Nelson）。相对于发现视角中认为机会产生于市场的客观现象而言，创造视角的研究更加强调创业行为的突出作用。这一视角认为对于创业者来说，他们主要是通过自身的努力去主动创造出机会，并对机会加以利用（Bhide）。基于这一视角的研究，学者们发现创业机会并不能脱离创业者而独立存在，也就是说机会只因创业者的主动行动而存在。在创业过程中，创业者按照自己的最初机会信念行事，同时会观察市场的反应。随着信息的不断累积，与机会相关的信息等也会发生改变。因此，创造观视角的学者们将机会的来源认为是创业者通过观察市场的反应，利用自身的资源创造产生的。上述两种观点在实践中都得到了验证，此外，学者 Kirzner 还在研究中整合了这两种观点。他认为在识别创业机会的过程中并不是只有一条路径，我们可以将其看作是处于上述两种行为之间的产物，即一种是创业者通过偶然性获得了有关市场、技术、政策等方面的新信息，这种意外的行为使他发现了创业机会；另一种是由自身的创业意愿的驱使，通过有目的和系统化的搜索手段，对于市场中隐藏的信息进行深入了解，并将这些信息明晰化，进而促进创业机会的创造。这种整合的观点不仅体现出创造观的思想，同时也融合了发现观的内容，这一观点揭示了创业者在获取创业机会的过程中都离不开市场和技术两个因素。我国学者林嵩等的观点进一步印证了他们的观点，他认为创业机会的特征包含市场和产品自身两方面。从市场供给方面来说，新技术、新工艺的发明，会对现有市场供给的产品或者服务的成本造成冲击，从而出现新的市场。从市场需求来说，由于社会发展可能会导致人们需求方式的改变，具有警觉性的创业者会从中发现具有潜在价值的商机。从这两个方面的分析发现，对于创业机会的来源而言，市场、技术或者政策变化都会产生机会。也就是说创业机会的来源并不是固定不变的，而是可以以多种形式存在的。

通过对机会创造观、发现观的相关研究的回顾，以及结合 Kirzner 的整合观点，可以将创业机会的来源锁定在三个方面。首先，市场供需变化所带来的机会，主要包括市场的供给和需求不平衡形成创业机会，也就是说创业者发现市场供给与需求之间的结构性缺陷，从而促进其发现机会。同时，由于市场中信息不对称的存在会造成差异化的价格。创业者可以充分利用信息造成的差异化价格来创造价值，形成创业的机会。其次，技术创新带来的创业机会，从产品或者服务本身考虑，技术的新变化会为创业者带来新的商机与创业机会。也就是说当针对某一领域的创新技术可以代替旧的技术，并且价格方面低于已有的技术，那么对于创业者来说，就会出现新的创业机会了。最后，宏观环境的变化带来的创业机会。这主要是包括政府政策宏观调控，如产业结构的调整，政府对于某一行业的政策性扶持，政治因素、规章制度的变动等，这些政策性变化会导致相关资源的使用成本收益发生变动。

四、大学生创业机会的识别以及一般过程

（一）创业机会的识别

创业机会识别是创业领域的关键问题之一。从创业过程角度来说，它是创业的起点。创业

过程就是围绕着机会进行识别、开发、利用的过程。识别正确的创业机会是创业者应当具备的重要技能。但是机会识别过程并不仅仅是简单的识别，而是一个复杂、多层级、递归的过程，这个过程中创业者起着积极的作用。正如 Ardichvili 等的研究观点，创业机会的正确识别是成功创业者所需要具备的关键能力之一，而 Corbett 则明确指出了机会识别是创业研究的核心。可见，机会识别在创业过程中的重要性，甚至可以说它是成功创业的关键。同时随着创业相关研究的不断深入，对于创业机会识别的含义界定也存在不同的研究视角。Kianer 的观点认为，机会识别指的是在创业过程中创业者会发现一些不得不做的事情，同时这种发现也是创业的一个基本功能。Christensen 等则认为机会识别也就是对于创建一个新业务以及有效提升公司利润的可能性的机会的感知。Bygrave 和 Hofer 的观点与 Christensen 等类似。Churchill 和 Muzyka 的观点将机会的识别过程进一步扩大化，他们的研究中将机会识别定义为机会的发现与开发过程。Kourilsky 则认为识别出某个新业务具有潜在的获利价值的过程即为机会识别。Hills 和 Lumpkin 的观点与 Kourilsky 相似，他们认为机会的识别指的是是否能够创建新企业以及创业者是否能够对于这一活动产生影响。Cardozo 则是将机会识别理解为创业者在某一时段内对于机会的可行性的判断。Baron 提出将创业机会识别认为是对于外界环境中商业机会的存在性的判断，即从发现观视角理解创业机会识别。Lumpkin 等的研究中认为创业者感知新的想法、利用新的想法，并且通过这一想法进一步创造出价值的过程即为机会识别。上述回顾发现，创业机会的识别并不是一个静态的含义，学者们更多的是从动态视角对创业机会识别进行定义。已有研究中对于创业机会识别的内涵分析中包含了机会的开发过程。创业机会识别是创业者在创业过程中明确自己创业方向的一个过程，是对机会进行搜索、发现和评价的过程。面对具有相同期望值的创业机会，并非所有潜在创业者均能有效把握。成功的机会识别是创业愿望、创业能力和创业环境等多因素综合交叉作用的结果。

然而迄今为止，尚未有学者对创业机会识别能力的含义做出定义。学术界主要存在以下两种不同的分析思路：

1. 机会发现理论

该理论认为，创业机会是客观存在于市场中的，现实市场的非均衡状态是创业机会存在的客观基础，创业者在机会产生的过程中处于被动响应的地位，创业者拥有的与机会有关的先前信息和发现机会的认知能力，使得很少一部分创业者能在非均衡市场信息分布的情况下发现并把握住机会。同时该理论也认为，创业者对发现的创业机会的风险程度是有一定认识的，即他们对创业的各种可能出现的结果有比较清晰的了解，对是否利用以及怎样利用创业机会能够做出比较科学合理的决策。

2. 机会创造理论

该理论认为，创业机会并非派生于市场，而是人们在与环境的互动中创造出来的。他们强调创业机会是被创造出来的，而不是被发现的，并且创业者做出的创业决策也是在不确定的情况下进行的，创业风险无法事先评估，而是在创业过程中逐步产生的。

随着创业研究的深入，这两派观点的共性逐步显现，即在揭示创业机会本质的过程中，忽视了创业机会与创业者、创业环境之间的相互影响，未能反映创业机会形成与演化的复杂过程。因此，学术界倾向于以融合的视角揭示创业机会的本质，认为创业机会“既需要被发现亦需要被创造”，归根结底，创业机会是存在于市场之中一定时间并且需要创业者去发现、评估、改进的商业机会。

（二）创业与机会识别的关系

首先，创业的愿望是机会识别的前提。创业愿望是创业的原动力，它推动创业者去发现和识别市场机会。没有创业意愿，再好的创业机会也会被视而不见，或与之失之交臂。

其次，创业能力是机会识别的基础。识别创业机会在很大程度上取决于创业者的个人（团队）能力，私营企业主的社会来源越来越以各领域精英为主，经济精英的转化尤为明显，而普通百姓转化为私营企业主的机会越来越少。国内外研究和调查显示，与创业机会识别相关的能力主要有远见与洞察能力、信息获取能力、技术发展趋势预测能力、模仿与创新能力、建立各种关系的能力等。

最后，创业环境的支持是机会识别的关键。创业环境是创业过程中多种因素的组合，包括政府政策、社会经济条件、创业和管理技能、创业资金和非资金支持等方面。一般来说，如果社会对创业失败比较宽容，有浓厚的创业氛围；国家对个人财富创造比较推崇，有各种渠道的金融支持和完善的创业服务体系；产业有公平、公正的竞争环境，那就会鼓励更多的人创业。

（三）识别创业机会

要想寻找到合适的创业机会，创业者应识别以下创业机会：

1. 现有市场机会和潜在市场机会

现有市场机会是市场机会中那些明显未被满足的市场需求，这种机会往往发现者多，进入者也多，竞争相对激烈。潜在市场机会是那些隐藏在现有需求背后的、未被满足的市场需求，其不易被发现，识别难度大，竞争相对较小。

2. 行业市场机会与边缘市场机会

行业市场机会是指在某一个行业内的市场机会，发现和识别的难度系数较小，但由于竞争激烈，成功概率反而相对较低。边缘市场机会是在不同行业之间的交叉结合部分出现的市场机会，它处于行业与行业之间出现“夹缝”的真空地带，难以发现，需要敏锐的觉察力和大胆的开拓精神，竞争者较少而成功的概率也较高。

3. 当前市场机会与未来市场机会

当前市场机会是那些在目前环境变化中出现的机会，未来市场机会是通过市场研究和预测分析它将在未来某一时期内实现的市场机会。若创业者提前预测到某种机会的出现，就可以在这种市场机会到来前早做准备，从而占据领先优势。

4. 全面市场机会与局部市场机会

全面市场机会是指在大范围市场出现的未满足的需求，在大市场中寻找和发掘局部或细分市场机会，见缝插针、拾遗补阙，创业者就可以集中优势资源投入目标市场，这样做有利于增强主动性，减少盲目性，增加成功的可能。局部市场机会则是在一个局部范围或细分市场出现的未满足的需求。

（四）识别创业机会的方法

要想识别以上创业机会，应掌握识别创业机会的常见方法。

1. 开展广泛的调查

开展初级调查，即通过与顾客、供应商、销售商交谈和采访他们，直接与其交易互动，了解市场上正在发生什么以及将要发生什么。注重二级调查，即阅读行业相关的出版作品、利用互联网搜索数据、浏览寻找包含你所需要信息的报纸文章等形式。

2. 通过系统分析发现机会

实际上，绝大多数的机会都可以通过系统分析被发现，特别是互联网 + 时代的大数据分析。人们可以从企业的宏观环境（政治、法律、技术、人口等）和微观环境（顾客、竞争对手、供应商等）的变化中发现机会。借助市场调研，从环境变化中发现机会，是机会发现的一般规律。

3. 通过问题分析和顾客建议发现机会

问题分析从一开始就要找出个人或组织的需求以及他们面临的问题，这些需求和问题可能很明确，也可能很隐晦。一个有效并有回报的解决方法对创业者来说是识别机会的基础。这个分析需要全面了解顾客的需求，以及可能用来满足这些需求的手段。一个新的机会可能会由顾客识别出来，因为他们知道自己究竟需要什么。然而，顾客并不会为创业者提供直接机会。顾客建议多种多样，他们会提出一些诸如“如果那样的话不是会很棒吗”这样的非正式建议，留意并归纳建议，有助于你发现创业机会。

4. 通过创造获得机会

这种方法在新技术行业中最为常见，如自媒体的兴起。它可能始于明确拟满足的市场需求，从而积极探索相应的新技术和新知识，也可能始于一项新技术、新发明，进而积极探索新技术的商业价值。通过创造获得机会比其他任何方式的难度都大，风险也更高。同时，如果能够成功，其回报也更高。这种情况下所产生的创新在人类所具有重大影响的创新中，居于压倒性的主导地位。尽管发现了创业机会，但这并不意味着要创业，更不意味着成功就在眼前。并非所有的创业机会都有足够大的价值潜力来填补为把握机会所付出的成本，所以我们必须对创业机会价值做出科学评价。在整个创业过程中，留给你识别创业机会的时间非常短暂，但它非常重要，是创业者发现创业机会之后做出是否创业决策的重要依据。

（五）识别创业机会的一般过程

基于上述分析可以推断：识别创业机会的一般过程包括“机会发现—机会评估—机会改进”

等步骤。创业机会识别能力则是创业者在“机会窗口期”与创业机会互动之中所体现出的一种综合能力，既包括创业者对市场机会的发现与捕捉，也包括对初步发现的创意进行分析、研判、加工的能力。这种能力是创业者信息搜索能力、风险感知能力、组织策划能力和资源整合能力等诸多能力的综合运用。

如果将创业机会的识别过程进行阶段性划分，主要可分为两个阶段：机会搜索阶段和机会开发阶段。这两个阶段在时间节点上存在着先后顺序。

1. 机会搜索阶段

在复杂的市场环境下，创业者为了找到可靠可行的创业项目，需要从以下三方面入手进行机会搜索：

宏观环境分析：创业机会识别始于创业者对于整体宏观环境的把握，这是影响创业活动推进的大环境，主要包括各类企业创办与发展的基本政治条件、宏微观经济因素、文化因素、人口结构、法律环境等。任何创业项目都不可能避开宏观环境的影响而独立存在，都会或多或少地受到宏观环境的影响，创业者应该将创业视角集中到目标行业上，根据自己的情况寻找那些适合自己的行业。

行业环境分析：该阶段目标是分析创业机会所处的行业环境、了解所处行业潜在的竞争以及分析创业者进入该行业的利润收益，以避免投资失误和造成资源浪费。

产品分析：该阶段应对行业内现有的产品进行分析和比较，从技术、质量、性能、成本等方面来寻找可能的差异化突破点，以使自己的差异化产品能在市场上赢得一席之地，这是关系到创业机会能否实现和实施的关键。

2. 机会开发阶段

机会开发阶段是对创业机会的进一步考察和分析，这一阶段主要从以下三方面入手解决：

核心特征分析：一是在市场层面上，主要考察行业当前的市场结构，包括经营者状况、分销渠道、进入和退出环境、客户的数量、成本环境、需求对价格的敏感度等；二是在产品层面上，主要考察产品的独特性和难以模仿性，独特的产品才能够吸引到潜在的顾客。

创业支持要素：如果无法整合到足够的资源来实施创业活动，那么再好的创业机会也无法变成真正的企业。因此，该阶段对创业团队的协调程度以及创业资源的准备程度进行分析就显得非常重要。

商业模式构建：此阶段是创业者对机会识别整个过程的系统性整理和总结，经过机会识别中各个阶段的工作，在此形成最终的可执行的创业方案，创业机会识别的整个过程即算完成。

并非所有的机会都能成为现实中的企业，只有那些能给创业者和投资者带来可接受的回报时，机会才具有被开发的价值。通过上述分析，本研究更倾向于机会发现理论，认为个人只有在识别到机会的存在并能将其转变为可执行的商业模式时才可能获得创业的利润。然而，同样的机会，为什么有的人就能注意到并抓住它，而有些人则不能？这就是创业机会的识别与开发的问题。

正确的筛选和识别创业机会是成功创业者具备的重要素质之一，因此，创业者需要具有独特的创业技能——机会识别与开发能力。“机会”学派指出不同的人所识别的创业机会在质量上是有变化的，Chandler 和 Hanks 就曾说过：“机会是客观存在于环境中的，但是人们所选择以及所开发的机会的质量却可能因为发现者的识别和预测能力的不同而存在不同”。可见，机会识别与开发能力的培育对于创业的重要性。大学生创业机会识别与开发能力的发掘源于个体的知识结构、个性特点以及认知能力等，高校创业教育应加强对大学生机会识别与开发能力的培育，深入开展创业教育，更新教育观念，注重在教育教学中引导大学生去关注社会环境中技术、市场和政策的变化，从中发现可创业的机会，注重在教学实践中锻炼他们的动手操作能力，以期培育他们的机会开发能力。

通俗来说，作为一个复杂的认知过程，我们需要从动态过程观的角度去理解创业机会识别。正如一些文献中的观点，创业机会的识别可简单理解为是由三个阶段构成的。

①产生创建新企业的想法，即开始搜索市场信息，这是机会识别的开始；②对于搜索到的信息进行评价，选择具有潜在价值的机会，即创业机会的发现；③通过分析评价，进一步分析机会的可行性，并决定是否进行创业行为。这个机会识别的过程说明了从某种意义上来说，创业机会的识别过程包含了对于市场信息的搜索，找出潜在的机会；对于潜在机会的商业价值进行识别，通过对环境分析寻找最有利的商业机会；通过对自身能力的分析判断机会的可行性。这个创业机会的识别过程是广义的，即包括了对于创业机会的感知和进行评价的过程。对于创业机会识别的研究，我国学者林嵩等的观点也验证了上述的广义机会识别过程观。他们研究认为机会的识别包含了搜索、发现和评价三个方面。实践观察也发现对于机会的识别和评价来说，二者并不是相互独立的。事实上，机会的评价存在于整个机会的识别过程中。在初始阶段，可能仅仅是采取一些非正式的市场调查手段来对这个机会的价值进行初步的评判。随着对于机会认识的不断加深，评价的方式也逐渐地正式化和规范化，对于机会的商业价值的考察也越来越专业。因此，本研究中认为创业机会的识别是通过对外部信息的搜索发现可能的创业机会，通过对于机会本身的潜在价值进行评价和可行性进行分析的探索性过程。通过这个过程的探索，做出是否对机会进行开发的决策。综上所述，本文认为创业机会的识别主要是包含了两个阶段的问题：如何发现创业机会以及如何去评价所发现的创业机会。

五、影响大学生创业机会识别的因素

有学者提出，在影响机会识别和开发的各项因素中，机会本身的属性和创业者的个人特性是至关重要的。陈海涛、蔡莉、杨如冰把环境因素纳入其中，从系统的角度提出了包括环境、社会网络、创业者等影响因素的机会识别作用机理模型。

（一）创业者的含义

创业者就是自主创业，在追求个人富足和自身价值实现的同时，创造社会财富和吸纳劳动力，切实为国家经济发展和社会进步做出积极贡献的群体。大学生创业者的内涵包括三个方面。

1. 大学生创业者既是创新者，又是继承者

一方面大学生创业者不论是创建新企业，还是在原有企业中采用新战略、开发新产品、开辟新市场、引进新技术或运用新资源，都是不同程度的创新活动，因而创业者首先是创新者，要具有创新的思维和能力。同时，任何创新活动都不能脱离实际，首先，要根据企业的原有条件、现实状况及未来发展方向去进行；其次，创业活动也是创业者本人的知识、经验和观念的反映，因此创业具有传承性，创业者也是继承者。

2. 大学生创业者既是实践者，又是传播者

一方面，创业是创建或运营经济实体，因而具有实践性。其生产的产品可以是有形的物质产品，也可以是无形的精神产品，但都应具有满足社会和人们某种需要的特性，否则，创业就是无价值和无意义的，也就不能称之为“创业”。另一方面，创业既然是从事某项生产实践活动，那么他的行为就是一个模范、榜样。而创业过程是生产实践活动和传播行为的统一体，创业者也就成为实践者和传播者的统一体。

3. 大学生创业者既是管理者，又是参与者

创业者通常在企业中居于管理者的位置，从事企业的日常经营与战略决策。但同时，创业者又是普通的创业团队成员，具有普通劳动者的需要和特征。如希望通过诚实劳动获得报酬，提高生活质量，博得相应的社会地位，在劳动过程中获得社会的承认与尊重来实现自我价值等。

美国心理学家约翰·麦纳（John B，Miner）对 100 位事业有成的创业者经过长达 7 年的跟踪调研，发现这些创业者存在共同的人格特质，约翰·麦纳根据特质的不同，将创业者分为四种类型：成就上瘾型、推销高手型、超级主管型和创意无限型。

（1）成就上瘾型创业者

这类创业者的人格特质主要表现为必须拥有成就；渴望回馈；喜欢拟订计划和设计目标；具有强烈的进取心；对组织忠诚；相信以己之力可以改变生活；相信工作上应该由自己制订目标，不能受制于他人。对认定的事业表现出执着而不放弃的决心，坚持到底，不达目的不死心，是目标非常确定的创业者。

（2）推销高手型创业者

这类创业者的人格特质主要表现为善于观察和体恤他人的感受；喜欢帮助他人；相信社会互动很重要；需要与他人发展良好的关系；有良好的交际能力；有强烈的合作意识，相信销售对执行公司经营战略十分重要。

（3）超级主管型创业者

这类创业者的人格特质主要表现在很讲信用、很负责任，他们的能力、力量来自贯彻目标的决心，期望成为企业中的领导人物；具有决断力；对集体持肯定态度；喜欢与他人竞争；期望享有权力；渴望能够出人头地。

（4）创意无限型创业者

这类创业者的人格特质主要表现为热爱创新，富有创意；相信新产品的研发对企业经营战略的执行十分重要；聪明过人；希望避免风险。有创意有主张，绝对与众不同，鹤立鸡群，有着强烈的好奇心。

按照大学生创业者的创业内容分类。

①生产型创业者

生产型创业者是指通过创办企业推出产品的创业者，是以生产技术为主体，通常这种产品科技含量较高。比如，“爱多”就是以生产 VCD 产品打开家电市场的。

②管理型创业者

管理型创业者就是指那些综合能力较强的创业者，他们对专业知识本来就十分精通，而且对企业管理、运作、市场、财务等也十分熟悉，能够通过各种有效的企业管理手段，带动企业前进。比如说各类咨询公司。

③市场型创业者

市场型创业者的一个重要特点就是注重市场，善于把握市场变化机会。在中国由计划经济向市场经济转轨的过程中，涌现出大批的市场型创业者。海尔集团总裁张瑞敏就有一句名言：“三只眼睛看世界。”其意思就是计划经济时期企业只要一只眼，即盯住政府就可以了；市场经济条件下的企业则需要有两只眼，一只盯住市场，另一只盯住员工；而转型期的企业则需要具备“第三只眼”，也就是除了盯住市场和员工之外，还要盯住政府出台的政策。比如各类家政公司、关爱医院等。

④科技型创业者

科技型创业者多与高校和科研机构相关联，以高科技为依托创办企业。20 世纪 80 年代之后，为了鼓励科技成果转化为生产力，国家推出了一系列鼓励高等院校和科研机构创办企业的措施。如今有许多知名科技企业的前身就是由原来的“校办企业”和科研机构创办的“所办企业”，如北大方正、清华同方以及联想集团等。

⑤金融型创业者

金融型创业者实际上是一种风险投资家，他们向企业提供的不仅仅是资金，更重要的是专业特长和管理经验。他们不仅参与企业的经营方针和规划的制订，而且还参与企业的营销战略制订、资本运营以及人力资源管理。比如天使基金等。

创新是一种对未知世界、未知领域的探索性活动，是推动人类社会快速发展的动力，是人才脱颖而出的摇篮。中科大校长、中科院院士朱清时把创新人才的素质归结为六点：广博的多学科交叉的知识，好奇心和兴趣，直觉或洞察力，勤奋刻苦，集中注意力，被社会接受的素质（包括诚实、责任感和自信心）。

创新的实质是通过科学研究、生产活动和管理实践，创造新的理念、产品或服务成果并转化为生产力，以促进社会经济的发展。不论是知识创新、技术创新还是管理创新，创新的主体是人，创新的成果都要靠人来完成。一方面，创新能力是创业人才的核心。在创业者的创业过程中，无论是发现新的创意、捕捉新的机遇、寻找新的市场，还是撰写一份有潜质的创业计划，对于创业融资、创办公司和企业运作、管理和控制来说，都包含着创新的内容。所以，作为一个创业者或创业团队，必须具备市场、技术、管理和控制的创新能力。另一方面，创新能力又来源于创造性思维，一个成功的创业者一定具有独立性、求异性、想象性、新颖性、灵感性、敏锐性等人格特质。因此，创业能力是指影响创业实践活动效率，促使创业实践活动顺利进行的主体心理条件，主要包括专业、职业能力、经营管理能力和综合能力，创业能力是直接影响创业实践活动效率的关键，也是创业基本素质的重要组成部分之一，其他因素还包括策划能力、组织能力、领导能力、管理能力、公关能力等。

第一，“狭路相逢，智者胜，胜在策划”。作为创新思维、创造市场竞争奇迹的技术手段，作为科学的思维方法，作为企业竞争中最有力的新武器——策划，对每一位创业者来说都是非常重要的，所以，根据外部环境和掌握的创业机会，进行富有创意的策划，对创建企业是至关重要的。因此，创业者发挥策划能力时必须注意几方面的问题：一是创业者必须弄清策划项目的价值所在、所涉及的范围和有关的限制因素，确定创建企业市场服务的定位；二是确定由谁负责该项目的策划，包括确定主要策划负责人、策划团队；三是创业者必须考虑策划的时机。

此外，创业者要充分认识自己、了解自己、完善自己，从而发展壮大。也只有这样，才能知道自己在这个市场中的竞争实力有多强，才能充分衡量自己把握的新武器在市场竞争时的真正威力，才能不断地去补充和完善自己，才能真正地为企业进行量体裁衣的策划方案。

第二，组织能力是创业者不可缺少的重要能力之一，在创建新的企业时组织显得十分重要，可以说组织是创造价值的源泉。组织能力是指领导者为了组织的利益和实现组织制订的目标，运用一定方法和技巧，把来自不同地区、不同系统、不同职业、不同文化背景以及民族、性别、年龄等均不相同的人组织在一个团结向上的集体之中，使大家朝着一个共同方向和目标去努力、去奋斗。组织能力包括合理选择下属的能力、黏合能力、架构能力、沟通能力、协调能力、激励下属的能力、授权能力、应变能力和合理分配资源（人力、财力、物力）的能力等。组织能力包括三个层级：个人能力、项目 / 团队能力、组织能力。组织能力是公司竞争力的综合体现，其包括核心流程能力、战略管理能力、组织文化能力。任何组织都必须建立基于能力的管理，不断增强个人、团队、组织的能力，通过实现组织目标的能力管理，形成公司独特的核心竞争优势，才能从众多的竞争者中脱颖而出。

第三，“领导能力”在字典的意思，就是“指导和统率的能力”。在创业过程中，创业者的领导能力通常通过如下几个方面体现：①活力，巨大的个人能量，对于行动有强烈的偏爱，干劲十足。这意味着创业者通常是不屈服于逆境，不惧怕变化，不断学习，积极挑战新事物的充满活力的人才；②鼓动力，激励和激发他人的能力。能够活跃周围的人，善于表达和沟通自己的构想与主意；③毅力，竞争精神、自发的驱动力、坚定的信念和勇敢的主张。坚定的意志与注意力，还要有清除那些碍手碍脚的人的勇气；④实施力，提交结果，能够将构想和结果联系起来。不仅仅是口头说说就完了，要将构想变成切实可行的行动计划并能够直接参与和领导计划的实施。

第四，管理能力是每一个创业者必备的重要能力，要在工作中不断地培养、积累自己的组织管理能力。管理能力与组织能力有密不可分的联系，管理能力主要包括激励的能力、控制情绪的能力、幽默的能力、演讲的能力、倾听的能力等。创业者不仅要善于激励团队，还要善于自我激励。要让团队充分地发挥自己的才能努力去工作，就要把员工的“要我去做”变成“我要去做”，实现这种转变的最佳方法就是对员工进行激励。优秀的创业者都有很好的演讲能力，特别是那些著名的创业者、企业家，他们都是演讲的高手。演讲的作用在于让他人明白自己的观点，并鼓动他人认同这些观点。从这点出发，任何一名创业者都应该学会利用演讲表达自己。管理不仅是对自身的管理约束，更是对创业团队的管理，管理能力强对形成一个良好的创业团队非常重要。

第五，创业要面临高度竞争的压力，成功的关键因素之一在于自身的公关能力。也就是说，本身的知识结构与公关能力是否符合社会的需求，而且是否有能力发现自身知识结构的优势与社会需求的结合点是关键。正是由于在自身力量的积累方面并不具有优势，对于决心创业的人来说，如何获得广泛的社会支持，并在这种支持下充分利用各种有利于事业发展的因素，就成为取得成功的最重要的能力之一。从这个意义上讲，个人公关能力对于创业成功非常重要，这种能力实际上是善于获得和利用社会支持的能力，有时候这种支持的重要性甚至超过经济上的支持。这就是为什么许多招聘单位特别看中应聘者社会活动能力的原因所在。善于与别人进行沟通实际上也是交际能力强的表现，对于立志创业的人来说，有意识地培养这种能力非常重要。

大学生创业实践和各类创业大赛是培养大学生创新能力、创业能力等综合素质的重要途径，也是增强大学生创业者各项能力的有效途径；通过对大学生创业者的内涵、分类和能力特征的分析研究，大学生的创业实践、创业教育将更加完善。

（二）影响大学生创业机会识别的因素

创业者进行机会识别是为了找到适合发展成具有商业投资价值的机会。因此，围绕机会识别的目标，在创业者从事机会的识别与开发行为过程中，各个因素对机会识别的作用机理及因素相互作用关系可作如下表述：

第一，创业者是机会识别的主体。创业者通过自身的特质，依靠其本身的敏锐警觉性来识别机会，而创业者拥有的先验知识促使其识别特有的机会。就是说，创业者的资源禀赋条件，将决定其识别机会的类型；而创业者的认知、学习能力，影响着机会识别的效率。

第二，环境因素的变化是产生机会的主要原因。技术、市场、社会价值观及法律法规的一项或者几项变化，都将产生不同类型的创业机会。

第三，社会网络是创业者捕捉环境变化信息来源的主要途径。社会网络可以加强信息对称，从而帮助创业者在机会发现过程中接触到新思想和新领域，并感知到市场等环境的变化；社会网络又是创业者与机会识别的主要桥梁，能为创业者提供关键性资源，如信息资源等。因此，创业者通过其本身的社会网络获得更多的支持，从而获得更多的机会。

第四，评估是重要的一环。机会识别是一个动态过程，只有通过对识别的机会进行不断评价，才能最终锁定创业机会。

第五，创业者的个人社会网络的支持系统，对不同机会类型的识别起到关键作用。社会网络密度影响机会识别的数量，而社会网络强度将对创业者机会识别的效率产生剧烈的影响。

第六，创业者、环境、社会网络三者的关系。第一，创业者与环境的关系。创业者都成长或生活在特定的环境中，因此创业者都是从特定的环境出发从事创业机会识别活动的。第二，社会网络与创业者的相互作用关系。环境变化的先兆多数是通过社会网络传递到创业者，社会网络是创业者得到机会相关信息的主要手段。社会网络的异质性可以提高创业者的警觉性，补足创业者的知识短板，提高创业者的创业学习能力。社会网络同样可以对创业者的资源禀赋进行适当的补充。创业者也可以通过社会网络为今后的创业活动所需的资源做铺垫工作。反过来，创业者的背景特质影响其个人社会网络的形成，而其先验知识和资源禀赋又是维系其个人社会网络的直接因素。第三，环境与社会网络的关系。社会网络具有扩展性和延伸性。任何个人的社会网络不能离开环境因素，因为环境的动态性和不确定性，将导致具有不同创业动机的创业者对其社会网络的强度、密度作动态的调整，以适应环境的变化，从而识别创业机会。

第七，从机会识别到开始创业行动之间建立了一个以机会识别目标为判别机会的中间变量，当创业者识别的机会不满足机会识别的目标时，创业者往往需要重新去寻找机会或是进一步开发原有机会；当创业者识别的机会满足机会识别的目标时，创业者应随即采取相应的创业行动。

第八，创业的过程是摄取资源并将其进行整合的过程，良好的社会网络可以更好地连接机会和创业活动。换言之，大学生创业机会识别能力除了受其自身专业知识、创业经验等“内在因素”的影响以外，还与其所“嵌入”的个人社会网络这一“外在因素”相关。此处的“社会网络”是指大学生创业者在学习、工作、生活的过程中所形成的以个人社会关系为主的网络联系。大学生在创业意愿产生之前，其个人社会网络来自日常生活并服务于日常生活。因此，网络结构也与其个人偏好有着密切的关系。在产生创业意愿之后，其对信息与资源的需求目标感增强，已有的社会网络无法完成信息与资源获取需求，对社会网络的改造成了自觉或不自觉的行为。就社会网络影响大学生创业机会识别能力的内在机理而言，主要表现在：一是社会网络为大学生创业者提供一个跨学科、跨行业，甚至是跨文化的信息交流平台，促进“知识转移”，进而使其拥有获取相关信息和建议的通道。比如：创业者与风险资本家、创业咨询机构的联系就可以作为创业启动资金和获取关键市场信息的一种途径。二是社会网络可以为大学生创业者提供坚定的情感支持。大学生社会网络中的强关系（如亲属关系、同学关系）可以为创业者带来坚定的情感支持，情感支持有时会在创业机会识别中发挥特殊的作用。三是个人的社会网络规模越大，社会资本就越丰富，摄取资源的能力也越强，有助于大学生创业者整合资源、抓住创业机会，投身创业实践。

六、培养大学生发现创业机会的能力

从前面的分析我们已经得出，创业机会是大学毕业生创业过程中的核心要素，创业的核心是发现和开发机会，并利用机会实施创业。因此，识别创业机会是创业教育的重点。创业需要机会，机会要靠发现。创业难，发掘创业机会更难。作为创业者，难能可贵的地方就在于他能及时发现其他人所看不到的机会，并迅速采取行动来捕捉创业机会并实现创业机会的价值。所谓创业机会即商业机会或市场机会，就是指有吸引力的、较为持久和适时的一种商务活动的空间，并最终体现在能够为顾客创造价值或增加价值的产品或服务中。那么如何培养提高大学生的创业机会识别能力？应从如下几个方面入手：

（一）对于高校而言

第一，引导大学生关注技术、市场和政策的变化，增强其对环境变化的敏感度，培养其创业的警觉性，提高其创业机会识别的概率。大学教育是一种专业教育，并且常常以理论教育为主，对某一专业领域的技术、市场和政策的变化往往不够关注，也不够敏感，这极大地限制了大学生机会识别能力的养成。大学教育自身首先要实现从教育理念到教育教学方式的全方位变革。教育理念要实现由“就业教育”向“创业教育”的转变；教学内容安排要适当压缩理论性的教学内容，增加技术性、应用性的教学内容，同时加强实践环节教学；教学方式方法应广泛采用发现教学法、问题教学法、案例教学法、掌握教学法、研究性学习等尊重大学生主体、有利于培养大学生创新精神的方式方法；教育教学效果评价要改变（重知识考查、分数至上）的评价方式，转向重视综合能力考查、多元价值取向的评价方式。为大学生关注社会，关注行业的技术、市场和政策变化创造外部条件。

创业机会识别能力主要是一种认识能力，创业机会主要源于社会环境中技术、市场和政策的变化。因此，大学教育要在转变自身教育理念和教学方式的前提下，在教育教学中注重引导大学生去关注社会变化，从中发现创业机会。具体方式方法，如引导大学生养成每天收看新闻联播，阅读行业报纸杂志、专题网站等习惯，培养其信息意识和收集信息的能力；通过组织相关专业技术前沿专题讲座、科技政策和产业政策报告会、相关产业界报告会等形式获取重点创业领域的信息；采用研究式学习、合作学习、案例教学等方式，激发大学生的创业灵感；通过模拟或组织创业计划大赛等实践锻炼，培育大学生实际识别创业机会的能力。

第二，引导大学生重视交往，组建自己的社会网络，丰富创业信息来源渠道，构建创业机会识别桥梁，增加创业机会。如前所述，社会环境变化的信号多数是通过社会网络传递给创业者，社会网络的强度、密度等都会对创业者识别创业机会产生重要影响。社会网络不但是创业者获得创业机会相关信息的主要手段，也直接影响到创业机会开发和新企业运营所需的各种社会资源。然而，传统的大学教育主要是一种智力教育和专业知识教育，忽视了大学生情感教育和人际交往能力的培养。因此，应更新教育观念，把情感教育和人际交往纳入大学教育目标之列，通过开设社交类课程和专题讲座等方式传播交往知识与人际沟通技巧；实行学生干部轮换制度，为大学生创造公平的社会交往机会；以各种校园活动为载体，把大学生的社交知识转化为实际社交能力。

第三，深入开展创业教育，明确创业目标，提高创业机会评价能力。我国创业教育不但起步晚、辐射面有限，而且已经开展创业教育的高校也凸显出一系列的不足，创业教育效果不尽如人意，大学生对我国当前的创业教育效果评价也不高。其主要的原因可能在于目前的创业教育还缺乏针对性。调查结果显示：一方面，我国目前开展创业教育的多数高校还主要限于开设一门关于“创业学”的选修课程，属于倡导、普及创业知识阶段，至于重点性和专业性的创业教育还很少见，也没系统化；另一方面，创业能力培育办法、措施还不多，广度、深度和系统性等都还不够。其表现一是企业家精神的培养还仅仅停留在创业导向上，实质性的办法还不多。二是创业知识和市场营销能力识别和评估创业机会、如何发展与组织团队并与团队共同工作、了解创业成功与失败的相关因素、新创企业进入市场的一般策略、创业计划的基本要素、如何控制与治理新创企业的成长、新创一个企业对于管理能力的要求与挑战和在现存组织内部进行创业的性质与运作方式等，是每一个创业者必不可少的知识，大学应根据不同专业，把创业学及其相关课程纳入公共基础课范畴。三是实践环节和技能训练有待加强。创业机会识别是一个动态过程，只有通过对识别的机会进行不断评估，最终才能锁定创业机会。机会评估的主要判断依据是机会识别的目标，即是否能够为用户创造、增加价值，满足用户需求；是否市场广阔，利润高；创业者与管理团队配合是否默契等方面。为此，就要求创业者掌握市场需求、营销网络、组织管理等方面的知识，并具备对相应数据的收集、分析、评价能力；同时，还要注重积极培养统辖、想象、概括、综合及辩证分析等能力，以便更好地进行联想、类比或推演，从而能够整体把握创业过程所经历的各个阶段，在更高层次和水平上培养对创业机会的评价能力。

第四，重视大学生创造力的培养，塑造创造型人格，提升机会识别能力。在影响创业机会识别的众多因素中，创业者是机会识别的主体。创业者通过自身的先验知识，依靠其本身的警觉性识别机会。因此，对创业家特质的研究一直是创业学研究的经典命题。尽管其中研究成果众多，并有众多分歧，但创业家应在冒险性、好奇心、想象力和挑战性等方面具有明显特质是大多数专家认可的。这些人格特质正是创造力的主要方面。因此，重视大学生创造力的培养，塑造其创造型人格，有助于提高大学生的创业机会识别能力。

第五，开设多种形式的高校创新创业课程。发现和把握创业机会不是一件容易的事情，但也不是绝无可能的。大学生创业者可以在日常生活中有意识地加强实践，培养和提高这种能力。因此，开设多种形式的高校创业课程，培养大学生发现和把握创业机会的能力是高校创业的首要工作。为此，要将创业教育和专业教育有机结合起来适当压缩理论学时，增加实践体验式教学在培养方案中的学时比例，整合优化实践教学内容，完成实际操作性较强的实践性教学。

第六，加强学生创业园地或利用原有的产学研基地的建设。高校可以通过建立校内学生创业园地或利用原有的产学研基地建设成学生创业实践基地，为学生提供创业实践平台，培养大学生发现和把握创业机会的能力，孵化大学生创业项目。为保证创业教育落到实处，高校应在校内建立大学生创业教育实践基地，主要为开展创业教育提供信息平台和各类教育资源，满足学生创业学习的基础性需求；在校外，应以实习基地和产学研合作基地为依托，建设分散性大学生创业实践基地，为大学生的创业实践提供物质保障和平台。

第七，优化创业教学模式，引导大学生储备“知识”。经过教育主管部门的大力推动，创业教育的规范化程度较之以往已有较大提高，主要表现在不少学校已经开发并设立了创业教育类课程，并将其纳入人才培养体系和选课系统，供有创业意向的学生自主选择，甚至部分高校已经将“创业学分”写入人才培养方案。但研究各校的创业教育类课程教学大纲和教材内容，不难发现，课程内容同质化和固化的倾向仍然存在，对创业领域的新政策、新模式、新案例缺乏相应的课程设计，创业教育的课堂教学是提高创业热情和提升知识储备水平的主渠道，然而课程内容同质化和固化难以使学生对所学课程产生兴趣，难以吊起学生创业的“胃口”。各校应加强创业教育课程群建设的力度，既要有“新创企业管理”“创新与创业”“商机发现与风险评估”等相对稳定的知识性内容，也要有“创业政策变迁与解读”“创业热点面对面”等相对变化的政策性、形势感强的内容，在内容设计的“变”与“不变”的结合之中，让学生切实感受到创业知识教育的实用性和吸引力。一旦达到这种效果，创业知识教育就会从“要学生学”变为“学生要学”，大学生就会主动关注身边的变化，用专业的眼光去发掘创业机会。比如：促使大学生养成阅读行业报纸杂志、创业类专题网站的习惯，培养其信息意识和收集信息的能力；经常参加相关专业技术前沿专题讲座、科技政策和产业政策报告会、相关产业界报告会等形式获取创业领域的信息；等等。

第八，扶持社会网络建设，引导大学生拓展“人脉”社会网络。“人脉”不但是大学生创业者获得与创业机会相关信息的重要渠道，也是直接影响到创业机会开发和新企业运营所需的各种社会资源。然而，传统的大学教育主要是一种智力教育和专业知识教育，忽视了大学生情感教育和人际交往能力的培养。因此，学校要统筹校内各相关部门和社会资源，从政策层面营造鼓励大学生参与社会活动、构建社会网络、提高自身社会化进程。比如：将情感教育和人际交往纳入大学新生入学教育以及日常教育之中，通过开设社交类课程和专题讲座等方式传播交往知识与人际沟通技巧；建设一批学生社团，重点扶持那些兴趣爱好型、学术研究型、公益服务型、创新创业型等学生社团组织建设，为生成大学生个人社会网络多样性提供条件；鼓励学生参与教师的横向科研课题和科技服务，让有创业意向的大学生能知晓相关信息，促进教师科技创业网与学生创业网的交叉、融合、资源共享；遵循自媒体时代信息传播规律，重视社交型媒体（如微博、微信）在拓展社交网络规模方面的作用，建设一批与创业主题相关的校方“微阵地”，为大学生参与议题讨论、增进彼此感情、获取相关资讯提供方便，促进大学生个人社会网络拥有更多的有助于创业的关键“节点”。

第九，统筹创业支持要素，引导大学生参与“实战”。一是要成立专门的大学生创业服务管理机构，配备创业专兼职导师，指导有创业意愿的大学生开展创业实践。二是要划设专门场地，划拨专项资金，对有创业意愿的大学生开展拟创业项目评估，通过者可以入驻校内创业孵化基地，并享受租金减免、提供启动资金等优厚待遇。三是要与部分政府职能机构对接，让在校大学生知晓并享受到各类创业优惠政策。比如：协同工商、税务部门、地方政府兴办的大学生创业园走进校园，开展“创业政策进校园”活动。四是要与风险投资机构、创业辅导咨询机构等社会中介机构对接，邀请他们与大学生创业者定期开展交流，为创业者解决创业过程中的各种困难。

（二）对于大学生而言

第一，大学生创业需要他们在校期间就有意识地做好准备，大学生创业必须有着投身创业的理想和志向，否则，往往被创业中的困难、挫折所吓倒。有创业志向的大学生在校期间就应树立崇高的理想和志向，有意识地培养自己创业的意志品质。在树立崇高理想的基础上，结合实际学习目标，在学习过程中不怕困难和挫折，严以律己，出色地完成学业。同时，应积极参加各种实践活动，在确立目标、制订计划、选择方法、执行决定和开始行动的整个实践活动中，锻炼意志品质。在此基础上，还应注意培养提高自我认识、自我检查、自我监督、自我评价、自我命令、自我鼓励的能力。此外，培养健全的体魄，积极参加体育活动，也是锻炼坚强意志的重要途径。

第二，大学生创业需要在创业进程中不断完善提高。大学生要想培养商业意识，就应用心去钻研有关商业的知识。特别是在创业实践中善于观察分析，把握事物的本质，善于收集和利用信息，摸清市场运行的基本规律，积极主动去寻找和创造商业机会。同时，大学生要想挖掘自己的智慧潜能，就必须认识到智慧潜能是一个内涵十分丰富而又极其复杂的综合概念。因此，在锻炼和培养自己的创业才能时，不能局限于单纯从成才的方面去寻求提高的捷径，而必须在多方面打好扎实的基础知识，既要通过学习增长知识和智力，还要通过创业和实践来增长才能，也要通过创业过程中的竞争和自我否定增长才能，以使创业才能得到综合性提高。

第三，掌握创业过程中创业者心理的变化。伴随这样的进展过程，大学生创业者心态也将发生变化：起初的兴趣、特长和爱好、目标和热情、团队工作的乐趣、梦想和理想化的前景激励；接下来是挫折、怀疑和信心的反复摧残和重建；最后是重新评估团队目标和对自身的再认识、责任、新的乐趣和兴奋点。

（三）大学生应把握创业机会的关键“节点”

1. 从追求“负面”中把握创业机会

所谓追求“负面”，就是着眼于那些大家“苦恼的事”和“困扰的事”。因为是苦恼、是困扰，人们总是迫切希望解决，如果能提供解决的办法，实际上就是找到了机会。例如，双职工家庭，没有时间照顾小孩，于是有了家庭托儿所；没有时间买菜，就产生了送菜公司。当年美国的李维斯发现工人采矿时跪在地上，裤子的膝盖部分特别容易磨破，而矿区里却有许多被人丢弃的帆布帐篷，李维斯就把这些旧帐篷收集起来洗干净，做成裤子，结果销量很好。“牛仔裤”的诞生，意味着李维斯把问题当作机会，并将问题变成了机会，最终实现了致富梦想，不得不说，这得益于他有一种解决问题的积极心态。

2. 利用不断变化的市场环境把握创业机会

变化是创业机会的重要来源，没有变化，就没有创业机会。创业的机会大都产生于变幻的市场环境，环境变化了，市场需求、市场结构必然发生变化。著名管理大师彼得・德鲁克将创业者定义为那些能“寻找变化，并积极反应，把它当作机会充分利用起来的人”。这种变化主要来自产业结构的变动、消费结构升级、城市化进程加速、人口思想观念的变化、政府政策的变化、人口结构的变化、居民收入水平提高、全球化趋势等诸方面。比如：居民收入水平提高，私人轿车的拥有量将不断增加，这就会派生出汽车销售、修理、配件、清洁、装潢、二手车交易、陪驾、代驾等诸多创业机会。人口结构发生了变化，可以发现以下机会：为老年人提供的健康保障用品，为年轻女性和职业女性提供的服务与产品，为家庭提供的文化娱乐用品。

3. 把握创新产品所带来的创业机会

创造发明提供了新产品、新服务，能更好地满足顾客需求，同时也带来了创业机会。例如，随着电脑的诞生，电脑维修、软件开发、电脑操作的培训、图文制作、信息服务、网上开店等创业机会随之而来，即使你不发明新的东西，你也能成为推广和销售新产品的人，从而给你带来商机。

4. 从“低科技领域”把握创业机会

随着科技的发展，开发高科技领域是时下热门的课题。但是，创业机会并不只属于“高科技领域”。在运输、金融、保健、饮食、物流这些所谓的“低科技领域”中也有机会，关键在于开发。

5. 集中盯住某些特定群体的需求把握创业机会

机会不能从全部顾客身上去找，因为共同需求容易被发现，基本上已很难再找到突破口。而实际上每个人的需求都是有差异的，如果我们时常关注某些人的日常生活和工作，就会从中发现某些机会。因此，在寻找机会时，应习惯把顾客分类，如政府职员、菜农、大学教师、杂志编辑、小学生、单身女性、退休职工等，认真研究各类人员的关注点与需求。

6. 从“市场缺口”中寻找创业机会

大学生创业者一定不要把创业机会看作非常神秘的东西，仿佛只有天才的脑子才有能力找到。其实，创业机会可以是非常普遍平常，任何一个头脑正常的人都能想得到的。纵观很多企业成功的案例可以表明，很多企业的成功是来自一个非常普通的想法。只不过许多人没有认真对待这种想法，甚至认为该想法太粗浅，不值得一试。创业者要善于发掘貌似平实但有实际商业价值的想法，并把这些想法及时变现，不失时机地推向市场，要能率先抓住市场变化，及时填补客户需求，进占“市场缺口”。“市场缺口”是指那些“顾客能够模模糊糊感觉到，但又无法明明白白地表述出来的内在需求”。创业者一定不要钻入求新独创的牛角尖，而是以平常心观察市场，细心发现广大顾客的潜在需求变化，及时推出自己的产品或服务。

创业经验是创业者在先前的创业过程中依赖于情境并通过具体案例方式获得的感性和理性的观念、知识和技能等，它的获取有赖于创业经历。拥有创业经验的创业者在以后的创业活动中会产生对问题以及行为方式的独到观点和认识，这不仅会影响创业者对创业机会的发现，而且也会影响机会开发过程的行为选择。尽管大学生中拥有真正创业经验的创业者不多，但这并不影响教育界和实践界对创业经验重要性的共识性判断。其作用机理主要表现在：一是创业经验会帮助大学生创业者形成“创业警觉性”。调查显示，尽管政府大力鼓励自主创业，我国有创业梦想的大学生高达80%以上，但真正选择创业的学生却不多。中国创业存在基础能力建设薄弱，尤其是学校对后备劳动力创业能力的培养较弱。而创业机会价值具有时效性，创业者必须在较短的时间内完成对一系列问题的思考判断并快速付诸行动，才能实现创业机会价值。此时，具备创业经验的创业者就更有优势，先前经验中所积累的信息塑造了创业者独特的洞察力，即“创业警觉性”。这种警觉性有助于创业者发现初次创业者不易察觉的机会。二是创业经验会给大学生创业者带来创业课程体系中无法学到“隐性知识”，可以帮助他们规避创业过程中的陷阱，为创业者大胆创业提供自信。相较于没有创业经验的创业者而言，拥有创业经验的大学生创业者积累了一定的市场分析知识能力、人脉关系拓展能力、风险感知能力等通过实战方能取得的“隐性知识”，这使得他们在面对同样的机会信息时，能迅速把握创业机会后期开发过程中的关键点，进而做出正确的决策。

创业机会的形成是创业者与潜在的商机进行互动而形成的，这一过程也是创业个体在基于现有知识结构的基础上进行创造性、联想性思维活动的结果。而要进行创造性、联想性思维的前提就是个体需要掌握足够的知识量，形成比较完善的知识结构。具体到大学生创业者群体而言，完善的知识结构意味着“基础知识宽厚扎实、专业知识掌握灵活、横向知识丰富广博、工具知识准确熟练、方法知识科学高效”。良好的知识结构对大学生创业机会识别能力的影响表现在两方面：一是在机会搜索阶段。大学生创业者需要利用各方面的专业知识对整个经济系统中可能的创业创意展开主动搜索，这实际上是在复杂的市场信息中搜索有价值信息的思维过程。个体知识越广博，则越有助于创业者对市场中的相关信息和知识进行重组、匹配和加工，从而产生新颖的创业构思。二是在机会评价阶段。大学生创业者需要从机会的盈利性、可行性，以及机会所面临的系统性和非系统性风险进行预测、评估。这些都依赖于大学生创业者综合经济学、运筹学、统计与概论等多学科的知识进行综合分析、判断。因此，对于大学生创业者而言，良好的知识结构不仅意味着掌握拟进入行业的专业知识，也包括创业过程中需具备的营销、财务、法律、税收等知识。

创业机会以不同形式出现。虽然以前的研究中，焦点多集中在产品的市场机会上，但是在生产要素市场上也存在机会，如新的原材料的发现等。许多好的商业机会并不是突然出现的，而是对于“一个有准备的头脑”的一种“回报”。在机会识别阶段，创业者需要弄清楚机会在哪里和怎样去寻找。对现在的创业者来说，在现有的市场中发现创业机会，是很自然和较经济的选择。一方面，它与我们的生活息息相关，能真实地感觉到市场机会的存在；另一方面，由于总有尚未全部满足的需求，在现有市场中创业，能减少机会的搜寻成本，降低创业风险，有利于成功创业。现有的创业机会存在于：不完全竞争下的市场空隙、规模经济下的市场空间、企业集群下的市场空缺等。

（1）不完全竞争下的市场空隙

不完全竞争理论或不完全市场理论认为，企业之间或者产业内部的不完全竞争状态，导致市场存在各种现实需求，大企业不可能完全满足市场需求，必然使中小企业具有市场生存空间。中小企业与大企业互补，满足市场上不同的需求。大中小企业在竞争中生存，市场对产品差异化的需求是大中小企业并存的理由，细分市场以及系列化生产使得小企业的存在更有价值。

（2）规模经济下的市场空间

规模经济理论认为，无论任何行业都存在企业的最佳规模或者最适度规模的问题，超越这个规模，必然带来效率低下和管理成本的提升。产业不同，企业所需要的最经济、最优成本的规模也不同，企业从事的不同行业决定了企业的最佳规模，大小企业最终要适应这一规律，发展适合自身的产业。

（3）企业集群下的市场空缺

企业集群主要指地方企业集群，是一组在地理上靠近的相互联系的公司和关联的结构，它们同处在一个特定的产业领域，由于具有共性和互补性而联系在一起。集群内中小企业彼此间发展高效的竞争与合作关系，形成高度灵活专业化的生产协作网络，具有极强的内生发展动力，依靠不竭的创新能力保持地方产业的竞争优势。潜在的市场机会：潜在的创业机会来自新科技应用和人们需求的多样化等。成功的创业者能敏锐地感知社会大众的需求变化，并能够从中捕捉市场机会。

新科技应用可能改变人们的工作和生活方式，出现新的市场机会。通信技术的发展，使人们在家里办公成为可能；互联网的出现，改变了人们工作、生活、交友的方式；网络游戏的出现，使成千上万的人痴迷其中、乐此不疲；网上购物、网络教育的快速发展，使信息的获取和共享日益重要。

需求的多样化源自人的本性，人类的欲望是很难得到满足的。在细分市场里，可以发掘尚未满足的潜在市场机会。一方面，根据消费潮流的变化，捕捉可能出现的市场机会；另一方面，根据消费者的心理，通过产品和服务的创新，引导需求并满足需求，从而创造一个全新的市场。衍生的市场机会：衍生的市场机会来自经济活动的多样化和产业结构的调整等方面。

首先，经济活动的多样化为创业拓展了新途径。一方面，第三产业的发展为中小企业提供了非常多的成长点，现代社会人们对信息情报、咨询、文化教育、金融、服务、修理、运输、娱乐等行业提出了更多更高的需求，从而使社会经济活动中的第三产业日益发展。由于第三产业一般不需要大规模的设备投资，它的发展为中小企业的经营和发展提供了广阔的空间。另一方面，社会需求的易变性、高级化、多样化和个性化，使产品向优质化、多品种、小批量、更新快等方面发展，也有力地刺激了中小企业的发展。

其次，产业结构的调整与国企改革为创业提供了新契机。党的十六大报告指出，“要深化国有企业改革，进一步探索公有制特别是国有制的多种有效实现形式，大力推进企业的体制、技术和管理创新。除极少数必须有国家独资经营的企业外，积极推进股份制，发展混合所有制经济”。

因此，随着国企改革的推进，民营中小企业除了涉足制造业、商贸餐饮服务业、房地产等传统业务领域外，将逐步介入医药、大型制造等有更多创业机会的领域。

七、大学生创业机会的评估准则

我们针对创业机会的市场与效益面，提出一套评估准则，并说明各准则因素的内涵，目的是为创业家提供是否投入创业开发评估的决策参考。

（一）市场评估准则

1. 市场定位

一个好的创业机会，必然具有特定的市场定位，专注于满足顾客需求，同时能为顾客带来增值的效果。因此评估创业机会的时候，可由市场定位是否明确、顾客需求分析是否清晰、顾客接触通道是否流畅、产品是否持续衍生等，来判断创业机会可能创造的市场价值。创业带给顾客的价值越高，创业成功的机会也会越大。

2. 市场结构

针对创业机会的市场结构进行五项分析，包括进入障碍、供货商、顾客、经销商的谈判能力、替代性竞争产品的威胁，以及市场内部竞争的激烈程度。由市场结构分析可以得知新企业未来在市场中的地位，以及可能遭遇竞争对手反击的程度。

3. 市场规模

市场规模的大小与成长速度，也是影响新企业成败的重要因素。一般而言，市场规模大者，进入障碍相对较低，市场竞争激烈程度也会略为下降。如果要进入的是一个十分成熟的市场，那么纵然市场规模很大，由于已经不再成长，利润空间必然很小，因此新企业恐怕就不值得再投入。反之，一个正在成长中的市场，通常也会是一个充满商机的市场，所谓水涨船高，只要进入时机正确，必然有获利的空间。

4. 市场渗透力

对于一个具有巨大市场潜力的创业机会，市场渗透力（市场机会实现的过程）评估将会是一项非常重要的影响因素。聪明的创业家知道应选择最佳时机进入市场，也就是市场需求正要大幅成长之际，你已经做好准备，等着接单。

5. 市场占有率

从创业机会预期可取得的市场占有率目标，可以显示这家新创公司未来的市场竞争力。一般而言，成为市场的领导者，最少需要拥有 20% 以上的市场占有率。但如果低于 5% 的市场占有率，则这个新企业的市场竞争力显然不高，自然也会影响未来企业上市的价值。尤其处在具有赢家通吃特点的高科技产业，新企业必须拥有成为市场前几名的能力，才比较具有投资价值。

6. 产品的成本结构

产品的成本结构，可以反映新企业的前景是否亮丽。例如，从物料与人工成本所占比重之高低、变动成本与固定成本的比重，以及经济规模产量大小，可以判断该企业创造附加价值的幅度以及未来可能的获利空间。

（二）效益评估准则

1. 合理的税后净利

一般而言，具有吸引力的创业机会，至少需要能够创造 15% 的税后净利。如果创业预期的税后净利在 5% 以下，那么这就不是一个好的投资机会。

2. 达到损益平衡所需的时间

合理的损益平衡时间应该能在两年以内达到，但如果三年还达不到，恐怕就不是一个值得投入的创业机会。不过有的创业机会确实需要经过比较长的耕耘时间，通过这些前期投入，创造进入障碍，保证后期的持续获利。在这种情况下，可以将前期投入视为一种投资，才能容忍较长的损益平衡时间。

3. 投资回报率

考虑到创业可能面临的各项风险，合理的投资回报率应该在 25% 以上。一般而言，15% 以下的投资回报率，是不值得考虑的创业机会。

4. 资本需求

资金需求量较低的创业机会，投资者一般会比较欢迎。事实上，许多个案显示，资本额过高其实并不利于创业成功，有时还会带来稀释投资回报率的负面效果。通常，知识越密集的创业机会，对资金的需求量越低，投资回报反而会越高。因此在创业开始的时候，不要募集太多资金，最好通过盈余积累的方式来创造资金。而比较低的资本额，将有利于提高每股盈余，并且还可以进一步提高未来上市的价格。

5. 毛利率

毛利率高的创业机会，相对风险较低，也比较容易取得损益平衡。反之，毛利率低的创业机会，风险则较高，遇到决策失误或市场产生较大变化的时候，企业很容易就遭受损失。一般而言，理想的毛利率是 40%。当毛利率低于 20% 的时候，这个创业机会就不值得再予以考虑。软件业的毛利率通常都很高，所以只要能找到足够的业务量，从事软件创业在财务上遭受严重损失的风险相对会比较低。

6. 策略性价值

能否创造新企业在市场上的策略性价值，也是一项重要的评价指标。一般而言，策略性价值与产业网络规模、利益机制、竞争程度密切相关，而创业机会对于产业价值链所能创造的价值效果，也与它所采取的经营策略和经营模式密切相关。

7. 资本市场活力

当新企业处于一个具有高度活力的资本市场时，它的获利回收机会相对也比较高。不过资本市场的变化幅度极大，在市场高点时投入，资金成本较低，筹资相对容易。但在资本市场低点时，投资新企业开发的诱因则较低，好的创业机会也相对较少。不过，对投资者而言，市场低点的成本较低，有的时候反而投资回报会更高。一般而言，新创企业的活跃的资本市场比较容易创造增值效果，因此资本市场活力也是一项可以被用来评价创业机会的外部环境指标。

8. 退出机制与策略

所有投资的目的都在于回收，因此退出机制与策略就成为一项评估创业机会的重要指标。企业的价值一般也要由交易市场来决定，而这种交易机制的完善程度也会影响新企业退出机制的弹性。由于退出的难度普遍高于进入，所以一个具有吸引力的创业机会，应该要为所有投资者考虑退出机制，以及退出的策略规划。

第二节 大学生创业能力之创业融资

一、大学生创业融资的内涵与重要性

作为创业主体的大学生大多热衷于自主创业，但基本上还处于非理性阶段，与社会上的中小企业创业融资相比较，大学生融资渠道比较单一，大学生不应仅局限于向亲朋好友寻求资金支持，而应该拓宽思路，吸引企业、银行、担保公司、风险投资机构等多方的关注与支持。大学生创业过分强调资金和社会关系的重要性。当前很多大学生对于创业条件的理解仅仅停留在“物质”层面，而忽视了自身素质与能力的培养，这样，即便拿到资金，创业的失败率也会很高。大学生创业准备不足，尽管大学生们有独立创业的愿望与热情，但真正面对激烈的市场竞争局面，还会因自身底气不足而却步。

二、大学生创业融资困难的原因

（一）支持大学生创业融资的规范性文件较难落到实处

近年来，国家和政府为了支持大学生创业，解决大学生创业融资难的问题，在营造良好法律和政策环境方面做了大量工作。此阶段我国颁布和修订的许多法律中的诸多内容都对支持大学生创业融资产生了很好的作用。

单从我国目前颁布的法律、法规来看，其对改善我国目前大学生乃至整个中小企业的融资环境起到了重要作用。但在具体的实践应用中，多数的法律与法规主要是从宏观上提倡支持大学生创业，至于如何从大学生创业的各个环节入手，尤其是在支持创业融资方面为大学生创业提供具体可行的帮助则较少涉及，虽然大学生知道国家支持性银行贷款，但去实施的时候，银行却拒绝，其原因是银行虽知道支持大学生创业贷款的信息，但是相关可操作性的细则还不明确。这样使得大学生创业融资制度环境中缺乏与之配套的可操作性强的规范性文件，从而支持大学生创业融资的优惠政策也很难落到实处。

（二）各高校在支持大学生创业融资的不足之处

我国诸多的高校里存有这样的思想，一是开展创业教育是因为就业困难，为此才需要鼓励大学毕业生创业，若自己学校的就业形势好，就不需要开展创业教育。二是认为大学生需要进行创

业教育的是极少数，开展创业教育的需求与意义也不大，因此没有积极性。三是根本不看好毕业生创业，认为毕业生属于“三无”，即无场地、无资金、无经验的人员，创业肯定会失败。打着对家长和学生负责的“旗号”，不鼓励创业，也不需进行创业教育。四是学校以科研为主导，创业并不是学校的重点。可见，在这样的思想支配下，大学生个人创业会受到严重抵触，就更谈不上为创业提供融资方面的支持了。

（三）大学生创业的企业自身方面的原因

大学生创业的企业自身方面的原因导致融资困难主要体现以下几个方面：

一是大学生创业的歇业和违约率高。大学生创业企业有较高的歇业比例是银行不愿意向大学生创业的企业提供贷款的主要原因之一。我国大学生创业企业有近 29.8% 的企业在两年内消失；因为经营失败、倒闭与其他原因，有近 35.7% 的大学生创业的企业在四年内退出市场。这两项的比例均大大高于我国中小企业。大学生创业企业高比例的倒闭情况使向其贷款比例较高的银行也面临较大的风险，贷款的信息收集和分析成本也会较高。同时，贷款偿还的高违约率也是银行不愿向大学生创业的企业提供贷款的一个重要原因。虽然政府部门会对大学生创业的企业进行金融担保，但城市商业银行也不愿意为大学生创业的企业进行贷款。

二是大学生创业企业发展不稳定，存在较大风险。大学生创业企业自身的特点决定了其经营上的不确定性，具有很高的出生率和死亡率。其在成长过程中主要面临以下几种风险：①技术风险。大学生创业企业因其经济实力弱，缺乏资金进行技术研发和新产品开发，因此面临着比大企业更大的技术风险。②市场风险。大学生创业企业难以投入巨大的人力和物力对自身的产品市场进行深入调查，所掌握的市场信息十分有限，容易做出错误决策。③管理风险。生产经营不规范、管理混乱，是绝大多数大学生创业企业的现实写照。

三是大学生创业企业可用于抵押的资产少。大量大学生创业企业的生产经营因陋就简，有限的资金主要用于维持正常运转，厂房、设备投入并不多。因此大学生创业企业拥有较低的固定资产比例，这使得办理抵押贷款时质押品的价值不足，为此可获得的贷款数额也小。也有不少大学生企业因其土地、厂房所有权证不全，不符合抵押贷款条件，因此不能获得银行贷款。

四是大学生企业信用程度低。大学生企业尤其是个体私营企业，在生产经营恶化之时，企业主会一走了之，逃避一些银行债务，更使银企间的信用基础越来越脆弱。信用缺失是当前社会的一个严重问题，也可以说是一种危机。

（四）大学生自身的原因

在分析我国相关法律的融资规定、政府的融资法规政策、市场的融资渠道、高校的融资指导等问题的同时，还不能忽略一个重要的问题，那就是我国大学生自身的综合素质。若我国大学生的综合素质十分优秀，投向大学生创业的资金收益率很高，像西方发达国家一样，其投向大学生创业的资金收益率很高，那么只要把握好金融领域各方面关系，将金融领域纳入我国法治运作平台，并依靠市场手段，特别是依靠资金本身的逐利行为就能解决我国大学生创业融资的问题。现阶段我国大学生本身问题阻碍他们的创业融资顺利进行，主要体现以下几个方面：

一是思想、心理和性格方面。现阶段大学生一般都是“90后”的年轻人，独生子女居多，他们都是成长在亲情中，有的甚至是成长在溺爱的家庭氛围中，缺乏身心磨砺，好逸恶劳，依赖心强，承受挫折的心理能力差，无法理性的对自己身边的人和事做出评价，有的还心胸狭窄，浮躁自大。这些问题在一定程度上影响了他们解决创业融资和创业的问题。

二是社会实践能力方面。社会实践能力主要包括交际能力、动手能力、领导能力、合作能力和团队精神，因为我们国家从小学到高中所注重的是考试得分能力，在这方面重视并不够或无暇顾及，也可以说这种现象的出现是我国高考模式的一个后遗症。

三是诚信方面。诚信是融资的基础，但现阶段的大学生存在一定的诚信缺失问题。如就业信息做假、考试作弊、拖欠助学贷款等问题，这些问题虽不是普遍存在，但也严重损害大学生形象，这在一定程度上也影响着金融机构对大学生信用的判断。

三、大学生创业融资的原则与方式

创业融资是指在持续的生产经营活动中，创业企业为了谋求自身生存和发展而筹措和运用资金的活动。创业融资主要是对创业企业的融资行为的研究，具体包括在一定的融资风险下，如何获得资金，并使融资成本最小，而企业的价值最大化。创业企业获取资金的能力体现在创业融资能力，即在现有条件下，创业企业能够取得的资金规模的最大额度。也就是说，外界愿意提供的额度越高，表明这个创业企业的融资能力越强。

创业融资的原则：及时性，即创业机会的时效性；低成本，即低成本的原则，它不仅包括单位融得资金的成本，还应当考虑投资者所能带来的管理、营销网络、技术和社会资本，以及准确、及时的融资；低风险，即必须考虑到可能出现的不可融资的融资，如银行授信额度、政府政策变化从而取消资金支持等，因此应选择稳定、变数较小的融资来源。风险较大、不确定性较强的融资渠道，只能作为备用的融资渠道。

创业融资方式主要是指创业企业筹措资金所采取的具体形式，它体现了资金的属性。认识融资方式的种类与每种融资方式的属性，有利于处于创业期的企业选择适宜的融资方式并进行融资组合。创业企业融资方式一般有以下七种：吸收直接投资、商业信用、银行借款、发行股票、发行融资券、发行债券、租赁筹资。

四、大学生创业融资的过程

针对大学生融资的不足，创业者在融资的过程中需要做好以下工作：

第一，在制订大学生融资方案之前要准确评估自己的有形和无形资产的价值，千万不要妄自菲薄，低估了自己的价值。网易公司曾经经过多轮融资和上市，丁磊曾拥有超过60%的股份，这说明丁磊在每轮融资的过程中都只用了少量的股份就达到了自己的目标，这是大学生学习的榜样。

第二，融资过程中要做好大学生融资方案的选择，多渠道融资的比较与选择可以有效降低融资成本、提高效率。如果采用出让股权的方式进行融资，则必须做好投资人的选择。只有同自己经营理念相近，其业务或能力能够为投资项目提供渠道或指导的投资才能有效支撑企业的成长。

第三，创业不仅是实现理想的过程，更是使投资者（股东）的投资保值增值的过程。创业者和投资者是一个事物的两个方面，大家只有通过企业这个载体才能达到双赢的目标。“烧投资者的钱，圆自己的梦”的问题说到底是企业家的信用问题，怀抱这种思想的人不会成为一个成功的创业者。能为股东创造价值的企业家才能得到更多的融资机会和成长机会。因此创业者不仅要加强自身的技术能力，还需要具备企业家的道德风范。

大学生融资问题解决后，就能将自己的技术和创意转化为盈利的工具，才能在激烈的市场竞争中立于不败之地；拓宽大学生融资渠道、对投资人负责才能使自己的企业茁壮成长。

五、大学生创业融资的规划

大学生创业项目的选择性是比较广泛的：有开小店卖花、卖衣服的，有跟着父母开餐馆的，还有一些高科技类的项目。“前两者门槛低，技术含量也低，导入也比较容易，但也比较容易被别人替代；后者就是一个需要前期大量投入的项目了，对大学生来说更加不容易，但一旦成功就有了‘垄断’的味道。”笔者认为，可先选择一些门槛较低的项目，在挖到“第一桶金”之后，不仅积累了资本，更积累了经验，到时再转行也不迟。

那么，“第一桶金”到底从哪里来？

（一）寻找投资人

寻找合适的投资人并且要双方互相认可是一个漫长的过程，需要耐心。笔者认为，有创业之心的大学生不要为了钱而过度发愁，只要你的项目好，就一定找得到投资人，所以要坚持下去，但前提是你要有详细的规划和良好的可行性方案。

（二）从“小”开始，积累资金

一些看似不大的业务可以使大学生在积累经验的同时还能积累原始资本。有的大学生毕业之后先去跑出租车，就是为了从一个门槛很低的项目中积累开业资金。

（三）申请小额贷款或者大学生创业基金

很多地方政府为破解自主创业融资的难题，实施了“小额贷款”的创业扶持机制，大学生为创业而申请，基本不用抵押担保，但申请人须为在校大学生。此外，还可以申请政府基金。

有长远规划的大学生，创业就已经成功了三分。创业规划的关键还在于实际、合理和科学，多向有经验的人咨询，看看什么是合理的，什么是有可能实现的，一步步踏实地走过去。少几分妄想，多几分学习，很多大学生缺少挫折感和危机感，有想法是很好的，但由于没见过现实的残酷，没在商业浪潮中冲过浪，许多想法也就不知不觉地成了不切实际的“妄想”。这是一个必经的过程，要在实践中多积累和学习，才能避免走弯路，要跟有经验的合伙人学，先自学，再实践。对于创业者来说，要积累的知识、要锻炼的能力、要培养的素质很多，一定要抓紧时间进步！

六、大学生创业融资的渠道

（一）加大政府科技资金的支持力度

一般来说，大学生初创企业在萌芽阶段的风险很大，这时候就需要种子资金的支持，来自政府的直接种子资金投入对大学生创业企业来说是非常重要的。来自政府的直接资金支持体现在以下两个方面：

一是政府的专项资金支持。其主要体现在针对高新技术企业的种子资金支持上。种子资金是指在技术成果产业化前期就进行投入的资本。因为种子资本进入较早，因此风险相对更大，但潜在收益也相对增加。从科技成果产业化的角度来看，种子资本的作用是非常大的。正是因为种子基金的出现，才使许多科技成果能够迅速实现产业化，才能有更大的发展，这就是“种子”的寓意。因为种子基金的高风险性及其在科技成果转化中的重要作用，很多种子资本是由政府提供的，即我们常见的政府种子基金。比如为了应对金融危机对大学生就业的影响，我国政府的大学生科技创业基金就有种子资金的作用。

创业基金分“创业基金”和“种子基金”两类。其中“创业基金”则是以无偿或投资资助方式，支持我国大学生依托自主技术成果创办企业（一般项目支持经费不超过 30 万元）；“种子基金”以投入少量无偿资金的方式（一般项目不超过 10 万元），对我国大学生科技创业进行短期孵化。并且基金对大学生单个项目资助金额一般不高于 30 万元，基金在其资助大学生企业中所占股权不参与分红，两年内基金以原价退出，但大学生项目失败，基金经严格程序进行核销。

二是税收支持。在税收方面，我国对大学生的创业支持可以借鉴国外的成功经验。

（二）完善大学生创业融资和金融领域密切相关的具体制度

完善大学生创业融资和金融领域密切相关的具体制度，包括以下几个方面：一是政府应该将工作的重点放在建设良好的制度环境上。需要深刻认识到要求创业的大学生这一群体在金融生态中的价值和作用，不能片面地将他们视为需要同情和救济的对象。并在为大学生群体提供金融服务的过程中，应设法采取符合大学生创业融资的金融新产品与新技术。二是大力发展经营创业投资基金、风险投资基金等金融机构，提供可供选择的大学生创业的多种融资模式。在我国 90% 以上的大学生创业者依赖银行贷款，其余来自其他资金渠道。这种情况说明我国企业融资方式不多且融资模式单一。为此有必要建立多层次、多渠道的融资市场，这其中大力发展多种所有制形式的创业投资基金、风险投资基金等金融机构是解决创业融资市场单一的重要途径。三是建立中小金融机构层次、改变我国的银行结构单一的现状是当务之急，如可以考虑利用各种资金，组建专门为我国大学生创业融资服务的学生银行。

（三）加强我国银行对大学生创业的贷款

加强我国银行对大学生创业的贷款主要体现在以下几个方面。

一是降低贷款的门槛，提供低息贷款。目前银行贷款的门槛相对较高，很多大学生创业者无法得到贷款。创业者贷款需要在生产规模、产业发展方向，经验和市场基础，质押、抵押和担保等方面的条件，而创业者自身缺少相应的抵押物或担保不足。这些贷款的条件对于那些刚出校门创业的大学生来说十分困难，因此，银行需要针对我国大学生创业企业的融资需求特点与发展经营现状，降低贷款的门槛，提供一些融资服务，并提供一定的低息贷款。同时，可以通过担保机构提供灵活的担保形式，为银行金融服务产品与大学生创业企业融资需求相对接，解决我国大学生创业的资金问题。

二是健全信用担保体系，为我国大学生创业者提供小额贷款服务。信用担保是连接创业企业和商业银行的桥梁，也是一项高风险行业。因此，健全信用担保体系需要创业企业信用担保机构在政企分开、独立自主、市场运作的基础上建立保证资金安全运作的规章制度，增加担保业务的透明度。同时在此基础上，可以为大学生创业提供小额贷款业务，解决大学生创业的启动资金困难的问题。

三是完善我国金融服务，发展知识产权质押贷款。知识产权质押是指将自己的知识产权作为一种无形资产质押给银行作为担保，获得贷款；若还款出现问题，由银行将知识产权依法进行折价、拍卖或变卖。这种贷款方式区别于以往的实物抵押贷款，比较适合大学生创业者，银行推广知识产权质押服务，将有利于帮助我国大学生摆脱创业融资困境。

（四）成立组织和机构为大学生创业融资提供帮助与指导

我国各高校可以聘请有创业经验的老师与学生成立创业协会和组织，为大学生创业融资进行帮助和指导。并在此基础上，组织大学生成立创业小组，开展创业竞赛、商业创意大赛等活动，激发毕业大学生的创业热情，营造创业的文化氛围，增加大学生创业实践的机会，进而展现我国新一代大学生开拓创新、勇于进取的时代风采。

（五）选择适合大学生创业融资的策略

因为资金问题使大学生创业半途而废或根本无法启动，这是大学生自主创业失败的首要因素。融资策略从形式上具体包括融资的方式与渠道。为此，大学生创业在选择融资策略上，要把握好融资方式与渠道的合理选择。同时大学生创业融资需要通过一定的渠道，采用一定的方式，并使两者合理地配合起来。为此，笔者针对大学生创业自身特点，融资难等现状，提出适合大学生创业期间的融资策略。

一是联合融资。大学生创业融资可以由学校或学生自发组织大学生联合融资，不但能解决融资问题，还能培养合作能力，增强我国大学生的社会实践能力；联合融资的融资风险很小；现代社会因为法律的繁杂性和市场的庞大性，个人的力量是很微弱的，只有突出大学生团队的精神，充分发挥团队的力量才能保证更多的成功机会；联合融资还能结合大学生本身的特点，由于大学生一般喜欢和自己熟悉的同学们在一起创业和合作，这和我们的调查结果也是吻合的。

二是寻求风险投资融资。大学生创办高新技术企业可以争取风险投资基金的支持，但能否争取到，这主要取决于项目发展前景及个人信用保证。立志自主创业的大学毕业生可通过委托专门的风险投资公司、创业大赛、在网上或其他媒体发布投资信息寻找投资人。此外，还可以参加创业培训班，在老师的帮助下通过制订科学严谨、可操作性强的“创业计划书”来说服风险投资者，也可争取到“大学生创业基金”。

三是采用银行贷款融资。我国部分金融企业推出的对高校毕业生创业贷款的业务，高校毕业生也可以成为借款主体，需要其家庭或直系亲属家庭成员的稳定收入或有效资产提供相应的联合担保，对创业贷款给予一定的优惠利率扶持。并视贷款风险度的不同，在法定贷款利率的基础上可适当下浮或小幅度上浮。有志于自主创业的大学毕业生可多加关注，并采用此类创业融资的模式。且大学生创业者都希望将自己的技术和创意转化为盈利的工具，为此可以将其知识产权质押作为一种无形资产质押给银行，作为担保，获得贷款；若还款出现问题，由银行将知识产权依法进行折价、拍卖或变卖。

（六）慎重挑选合适的投资者

确定切实可行的融资方式及制订融资策略，还需要明白要寻找什么类型的投资者。创业融资是一个双向选择的过程，投资者在选择创业者的同时，创业者也需要积极的挑选合适的投资者。创业者一般应选择这样的投资者：了解并对该行业投资有兴趣的；的确考虑要投资，并有能力提供相应资金的；能够提供有益的商业建议且与业界、融资机构有接触的；为人处事公平合理，并能与创业者和谐相处的；有名望、道德修养高的；具有此类投资经验的。具有这些特质的投资者是稀缺的、有价值的且难以复制的、不可替代的人力资源，他们可以给创业的企业持久的竞争优势。大学生创业在选择投资者时可以从以下几个群体中选择：一是非正规的投资者，如富有的个人；二是友好的投资者，如家人、朋友、未来的雇员和管理者、商业伙伴、潜在的客户或供应商；三是风险投资产业的正规的或专业的投资者。

第三节　大学生创业能力之创业风险

一、大学生创业风险的特征

大学生创业，在企业发展过程，随时都可能有灭顶之灾的风险。保持积极的心态，多学习，多汲取优秀经验，结合大学生既有的特长优势，我们相信，大学生创业的步伐，会越走越远，越走越稳。创业的风险特征主要有以下几个方面：

风险一：项目选择存在盲目性。大学生创业时如果缺乏前期市场调研和论证，只是凭自己的兴趣和想象来决定投资方向，甚至仅凭一时心血来潮做决定，一定会碰得头破血流。大学生创业者在创业初期一定要做好市场调研，在了解市场的基础上创业。一般来说，大学生创业者资金实力较弱，选择启动资金不多、人手配备要求不高的项目，从小本经营做起比较适宜。

风险二：缺乏创业技能。很多大学生创业者眼高手低，当创业计划转变为实际操作时，才发现自己根本不具备解决问题的能力，这样的创业无异于纸上谈兵。一方面，大学生应去企业打工或实习，积累相关的管理和营销经验；另一方面，积极参加创业培训，积累创业知识，接受专业指导，提高创业成功率。

风险三：资金风险。资金风险在创业初期会一直伴随在创业者的左右。是否有足够的资金创办企业是创业者遇到的第一个问题。企业创办起来后，就必须考虑是否有足够的资金支持企业的日常运作。对于初创企业来说，如果连续几个月入不敷出或者因为其他原因导致企业的现金流中断，都会给企业带来极大的威胁。相当多的企业会在创办初期因资金紧缺而严重影响业务的拓展，甚至错失商机而不得不关门大吉。另外，如果没有广阔的融资渠道，创业计划只能是一纸空谈。除了银行贷款、自筹资金、民间借贷等传统方式外，创业者还可以充分利用风险投资、创业基金等融资渠道。

风险四：缺乏社会资源。企业创建、市场开拓、产品推介等工作都需要调动社会资源，大学生在这方面会感到非常吃力。平时应多参加各种社会实践活动，扩大自己人际交往的范围。创业前，可以先到相关行业领域工作一段时间，通过这个平台，为自己日后的创业积累人脉。

风险五：管理风险。一些大学生创业者虽然技术出类拔萃，但理财、营销、沟通、管理方面的能力普遍不足。要想创业成功，大学生创业者必须技术、经营两手抓，可从合伙创业、家庭创业或从虚拟店铺开始，锻炼创业能力，也可以聘用职业经理人负责企业的日常运作。创业失败者，基本上都是管理方面出了问题，其中包括决策随意、信息不通、理念不清、患得患失、用人不当、忽视创新、急功近利、盲目跟风、意志薄弱等。特别是大学生知识单一、缺乏经验、资金实力和心理素质明显不足，更会增加在管理上的风险。

风险六：存在竞争风险。寻找蓝海是创业的良好开端，但并非所有的新创企业都能找到蓝海。更何况，蓝海也只是暂时的，所以，竞争是必然的。如何面对竞争是每个企业都要随时考虑的事，而对新创企业更是如此。如果创业者选择的行业是一个竞争非常激烈的领域，那么在创业之初极有可能受到同行的强烈排挤。一些大企业为了把小企业吞并或挤垮，常会采用低价销售的手段。对于大企业来说，由于规模效益或实力雄厚，短时间的降价并不会对它造成致命的伤害，而对初创企业则可能是彻底毁灭的危险。因此，考虑好如何应对来自同行的残酷竞争是创业企业生存的必要准备。

风险七：团队分歧的风险。现代企业越来越重视团队的力量。创业企业在诞生或成长过程中最主要的力量来源一般都是创业团队，一个优秀的创业团队能使创业企业迅速地发展起来。但与此同时，风险也就蕴含在其中，团队的力量越大，产生的风险也就越大。一旦创业团队的核心成员在某些问题上产生分歧不能达到统一时，极有可能对企业造成强烈的冲击。事实上，做好团队的协作并非易事。特别是与股权、利益相关联时，很多初创时很好的伙伴都会闹得不欢而散。

风险八：缺乏核心竞争力的风险。对于具有长远发展目标的创业者来说，他们的目标是不断地发展壮大企业，因此，企业是否具有自己的核心竞争力就是最主要的风险。一个依赖别人的产品或市场来打天下的企业是永远不会成长为优秀企业的。核心竞争力在创业之初可能不是最重要的问题，但要谋求长远的发展，就是最不可忽视的问题。没有核心竞争力的企业终究会被淘汰出局。

风险九：人力资源流失的风险。一些研发、生产或经营性企业需要面向市场，大量的高素质专业人才或业务队伍是这类企业成长的重要基础。防止专业人才及业务骨干流失应当是创业者时刻注意的问题，在那些依靠某种技术或专利创业的企业中，拥有或掌握这一关键技术的业务骨干的流失是创业失败的最主要风险源。

风险十：意识上的风险。意识上的风险是创业团队最内在的风险。这种风险来自无形，却有强大的毁灭力。风险性较大的意识有投机的心态、侥幸心理、试试看的心态、过分依赖他人、回本的心理等。

二、大学生创业风险的识别与评估

大学生创业失败率居高不下的主要原因归结为以下几个方面：一是缺乏明确的创业目标，缺乏创业项目的市场定位，缺乏有效的商业运作模式；二是缺乏明确的产权界定及内部有效治理的约束机制，财务管理不当造成创业资源的浪费；三是缺乏诚信；四是缺乏专注精神；五是缺乏以人为本的团队合作精神。大学生创业既存在着一般创业风险，同时大学生作为创业的一个特殊群体，其受教育背景、社会环境与创业政策的影响，又具有与众不同的特征。大学生创业存在的风险主要体现在六个方面，分别是机会风险、资金风险、技能风险、资源风险、管理风险以及环境风险。

在大学毕业生的就业路中，自主创业正在悄然兴起，成为一个引人注目的选择。大学毕业生自主创业不仅解决了自身的就业问题，而且还能为他人创造更多的就业机会。

创业，成了近些年解决大学生就业的重要途径之一。新闻中经常报道应届大学毕业生甚至研究生创业成功的例子。作为新思想的前沿群体，大学生自主创业的做法无可厚非，这也是其优势所在。这是因为，大学生能够掌握最新的科技理念，进行创业既可以学以致用，还可以拉动就业，同时也能为创业市场做出努力。

大学生大规模创业，也存在一定风险和问题。因为，根据市场规律，创业行情多变，风险与创业利益并存。创业和其他商品一样，存在运作风险，需要做好风险评估。国家将增加大学生创业扶持力度，支持大学生创业。大学生创业，总体上是一件好事，但需要防范风险。这里，不妨套用社会上警示股民“股市有风险，投资需谨慎”的流行语：创业有风险，投资须谨慎。大力强化大学生创业教育和相关培训，让有创业意愿的大学生及早储备有关知识；建立大学生创业校外实践基地，让创业大学生有机会体验创业过程，历练相关技能。此外，大学生创业不能盲目跟风，应正确选择适合自己的项目。

大学生创业者必须进行创业风险的评估。即将特定的创业机会和创业活动结合，分析和判断创业风险的具体来源、发生概率、测算风险损失、预期主要风险因素，测算冒险创业的“风险收益”，估计自己的风险承受能力，进而进行风险决策，提前准备相应的“风险管理预案”。笔者认为，大学生创业可以从两个角度进行分析和评估。角度一，从技术风险、市场风险、财务风险、政策及法律风险、团队风险等方面，预测特定创业机会、创业活动可能遇到的风险因素。角度二，从系统风险、非系统风险两个方面，预测特定创业机会、创业活动可能遇到的风险因素。两个角度的分析各有其方便之处和不便之处。要进行深入分析，通常需要采用层次分析法，层层细化、逐级分析，以求深入准确揭示可能遇到的风险因素。

三、大学生创业风险的控制

（一）大学生自身素质的提升

大学生创业所存在的风险往往是由大学生这个特殊的群体在创业过程中具有的劣势造成的，因此想要规避风险，就必须从实际出发，提升大学生自身能力，让自己具备各项创业所需的技能与素质。分析众多大学生创业成功的案例，他们成功创业可以归因于以下几方面的能力：创新能力、策划能力、组织能力、领导能力、管理能力以及公关能力。也只有同时具备这几方面的能力，大学生在创业中才能技高一筹，降低失败的概率。

（二）准备好创业必备的硬件

俗话说“巧妇难为无米之炊”，没有充分的硬件准备，再好的创意也难以转化为现实的生产力，再优秀的人才也没有用武之地。大学生创业所需要具备的硬件主要是经验、资本和技术。经验的积累避免陷进眼高手低、纸上谈兵的误区；资金为成功创业建立物质基础；技术则是大学生想要在高科技领域占有一方天地的王牌。

（三）进行风险意识教育

各高校可以有计划的开设有关于创业风险的课程，通过实际案例理性分析创业活动的复杂性，让大学生能够清醒地认识到创业历程中存在的风险，以及如何防范和应对创业过程危机，指导大学生在创业前期、创业当中如何对待和化解创业风险，促进大学生进行创业能力的自我培养和技能的提高。

（四）了解政策和相关法律

近年来，为支持大学生创业，国家各级政府出台了许多优惠政策，了解这些政策，才能走好创业的第一步。此外，还要学习相关的法律知识，如工商注册登记、经济合同和税务等法律知识。这些是大学生创业过程必备的知识。只有懂法、守法，并依据法律保护自己的合法权益，才能确保大学生们的创业行动稳健与长久。

（五）创业不同阶段应注意的问题

当然，真正实际操作进行创业时，无论是在创业前期的准备、创业中期的运行还是创业后期的完善也都有许多问题需要注意。在创业前期，要谨慎选择项目，避免盲目跟风，合理组建团队，避开熟人搭伙，注重实践磨炼，回避准备不足。在中期要强化内部管理，培养骨干成员，积极参与竞争，杜绝急功近利，加强内涵建设，创立品牌形象。在创业后期，面对“守业”的艰巨任务，要懂得建立激励机制，凝聚创新人才，尝试权力授予，完善组织架构，逐步合理扩张，健全制约机制。如此，才能算得上成功创业。

四、大学生创业者承担风险能力的评估

在经济高速发展和“互联网+”盛行的当下，到处蕴藏着创业的机会，大学生创业也成为大学生实现自身价值、创造财富的一个重要途径。但是不能否认的是，创业风险也是客观存在、不可避免的。尤其是对资金、能力、经验都有限的大学生创业者来说，并非“遍地黄金”。所以，想要创业的大学生必须用敏锐的眼光去发现风险，用超人的智慧去应对风险，积极投身到创业的潮流中，并在其中站稳脚跟，求得发展。同时，创业大学生要根据自身特点，找准“落脚点”，从害怕风险，不敢迈步之中解放出来，敢于去市场经济的大潮中劈风斩浪，又要在经受商海的历练和锻打中，善于规避风险、化解风险。使自己在迎战风险的过程中站立起来，成熟起来，才能闯出一片真正适合自己的新天地，成为商海的精英和栋梁。

大学生是充满激情的一个群体，但一些大学生创业者因为盲目和冲动，市场预测过于乐观，没有对市场进行充分的调研和细分，缺乏真正有商业前景的创业项目，许多创业点子经不起市场的考验。

在当今竞争激烈的社会中，商场如战场，想要获得成功，就需要经营人脉。人脉资源是潜在的无形资产。表面上看，它不是直接的财富，但缺乏人脉创业很难成功。人脉资源丰富的创业者，在创业路上自然左右逢源。大学生创业者如果在短时间内不能建立广泛的人际网络，创业对他来说一定不易，即使初期能够依靠领先技术或者自身素质，比如吃苦耐劳或精打细算，获得某种程度上的成功，但事业很难做大。曾任美国总统的罗斯福说过：“成功的第一要素是懂得如何搞好人际关系。”作为创业者，“关系圈”对他们来说尤为重要。想要创业成功，就要营造一个适于成功的人际圈。一个没有良好人际关系的人，即使知识丰富、技能突出，也很难得到施展的空间。对于大学生创业者来说，接触社会的时间有限，阅历不够丰富，因此，积累和经营自己的人脉资源还需要时间和磨炼。

大学生创业者的抗风险能力较弱，创业风险是由于创业环境的不确定性，创业机会与创业企业的复杂性，创业者、创业团队与创业投资者的能力与实力的有限性，而导致创业活动偏离预期目标的可能性及其后果。在创业过程中包括技术风险、市场风险、投资风险、政策风险等。大学生创业存在很多风险，他们是否具备风险意识和规避风险的能力，将直接影响创业的成败。对创业风险具有清醒的认识，并充分拥有应对风险的心理准备，是创业成功的必要条件。但是由于大学生受年龄及阅历等方面的限制，未必对创业风险具有清醒的认识，缺乏对可能遭遇到风险的必要准备。一些大学生在创业过程中一旦遇到挫折和失败，往往感到痛苦茫然，甚至沮丧消沉、一蹶不振。商场如战场，竞争风险无处不在，优胜劣汰法则是无情的。据统计，全国每年新开张公司有至少45%不到一年时间倒闭关门。大学生的创业激情很可贵，应该得到全社会的鼓励和保护，但我们在拥有魄力和果敢的同时，更需要理性、深思熟虑，需要脚踏实地才能走得更稳。

第十一章 大学生创新创业指导

第一节 创新创业的社会环境

一、大学生创业基本能力

（一）大学生创业具备的基本能力

1. 自我认知及科学规划

这一点对年轻人来说，是不容易实现的。尤其是大学生刚出校门，对社会和自己的认识还非常有限。要想清楚地知道自己以后的发展方向，仅靠自身的苦思冥想是找不到答案的。最好的办法就是通过观察别人，征求“过来人”的意见，再结合自己的实际情况制订一些小的目标，通过确定和实现这些小目标，再慢慢地开始规划自己的人生。

在创业过程当中，要经常性地提前计划或规划一些事情。在制订计划的时候，一定要综合各种因素，形成切实可行的动作分解，要将任何可能的细节都考虑在内。而在实施的过程当中要针对当下的具体情况进行，适时做调整。运营需要强有力的计划管理能力，只有具备这一能力才能让自己更靠近成功创业之门。

2. 胆识和魄力

作为创业者，你就是团队的灵魂。团队运营后，甚至在筹备之初就会面临各种各样的决策，你的一举一动都左右着创业的发展走向和兴衰。前期创业者可能会广泛地征求亲朋好友的建议，一旦自己能够独立自主后，就必须要通过自己的智慧和胆识去决定各种大小事务。当创业者在自主地做出决策时，果断是必不可少的，一旦优柔寡断可能就会失去一个绝佳的商机。同时，决策的胆识和魄力一定要建立在深思熟虑的基础之上，既要选择小风险又要兼顾利益最大化。

3. 团从管理、信息管理、目标管理

任何创业如同经营一家企业一样，需要制订各种制度。制度不在于多，而在于是否让所有相关人都能够明白其道理，并且严格执行。创业者需要针对自己团队实际情况建立各种有效的管理制度，包括店员管理、培训、绩效考核等。同时，针对市场的不断发展变化而改进相应制度，只有这样才能够让创业者及其团队立于不败之地，拥有发展的主动权。在此想提醒大学生创业者，在制订和改进管理制度的时候，一定要基于客观事实出发，而不要想当然，要极力保证制度的可实施性。

创业者每天都会通过不同渠道接触各种信息，比如：竞争对手又开始降价了，明天要下雨，厂家又有新政策等。如何从大量的信息里筛选与自己相关的，再从与自己相关的信息里找到有效的，这需要长时间的锻炼。只有正确有效信息才能指导自己店铺各项工作有序开展。对于大学生创业者而言，由于缺乏大量的社会实践经验，所以在接触各种信息的时候，难免会有失偏颇地做一些决定。当大家对信息无所适从的情况下，可以向过来人进行请教，加以甄别。要在观察和请教别人的过程当中，不断提高自身管理信息的能力。

4. 谈判

在创业者人际交往过程当中，与人谈判的情况必不可少。谈判对创业者的要求是综合多面的，需要创业者有一定的语言能力、心理分析能力、人文素养等。要想在谈判当中占得主动地位，必须要有很强的谈判能力。杰出的谈判能力能够让创业者在谈判过程当中直接获得更多的利益。

5. 处理突发事件

创业过程当中，会不可避免地发生一些突发事件，而其中很大部分都是我们想避免的。然而当事情发生的时候，需要我们更为积极地应对。如果这些事情发生在客户身上，处理得当，还能起到广告效果。通过用心的服务会向客户传递一种负责任的形象。“好事不出门，坏事传千里”，任何一件突发的事件，稍加不注意，也会使自己的形象一落千丈，甚至砸掉自己的招牌。如何处理好每次的突发事件，化险为夷，甚至通过这些事件的妥善解决，让客户更加认同你或者你的团队，再借由客户之口，为你不断传播好口碑。

6. 学习

在现代社会要想取得不断地成功，必须具备持续的学习能力。市场和行业的竞争日益激烈，大到一个企业、小到个人要想力争上游，那就必须比竞争对手更快地掌握更多的知识，通过不断的学习使自己处于不败之地。对于大学生创业者而言，除了书本的理论知识，更要重视学习其他方面的综合能力。

7. 社会交往能力

良好的人际关系，不仅能给人生带来快乐，而且还能助人走向成功。大学生创业者在开始创业后必将会接触到各种不同类型、身份的人，而接触的人大多都是跟自己的利益攸关的。所以从创业最开始就要学会跟各种人打交道。要尽可能地去结交人脉，认识朋友，舍得给自己投资。在与前辈们的交流和学习当中不断认识到自己的不足，针对性地加以完善。

8. 保持身心健康

创业者经常是要与孤独和挫折为伴，绝大多数的创业过程都不是一帆风顺的。时下流行一个词“逆商”，也就是说人适应逆境的能力。创业者如何保持乐观而稳定的心态，需要在长时间的历练当中找到方法。而大学生创业者一般都比较心高气傲，有着强烈的自尊。建议刚毕业的大学生一定要放低姿态，平静地去接受一切可能的打击。同样，在得意时，也要克服骄傲的情绪，切不可沾沾自喜，妄自尊大。

身体是革命的本钱，创业者只有身体健康才能够支撑一切的打拼和奋斗。为事业拼搏而废寝忘食的精神非常值得肯定，但是终究不能视之为常态。大抵年轻的创业者都会精力旺盛，一旦投入工作中都很难自拔。在创业的过程当中一定要注意劳逸结合，切莫因为太拼而让自己的健康状况下滑。

（二）大学生创业具备的心理特质

大学生要想有创业能力，必须把握的核心能力如下。

1. 价值优越性

核心能力应当有利于企业效率的提高，能够使企业在创造价值和降低成本方面比竞争对手更加有优势。

2. 异质性

一个企业拥有的核心能力应是独一无二的，这是企业成功的关键因素。核心能力的异质性决定了企业之间的异质性和效率差异。

3. 不可仿制性

核心能力是在企业长期的生产经营活动过程中积累形成的，深深地印上了该企业特殊组成、特殊经历的烙印，其他企业难以复制。

4. 不可交易性

核心能力与企业相伴而生，虽然可为人们所感受到，但却无法像其他生产要素一样通过市场交易进行买卖。

5. 难以替代性

和其他企业资源相比，核心能力受到替代品的威胁相对较小。没有核心能力的创业不过是昙花一现。

（三）大学生创业提醒事项

1. 创业是修行，不是做学问

创业是修行，不是做学问。修行重在实践与行动，在修行中体验、见证与感悟。做学问则往往是抽象出具有普遍意义的规律与方法来指导大家。诚然万事皆有学问，但创业的学问重点不是在方法上。

听说不少高校都打算开设创业课程，还有的成立创业协会和创业训练营，有一些还推出了创业 MBA、创业研究生课程。这些创业学课程如果不是围绕行业特征、产品策划和团队建设来进行，则只是成功学的翻版。

2. 打消“第一精金”思维

许多年轻人都对创业成功者的“第一桶金”非常感兴趣。第一桶金，指的是早先开展的某项业务，在极短的时间内赚到了相当可观的一笔钱，再用这一笔钱发展出了一个更大的事业，才会称那笔钱为“第一桶金”。

这里并不推崇“第一桶金”文化，不建议同学们对第一桶金那么感兴趣。因为崇尚第一桶金就是在崇尚成功学，崇尚不择手段地快速暴发，并且在骨子里并不是喜欢当前创业的项目，只是想借这个项目谋得一笔钱，然后转型做心目中另一个“又红又专”的事。要创业，就一定要选择自己愿意为之终生付出的事情来做，才有可能做好，定义为过渡性的事情，一般都做不好的。何况，大多数创业者都是从草根阶层开始，起点低、底子薄，如果能够找到一项事情，既能作为一项长期的事业来坚持，又能养活自己，就已经相当伟大了，对于赚得“第一桶金”，少些期待会更加务实。

3. 初创企业的早期股权结构无定式

初创企业的早期股权结构如何才合理？在这个问题上，没有标准的答案，创业者对于公司的股权不能不当回事，也不能太当回事。

说不能太当回事，就是创业者要正确地根据公司性质与估值来合理划分股份，不能想当然。股权结构设计上来说，初创企业有两种类型，一种是技术创新型企业，往往创始人团队无形资产价值较高，应保持占有 60% ~ 70% 股份启动创业，财务投资人不宜占有超过 30% 的股份，并适当预留一部分股权作为员工激励。另一种是资金占用型企业，比如房地产开发、加工厂、实体店之类的，创始人团队的价值主要体现在运营管理上，技术含量有限，无形资产价值也有限，也很难形成技术壁垒，主要还是靠资本的力量来推动发展，这种情况下一般投资方会占有很大的股份额，管理团队可能拿 10% ~ 20% 的股权激励就不错了。也就是说，并不是每一个项目上创业者、管理团队就一定能占有大股份的，要看项目而设定。

4. 创业不伟大，也不卑微

对于大学生来说，创业就是那么回事，创了就创了，没创就没创，算是命运的一种选择吧。不管对于创业的同学来说，还是对于没有创业的同学来说，都不必讲太多的大道理、必然性或者光环论。

创业，不是一个什么伟大的事。也许成功的创业在很多人看来是一种伟大。其实，谋好一份职业并能胜任，也是一样伟大的事。同样，创业也不是什么卑微的事，哪怕找不到工作被逼得走投无路只得自己创业，也很正常。创业是最有效的学习方式，就算是创业失败了，你的经历一定很有含金量的。

很多大学生创业，真正挽起袖子来干时，实际上还是那股子傻劲，并不是一个从战略到规划，从理性到辨析的过程。也就是说，大学生创业，大多数还是想当然开始的，许多人会经历很大的挫折。也有一些人会遇上好运气，然后兴奋地折腾上一段时间，伤痕累累地收场。与之不同的是，对于有了几年工作经验，或者有过创业经历的再创业者来说，往往创业是为了实现梦想，这时候管理意识和经营理念也大大增强，一般都会由目标驱动，通过计划来掌控，以成功的模式来引导发展。而那些有了大成就的人，他们的创业则更多的是使命感，是认为存在那么个事比较适合自己去做，通过做这个事来保持生活的热情和成就感。

5. 成功到底要多久

每一个创业者，无论是不是大学生创业者，都怀揣成功的梦想，都是在追求成功。然而，创业的红旗能够打多久，距离成功的路到底有多长，真是一个无法预测的问题。

成功往往就在不经意的转角处，是说创业者的成功，没有谁是一帆风顺的，都会面临一些难题，面临一些重大的困难。这个时候最是考验创业者，这段经历往往也是成功的试金石。啃啃硬骨头，拿下这些难题，企业就上了一个新的台阶，又成长了一步，离成功就会更近一步。也许，我们创业的路上，永远都没有成功的感觉，只会是一路相陪的挫折感和完成一个任务后的成就感，这可能就是创业，这可能就是生活。因此，创业并不仅仅考验一个人的成功观与事业心，更考验一个人的生活观。

6. 给创业中或想创业的支几招

在我们不断塑造自我的过程中，对我们影响最大的莫过于是选择乐观的态度还是悲观的态度。我们思想上的这种抉择可能给我们带来激励，也有可能阻滞我们前进。

清晰地规划目标是人生走向成功的第一步，但塑造自我却不仅限于规划目标。要真正塑造自我和自己想要的生活，我们必须奋起行动。莎士比亚说得好：行动胜过雄辩。

一旦掌握自我激励，自我塑造的过程也就随即开始。以下方法可以帮你塑造自我，塑造那个你一直梦寐以求的自我。

（1）树立远景

迈向自我塑造的第一步，要有一个你每天早晨醒来为之奋斗的目标，它应是你人生的目标。远景必须即刻着手建立，而不要往后拖。你随时可以按自己的想法做些改变，但不能一刻没有远景。

（2）离开舒适区

不断寻求挑战激励自己。提防自己，不要躺倒在舒适区。舒适区只是避风港，不是安乐窝。它只是你心中准备迎接下次挑战之前刻意放松自己和恢复元气的地方。

（3）把握好情绪

人开心的时候，体内就会发生奇妙的变化，从而获得阵阵新的动力和力量。但是，不要总想在自身之外寻开心。令你开心的事不在别处，就在你身上。因此，找出自身的情绪高涨期用来不断激励自己。

（4）调高目标

许多人惊奇地发现，他们之所以达不到自己孜孜以求的目标，是因为他们的主要目标太小而且太模糊不清，使自己失去动力。如果你的主要目标不能激发你的想象力，目标的实现就会遥遥无期。因此，真正能激励你奋发向上的是确立一个既宏伟又具体的远大目标。

（5）加强紧迫感

20世纪作者阿耐斯曾写道：沉溺生活的人没有死的恐惧。自以为长命百岁无益于你享受人生。

然而，大多数人对此视而不见，假装自己的生命会绵延无绝。唯有心血来潮的那天，我们才会筹划大事业，将我们的目标和梦想寄托在丹尼斯·威特利称之为“虚幻岛”的汪洋大海之中。其实，直面死亡未必要等到生命耗尽时的临终一刻。事实上，如果能逼真地想象我们的弥留之际，会物极必反产生一种再生的感觉，这是塑造自我的第一步。

（6）撇开朋友

对于那些不支持你目标的“朋友”，要敬而远之。你所交往的人会改变你的生活。与愤世嫉俗的人为伍，他们就会拉你沉沦。结交那些希望你快乐和成功的人，你就在追求快乐和成功的路上迈出了最重要的一步。对生活的热情具有感染力。因此同乐观的人为伴能让我们看到更多的人生希望。

（7）迎接恐惧

世上最秘而不宣的秘密是，战胜恐惧后迎来的是某种安全有益的东西。哪怕克服的是小小的恐惧，也会增强你对创造自己生活能力的信心。如果一味想避开恐惧，它们会像疯狗一样对我们穷追不舍。此时，最可怕的莫过于双眼一闭假装它们不存在。

（8）做好调整计划

实现目标的道路绝不是坦途。它总是呈现出一条波浪线，有起也有落。但你可以安排自己的休整点。事先看看你的时间表，框出你放松、调整、恢复元气的时间。即使你现在感觉不错，也要做好调整计划，这才是明智之举。在自己的事业波峰时，要给自己安排休整点。安排出一大段时间让自己隐退一下，即使是离开自己挚爱的工作也要如此。只有这样，在你重新投入工作时才能更富激情。

（9）直面困难

每一个解决方案都是针对一个问题的，两者缺一不可。困难对于脑力运动者来说，不过是一场场艰辛的比赛。真正的运动者总是盼望比赛。如果把困难看作对自己的诅咒，就很难在生活中找到动力。如果学会了把握困难带来的机遇，你自然会动力陡生。

二、大学生创业的社会环境

（一）大学生创业教育

大学生创业教育就是以提高大学生综合创业能力为目的，培养具有创业意识、创业精神、创业人格、创业心理品质的高素质人才的教育。特别是培养大学生“白手起家”创办小企业（微型企业）的精神和能力，使更多的求职者变成工作岗位的创造者。和就业教育比较，创业教育不直接帮助大学生去寻找工作岗位，而是重在教给大学生寻找和创造工作岗位的方法。大学生创业教育不是简单的专业技能教育，其中心任务就是激发大学生将知识、技能转化为产业的意识和大学生个人内在的需求，它的核心是创新教育，以挖掘人的创造潜能、坚持以人为本、弘扬人的主体精神、促进个性和谐健康发展为根本宗旨。

多所大学作为创业教育的试点学校，开启了我国大学研究与实践创业教育的序幕。在我国，由于大学生对于创业的理解还存在误区，高校的创业教育体系、课程体系也不够完善，加上创业教育的师资匮乏，创业教育的外部环境也有待改善，可以说我们的创业教育才刚起步，需要做的工作还很多。

（二）大学生创业现状

我国高校的创业教育起步较晚，创业教育尚未成为高校整体育人体系中的重要组成部分，往往是以“第二课堂”的形式开展，处于“业余教育”这一尴尬地位，没有引起各高校领导的高度重视。同时，高校创业教育不论是理论层面还是实践指导层面都缺乏应有的深度和广度，特别是对创业教育开展过程中碰到的新情况、新问题，缺乏系统的研究和有力的回答。许多高校在实施创业教育时，重理论知识灌输和课堂教学传授，而在如何结合当代大学生的特点激发创业意识、培养创业精神、锻炼和提高创业能力等方面尚未形成有效的培养体系。

目前制约大学生创业教育的主要问题有以下三点：

1. 创业教育的定位不清

一方面，学校对“创业教育”应该放在什么样的位置没弄清楚，很多大学只是随大流，很多高校领导天天叫喊着鼓励大学生在校创业，而在实际工作中只是抓教学、抓科研，一直以来没有重视在校学生创业问题，没有建立正式的机构，来具体主抓大学生创业的相关问题。

另一方面，学生以及部分老师对创业教育的本质没弄清楚。创业教育是素质教育的深化和发展，是素质教育的落脚点与具体体现。创业教育体现为以人的创新能力和综合素质培养为核心的广义的创业教育和以具体的操作技能为主要目标的狭义的创业教育。

2. 创业教育的受益面过窄

目前，大部分高校将创业教育视为“精英教育”，主要表现为学校关注的目光更多是投向少部分学生的创业竞赛成绩与学生开办公司的多少上。显然，这些做法使大部分学生只是袖手旁观的“看客”，创业教育受益面受到极大限制。美国巴布森商学院创业教育的领袖人物杰弗里·蒂蒙斯教授认为学校的创业教育应不同于社会上的以解决生存问题为目的就业培训，也不是一种“企业家速成教育”。

3. 师资力量严重缺乏

我国大学生创业教育的主体仍然是各高校原有的教师队伍，他们大部分已经执教多年，教学经验十分丰富，科研成果较多，能够为学生进行创业打下较好的理论知识基础。

但是创业教育实质上是一门实践性教育，高校教师多数没有亲自创业的经历，所以培训出来的学生对创业的认识常常束缚在原理上，缺乏创业的实践能力，影响了其创业的积极性和创业的成功率。

（三）大学生创业方向

1. 高科技领域

身处高科技前沿阵地的大学生，在这一领域创业有着近水楼台先得月的优势，“易得方舟”“视美乐”等大学生创业企业的成功，就是得益于创业者的技术优势。但并非所有的大学生都适合在高科技领域创业，一般来说，技术功底深厚、学科成绩优秀的大学生才有成功的把握。有意在这一领域创业的大学生，可积极参加各类创业大赛，获得脱颖而出的机会，同时吸引风险投资。推荐商机：软件开发、网页制作、网络服务、手机游戏开发等。

2. 智力服务领域

智力是大学生创业的资本，在智力服务领域创业，大学生游刃有余。例如，家教领域就非常适合大学生创业，一方面，这是大学生勤工俭学的传统渠道，可以积累丰富的经验；另一方面，大学生能够充分利用高校教育资源，更容易赚到“第一桶金”。此类智力服务创业项目成本较低，一张桌子、一部电话就可开业。推荐商机：家教、家教中介、设计工作室、翻译事务所等。

3. 连锁加盟领域

统计数据显示，在相同的经营领域，个人创业的成功率低于20%，而加盟创业的则高达80%。对创业资源十分有限的大学生来说，借助连锁加盟的品牌、技术、营销、设备优势，可以较少的投资、较低的门槛实现自主创业。但连锁加盟并非“零风险”，在市场鱼龙混杂的现状下，大学生涉世不深，在选择加盟项目时更应注意规避风险。一般来说，大学生创业者资金实力较弱，适合选择启动资金不多、人手配备要求不高的加盟项目，从小本经营开始为宜；此外，最好选择运营时间在5年以上、拥有10家以上加盟店的成熟品牌。推荐商机：快餐业、家政服务、校园小型超市、数码速印站等。

4. 开店

大学生开店，一方面可充分利用高校的学生顾客资源；另一方面，由于熟悉同龄人的消费习惯，因此入门较为容易。正由于走“学生路线”，因此在要靠价廉物美来吸引顾客。此外，由于大学生资金有限，不可能选择热闹地段的店面，因此推广工作尤为重要，需要经常在校园里张贴广告或和社团联办活动，才能使店面广为人知。推荐商机：高校内部或周边地区的动漫店、餐厅、咖啡屋、美发屋、文具店、书店等。

第二节　大学生创新创业准备

一、大学生创业的准备

（一）思想准备

1. 创业意识

在马克思主义物质与意识的辩证关系中，意识对物质具有能动作用。意识活动具有目的性和计划性，人能够能动地认识世界和改造世界。创业意识的培养是大学生今后取得创业成功的前提，想创业，才会选择创业，进而取得创业成功。创业意识是激发人们进行创业活动的诉求，是创业者从事创业活动的内在动力。

要认识到为什么自己会选择自主创业，这是启发创业意识的根本所在。从大学生的就业途径来分析，主要分为：直接应聘企业、考取公务员或进入事业单位、继续深造（专升本、考研、留学）、参加国家就业项目（西部志愿者计划、“三支一扶”、村官计划等）、自主创业等。而在以上众多就业途径中，选择直接就业较为普遍。由于高校的不断扩招，企业与应届毕业生的供需比例不对称，人多岗少的矛盾现象突出，导致就业竞争压力增大，收入也显得不是很理想。考取公务员及事业单位的就业途径虽然是当前竞争最为激烈的一种就业方式，很大一部分的毕业生选择公招，但是随着公招面向基层经历的人员的倾斜，作为社会经验匮乏的应届大学毕业生将逐步被拒之门外。选择继续深造学习，虽然在近期减轻了自己的就业压力，但是缓冲并不能解决今后仍然需要面对就业竞争压力的社会现状。随着国家就业项目政策的不断健全和完善，对大学生今后的安置与奖励政策的出台，这些项目由原来的被动参与，到现在的主动参与，甚至形成类似于公招的竞争出现后，这类项目也不是随便可以参加的。在以上的就业途径中，只有自主创业这条路显得很灵活，虽然创业带有一定的条件性和风险性，但是创业成功与否都体现了跨入社会、自食其力的成功表现，选择自主创业或许能为自己今后的就业铺就一条成功的道路。创业不是每个人生来具有的能力和素质，创业更多地需要后天的培养和积累。俗话说：“凡事欲动，必先谋其思。”进入大学校园后，如果有创业的想法，首先应树立自我创业意识，无论在学习、生活上都应向着创业这方面努力和准备，一旦毕业，就可以把自己的创业想法付诸行动。

2. 创业动机

大学生是主动创业好还是被动创业好，是间接创业好还是直接就业好，这要看大学生是否具有创业所需要的各项条件，需要我们认真分析才能得出结论。

当前，大学生创业动机具有显著特点。调查显示，文理科、独生子女与非独生子女创业动机没有显著差异，然而男大学生创业动机远高于女大学生，农村大学生远高于城镇大学生，财经类专业大学生远高于其他专业大学生，前者创业意识较强，他们不想再依赖家长、学校，而是主动出击，寻找机遇，伺机创业。

（二）心理准备

随着市场经济竞争的加剧，对于刚刚步入社会就选择创业这条道路的大学生而言莫不是更大的挑战，创业投资不比校园生活，社会商海的残酷要比校园的磕磕绊绊更为棘手。一个勇于创业的人，必定也是一个有着较强心理素质的人。大学生生活在校园环境中，每天不用面对复杂的问题、承受过大的心理压力，要适时地将宽松的氛围当成增强心理素质的最好平台。只要我们细心对待大学的每一件事和每一个人，勇于面对问题和挑战，我们的心理素质就会不断提高，为今后的创业做好铺垫。成功的创业者一般需要具备以下心理素质：自信稳重、决策果断、勇于冒险和责任意识。

1. 自信稳重

细心是成功的基石。做任何事情，只要自己下定了决心就一定要持之以恒，坚持到底，要有一种“知其不为而为之”的自信和态度。大学生在低年级时段可能不会接触过多的创业行为，但是在平时校园学习和生活中，做任何事都应具有较强的自信心和稳重得体的处事风格，这将直接影响到其创业基本素质的形成。

如何能够让自己每天充满自信呢？建议大学生们从以下几点进行锻炼：一是关注自己的优点和取得的成绩，不要总认为自己不如他人，要正确客观地评价自己和他人，要明白“人无完人，金无足赤”，每个人都有自己的长处和短处。二是在平时的学习和生活中，多与成功的人和自信的人接触，特别是经常和自己的辅导员、专业老师或学校一些学生会干部接触和学习，你会发现和他们接触时间长了，自己也朝着他们的样子去努力地模仿。三是要经常做自我心理暗示，对自己进行正面心理强化。敢于在学校公开场合演讲，多参加班上的讨论，多参加学校举办的演讲活动等。四是重视平时穿着打扮和自我形象。虽然说人不可貌相，但是形象的塑造会在一定程度上影响一个人的自信心。五是要学会微笑和感恩。一个经常对任何人都保持微笑的人，表明他心胸宽广，为人处世大方，这是一种自信的表现。六是借助大学的图书馆，借阅一些名人传记，特别是一些成功企业家的创业故事，你会发现其实别人做过的事即将成为你未来要做的。

2. 决策果断

有一则寓言：父亲、儿子和一头驴，当父亲在前面牵着驴走路，儿子骑着驴时，人们说儿子不像话，让自己的老父亲走路，儿子没有孝心；儿子让父亲骑驴，自己牵驴走路，人们又嘲笑父亲没有父爱，让这么小的孩子走路；最后索性父子俩都不骑驴，最后人们还是嘲笑这父子俩，自己走路，空着驴子不骑。从这则寓言故事中，不难看出一个道理，就是决策不果断可能会导致自乱方向，不知所措。决策能力是一个企业是否持续发展的最关键一步，也是一个人是否成功的关键，决策是一刹那的成功与失败。所以，如果想成为一个成功的创业者，必须时刻注意培养自己的决策能力。关于决策的重要性古今中外都有重要的论点和典故。

大学期间，在处理一些同学之间的事情上不要斤斤计较，处理学习和生活上的问题时应从容果断。特别是在选择今后的职业时，自己要做一个果断的决策，如果选择了继续深造学习的道路，那就应该放下一切，努力学习备考；如果今后直接应聘就业，就应积极准备应聘材料；如果选择创业之路，就更应该尽早做好创业前的准备工作。学习期间，看似一些琐事的决策，或许会成为以后创业中的决策基础。因此，日常要敢于承诺，一旦承诺了的事情应该尽最大努力办到。大学期间是否养成良好的决策能力，一定层面来讲，可以作为创业者在以后的创业中能否具有领导力的重要衡量标准。

3. 敢于冒险

“祸兮福所倚，福兮祸所伏。”我们没做一件事情，都不能完全准确地预测我们是成功还是失败。成功与失败都不是单纯因为某一个因素导致的，它是多种因素共同影响而发生的。创业本身具有很大的风险性，我们经常说创业也是一种风险投资行为。

作为大学生选择创业，由于缺乏一定的社会经验和阅历，缺乏雄厚的经济基础，难免在创业的道路上出现一些磕磕绊绊。有的企业可能因为那么一次风险的发生，就导致全盘皆输。因此，大学生创业要有承担风险的勇气，做好应对各种困难的思想准备。市场有风险，但是市场不会主动告诉我们风险在哪里。在校学习期间，可以利用业余时间多参加户外的拓展训练活动，增强自己的冒险精神和勇于面对困难和挑战的意志。积极参与班级的日常管理，特别是一些不好处理的事情，自己可以主动请求给老师和班委做参谋，出谋划策，使自己成为一个敢于主动承担、解决问题的人。

作为一名创业者，没有坚强的心理品质和风险意识，创业的路不会走得太远，我们只有时刻记住提醒自己，如果失败了，只不过是“从头再来”。

4. 责任意识

很多知名企业都会把“责任”二字作为自己的企业文化核心价值，因此一个没有责任感的企业就无法做到为社会服务，就会形成牺牲社会利益来实现企业效益最大化的问题。一个企业的责任感来自企业的领导者、创业者。一个有使命感和责任感的创业者，一定可以使自己的企业越办越大，并受到社会和消费者的欢迎和支持。

大学期间，通常的理解，大学生责任就是认真学好自己的专业知识，毕业后报答父母和社会。但是责任二字要真正做到承担，做到心中无愧却很难。随着现代家庭独生子女的增多，一些大学生已经把高校当成自己的“疗养所”“约会的公园”“消费商场”。如果对自己的父母辛苦供自己读书都没有一种报答的责任感，那么很难对今后的创业会有责任感。因此，从进入大学起，就应该从以下方面培养自己的责任意识：学习的责任意识、报答父母的责任意识、爱学校的责任意识、尊重师长的责任意识、团结同学的责任意识。有责任感是当代大学生应该树立的一面旗帜，也是使有创业想法的大学生今后成为一名具有社会责任感的企业家的行为准则。

（三）知识准备

随着高校就业建立以“市场为导向”的机制后，高校在开设专业和人才培养计划方面陆续开始进行改革。如今，高校就业难除了与扩招有一定关系外，更重要的是我们的人才培养模式和就业指导水平存在一定欠缺。有的岗位应聘的人员稀少，有的岗位却人满为患，出现一种学校的人才培养与企业和社会对人才的需求脱钩的现象。为应对这种“不对称”的人才培养模式，各高校已开始着手推进就业教学改革，提倡将学生往各专业复合型人才方向培养，突出专业办学特色。大学生如果打算今后自主创业，那么专业知识的复合就显得尤为重要。

创业不是简单的自己去给别人打工，而是自己要领导一些人为自己打工。这就要求这个创业者自己要懂得企业方方面面的管理知识。从创业企业的前期市场调研和原材料采购，到中期的生产管理，到后期的产品销售和售后服务等环节，都要求创业者把握和了解企业经营循环过程中的各环节管理知识。这就对高校有创业想法的大学生朋友在日常校园的学习过程中，提出了更高的专业知识要求。即便不能做到学习得面面俱到，也要做到“博览群书”。在平时的学习过程中，既要学好自己的专业知识，同时还要利用业余时间多了解一些企业管理方面的知识，多参加一些有关创业方面的培训班学习，多阅读一些成功企业的管理模式，多利用假期参加一些企业的社会实践活动。大学期间要提前储备的创业知识有管理知识、营销知识和财务知识。

1. 管理知识

企业要想建立现代企业制度，必须形成一种管理机制，要使其在一个管理系统中进行运转。企业管理体系的建立，可以让企业高效率运转，从而更好地为顾客服务。管理知识的学习可以从战略、领导力、市场营销、人力资源、创新等方面去学习，并要把学习的知识不断运用到企业的实践中去。一个管理有序的企业应该先保证企业“做正确的事”，然后才是努力地“把事做正确”。创业阶段可能需要靠创业者的眼光和勇气来排除万难，积极投身于创业，而一旦企业进入了正式的营业状态和成长期后，就需要管理者具有一定的管理能力，而这种管理能力来源于创业者的知识储备。很多企业昙花一现，究其原因，基本都在管理方面出了问题。

作为在校大学生，除了学习本专业知识以外，应该多学习一下“管理学”这门课程知识，即使以后不创业，管理也是和我们日常生活密切相关的。学生群体，小到班级的集体管理，大到学生会或一个系科的管理，这都需要一种管理方式和方法。我们不妨在进入大学后，积极竞选班委会，参加各类学生会和社团组织，有机会可以到辅导员办公室从事学生助理工作，这些活动都可以让自己得到锻炼，明白各个组织、不同层面上的管理知识。

2. 营销知识

市场营销的最终目的是说服自己的顾客，创造购买需求。不能满足顾客需求的企业就不能促成交换，企业将无法循环经营和运转。营销知识是今后创业过程中经常要用到的知识之一，这需要我们在创业前认真去学习和运用。

在校大学生可能在日常的学习过程中不会过多地接触营销知识，但是我们可以通过以下方式进行学习。第一就是多去图书馆阅读有关营销案例知识的书籍，这些成功企业的营销案例具有很强的实际应用性。第二就是可以选择性地去听一些管理专业的营销课程，大学的教室是开放式的，不存在班级与班级的壁垒，有心的学生可能会发现，只要你精力充沛，除了学好自己的专业知识以外，还可以利用业余时间到其他专业班级进行听课。第三就是多参加校内外的促销活动，虽然促销不过是营销的一个方面，但是促销活动可以让自己明白谁是自己的顾客，顾客需要什么，怎样满足顾客的要求，这些其实就是在培养自己以顾客为中心的营销意识；第四就是利用寒暑假到一些企业从事兼职营销工作，参与企业市场调研、产品渠道开发、公关促销、售后服务等一系列活动。通过这些，让自己在创业前不断积累营销知识。

3. 财务知识

创业需要创业者具备一定的财务管理知识，如启动资金需求的预算、成本与利润计划、现金流量计划等。作为一个正规的企业必须要让“财务报表说话”。不少准备创业的在校大学生比较缺乏财务管理知识，导致的结果是启动资金预算不准确，成本核算不全面，企业账目混乱。如果一个企业的账务不清晰，现金流出现短缺，企业一夜之间就可能关门停业。

因此，我们必须要预先了解和学习一些基本的财务知识，建议大学生多参加一下相关财务管理知识培训。这些都是现在高校学生培训中比较热门的财务知识培训，同时也是获得今后从事财务管理岗位的职业资格准入证书的途径。当然，现在一些社会培训机构也有手工做账方面的培训，建议在校大学生也可以学习一下。除了了解专业的财务知识以外，应该给自己的几年大学生活算上一笔账，给自己准备一个财务账单，先从自己日常的学习、生活开支花费着手进行财务预算和财务记账。

（四）能力准备

能力是指人们顺利完成某件事所具有的资源整合体。企业经营管理能力属于专业能力，需要日常进行不断地学习和积累，大学生如果想在创业方面取得一定的成功，至少需要具备以下五大专业能力：开拓能力、学习能力、领导能力、协作能力和创新能力。

1. 开拓能力

美国著名心理学家马斯洛提出需要层次理论，他认为人的动机是由不同性质的需要组成的，各种需要有层次和顺序之分，每个层次决定人的价值取向。犹如一个金字塔形状，由下到上分别是：生理需要、安全需要、归属和爱的需要、尊重的需要和自我实现的需要。当低层次的需要达到满足时，就会往更高一层的需要倾斜和发展，如果这种更高层次的需要达不到满足的话，追求者就容易产生消极影响和不安心理，当然，越高层次的需要追求起来也就越难。

创业需要有永不满足的精神，有积极开拓进取的能力。强烈的进取心既是创业能力、经营能力形成的基础，也是现代企业家综合素质构成的基本要素。大学生在学校期间应该不断培养自我开拓能力，在学习上要有勇于拼搏的精神，可以通过自己的努力学习争取学校设置的各项奖学金，积极参加各种竞赛活动，要为自己树立远大的目标和理想，这些看似基本的开拓工作都会对将来事业的拓展有着重要影响作用。

2. 学习能力

“学习型”人才是当今社会的主流群体，随着社会的进步，知识更新速度不断加快。在这样一个日新月异的时代，创业中要想把工作做好，就必须有好学与善学的精神。学习不是死读书，而是要跟得上时代的潮流，跟得上经济发展变化。既要见贤思齐，又要注重吸取经验教训。

在学校学习期间，要勤于思考问题，勤于动手操作，要时刻关注国家有关创业扶持政策，特别是关注学校就业指导部门对大学生创业给予的政策解读，及早为今后的创业积累政策参考依据。

3. 领导能力

创业者作为事业起步的“领头羊”，要具备一定的领导才能和人格魅力。一个出色的企业创业团队的产生是因为有一位出色的领导者。创业者本身就具有一种感召力、组织力和吸引力，通过这几种力量的融合，能够使自己的队伍努力为企业奋斗与付出。

20 世纪 70 年代，美国哈佛大学约翰·科特教授在关于领导力的研究中认为，领导力来源于六个方面：行业知识、人际关系、信誉、技能、价值观和进取精神。在校大学生应该注重对大学学习生活的认识，大学不等同于中学，界定一个学生是否优秀不止单一地看学习成绩或分数，而是更加强调学生的综合素质能力，一个优秀的大学毕业生是学习和社会实践两个方面的优秀组合体。那么，除了平时认真学好专业知识以外，还应该参加学校组织的社会实践活动，如学生会组织、社团组织、大型比赛活动、班委会组织等，这些都可以锻炼自己的领导能力。

4. 协作能力

“一个篱笆三个桩，一个好汉三个帮。”创业是件富有挑战性和压力性的工作，仅靠一个人单枪匹马很难，需要有一个出色的团队来支撑。

因此，大学生创业可以联络几个有着共同理想和追求的同学，形成合力，共同面对挑战。让团队的每个人优势互补，形成创业的最大合力。作为创业者如何使团队协调合作，主要是看自己的组织协作能力。如果说成功等于知识加人脉，那么知识只占20%，人脉可能会占到80%。人脉关系的好与坏关系到团队能否顺利组建和团结一致。这就需要我们在日常的“情感账户”存入“感恩”，只有这样，真正当自己需要帮助的时候，我们才会受到最大的效益。“团结出战斗力”“团结就是力量”，协作能力是每个创业者应该具备的能力之一。

5. 创新能力

“人无我有，人有我优。”创新是保持企业可持续发展的源泉之一。创业者只有时刻保持着创新的创业理念才能使自己的企业在市场竞争中占有一席之地。一个具有创新性的企业也是有着旺盛生命力的企业，如果一个企业在日益复杂、变幻莫测的市场经济条件下，不思进取，不努力创新，迟早会被市场淘汰。大学生创业，应该选择一些符合市场潮流、标新立异的创业项目，在创业管理模式和产品品牌策划方面也应该有较强的“差异化”竞争策略，既不能脱离现实，过于空洞，也不能照搬俗套，步人后尘。要走出一条具有当代大学生自主创业特色的发展之路。

（五）资金准备

1. 自筹资金

创业之初需要做好企业的启动资金预测和准备工作，启动资金主要由固定资产和流动资金组成。如果自有资金足够，那就好办。一般情况下，大学生在创业之初，没有多余的资金，这时可以选择寻求家长、亲戚、朋友和同学的帮助。把自己的创业想法告诉你周围的人，试图得到他们的理解和支持。刚走出校门的应届大学毕业生没有资金，也可以先找份工作进行创业前的原始资本积累，学习企业经营管理经验，缓冲一定时期，待资金充足后，再选择自主创业。

2. 政策扶持

关注国家或地方政府对当代大学生自主创业的一些帮扶政策，这些政策有效解决了部分大学生创办微型企业的注册资本金和经营资金。其中，重点扶持文化创意类和信息技术类人员，向项目发展前景好、知识水平高的企业倾斜。国家和地方每年都会针对大学生创业或创业问题出台一系列政策文件，只要我们密切关注、正确把握和利用，就可以使我们更加明确创业方向，在创业的道路上走得更稳。

3. 金融借贷

创业过程中，遇到资金紧张问题时难免会和金融机构打交道，这是企业发展过程中常有的事。金融机构其实十分乐意将自己的钱贷给有良好信誉和有能力偿还贷款的企业，如果要获得金融机构的贷款，需要我们准备完备的《投资创业计划书》，要让金融机构看到企业的项目发展前景和盈利点，对于一个有发展潜力和利润丰厚的企业，金融机构也是很乐意与之合作的。作为大学生，要想从金融机构进行借贷，要做好以下几方面准备：一是要有项目可行性方案和投资创业计划书；二是要有贷款担保人或抵押物；三是要有良好的信誉记录和偿还能力。当前，国家针对应届大中专毕业生有一系列的配套小额贷款政策，创业者应准确理解并加以利用。

二、大学生创业的风险

大学生创业者要认真分析自己创业过程中可能会遇到哪些风险，这些风险中哪些是可以控制的，哪些是不可控制的，哪些是需要极力避免的，哪些是致命的或不可控制的。一旦这些风险出现，你应该如何应对和化解。特别需要注意的是，一定要明白最大的风险是什么，最大的损失可能有多少，自己是否有能力承担并渡过难关。

大学生创业的风险主要有以下几个方面：

（一）项目选择

大学生创业时如果缺乏前期市场调研和论证，只是凭自己的兴趣和想象来决定投资方向，甚至仅凭一时心血来潮做决定，一定会碰得头破血流。

大学生创业者在创业初期一定要做好市场调研，在了解市场的基础上创业。一般来说，大学生创业者资金实力较弱，选择启动资金不多、人手配备要求不高的项目，从小本经营做起比较适宜。

（二）缺乏创业技能

很多大学生创业者眼高手低，当创业计划转变为实际操作时，才发现自己根本不具备解决问题的能力，这样的创业无异于纸上谈兵。一方面，大学生应去企业打工或实习，积累相关的管理和营销经验；另一方面，积极参加创业培训，积累创业知识，接受专业指导，提高创业成功率。

（三）资金风险

资金风险在创业初期会一直伴随在创业者的左右。是否有足够的资金创办企业是创业者遇到的第一个问题。企业创办起来后，就必须考虑是否有足够的资金支持企业的日常运作。对于初创企业来说，如果连续几个月入不敷出或者因为其他原因导致企业的现金流中断，都会给企业带来极大的威胁。相当多的企业会在创办初期因资金紧缺而严重影响业务的拓展，甚至错失商机而不得不关门大吉。

另外，如果没有广阔的融资渠道，创业计划只能是一纸空谈。除了银行贷款、自筹资金、民间借贷等传统方式外，还可以充分利用风险投资、创业基金等融资渠道。

（四）社会资源贫乏

企业创建、市场开拓、产品推介等工作都需要调动社会资源，大学生在这方面会感到非常吃力。平时应多参加各种社会实践活动，扩大自己人际交往的范围。创业前，可以先到相关行业领域工作一段时间，通过这个平台，为自己日后的创业积累人脉。

（五）管理风险

一些大学生创业者虽然技术出类拔萃，但理财、营销、沟通、管理方面的能力普遍不足。要想创业成功，大学生创业者必须技术、经营两手抓，可从合伙创业、家庭创业或从虚拟店铺开始，锻炼创业能力，也可以聘用职业经理人负责企业的日常运作。

创业失败者，基本上都是管理方面出了问题，其中包括决策随意、信息不通、理念不清、患得患失、用人不当、忽视创新、急功近利、盲目跟风、意志薄弱等。特别是大学生知识单一、经验不足、资金实力和心理素质明显不足，更会增加在管理上的风险。

（六）竞争风险

寻找蓝海是创业的良好开端，但并非所有的新创企业都能找到蓝海。更何况，蓝海也只是暂时的，所以，竞争是必然的。如何面对竞争是每个企业都要随时考虑的事，而对新创企业更是如此。如果创业者选择的行业是一个竞争非常激烈的领域，那么在创业之初极有可能受到同行的强烈排挤。一些大企业为了把小企业吞并或挤垮，常会采用低价销售的手段。对于大企业来说，由于规模效益大或实力雄厚，短时间的降价并不会对它造成致命的伤害，而对初创企业则可能意味着彻底毁灭的危险。因此，考虑好如何应对来自同行的残酷竞争是创业企业生存的必要准备。

第三节 创新创业指导与政策

一、大学生创业政策

大学生自主创业优惠政策为鼓励高校毕业生自主创业，以创业带动就业，为支持大学生创业，国家和各级政府出台了许多优惠政策，涉及融资、开业、税收、创业培训、创业指导等诸多方面。对打算创业的大学生来说，了解这些政策，才能走好创业的第一步。

（一）税收、贷款优惠政策

大学生创业税收优惠，持人社部门核发“就业创业证”的高校毕业生在毕业年度内创办个体工商户、个人独资企业的，三年内按每户每年8000元为限额依次扣减其当年实际应缴纳的营业税、城市维护建设税、教育费附加和个人所得税。对高校毕业生创办的小型微利企业，按国家规定享受相关税收支持政策。

创业担保贷款和贴息——对符合条件的大学生自主创业的，可在创业地按规定申请创业担保贷款，贷款额度为10万元。鼓励金融机构参照贷款基础利率，结合风险分担情况，合理确定贷款利率水平，对个人发放的创业担保贷款，在贷款基础利率基础上上浮3个百分点以内的，由财政给予贴息。

免收有关行政事业性收费——毕业两年以内的普通高校学生从事个体经营（除国家限制的行

业外）的，自其在工商部门首次注册登记之日起 3 年内，免收管理类、登记类和证照类等有关行政事业性收费。

（二）可享受的补贴

对大学生创办的小微企业新招用毕业年度高校毕业生，签订一年以上劳动合同并交纳社会保险费的，给予一年社会保险补贴。对大学生在毕业学年（即从毕业前一年 7 月 1 日起的 12 个月）内参加创业培训的，根据其获得创业培训合格证书或就业、创业情况，按规定给予培训补贴。有创业意愿的大学生，可免费获得公共就业和人才服务机构提供的创业指导服务，包括政策咨询、信息服务、项目开发、风险评估、开业指导、融资服务、跟踪扶持等“一条龙”创业服务。

（三）开设教育课程，强化创业实践

自主创业大学生可享受各高校挖掘和充实的各类专业课程和创新创业教育资源，以及面向全体学生开发开设的研究方法、学科前沿、创业基础、就业创业指导等方面的必修课和选修课，享受各地区、各高校资源共享的慕课、视频公开课等在线开放课程，和在线开放课程学习认证和学分认定制度。自主创业大学生可共享学校面向全体学生开放的大学科技园、创业园、创业孵化基地、教育部工程研究中心、各类实验室、教学仪器设备等科技创新资源和实验教学平台。参加全国大学生创新创业大赛、全国高职院校技能大赛，各类科技创新、创意设计、创业计划等专题竞赛，以及高校学生成立的创新创业协会、创业俱乐部等社团，提升创新创业实践能力。

（四）政府人事行政部门服务

政府人事行政部门所属的人才中介服务机构，免费为自主创业毕业生保管人事档案（包括代办社保、职称、档案工资等有关手续）两年；提供免费查询人才、劳动力供求信息，免费发布招聘广告等服务；适当减免参加人才集市或人才劳务交流活动收费；优惠为创办企业的员工提供一次培训、测评服务。

（五）其他补贴政策

1. 首次创业开业补贴

对毕业五年以内或毕业学年的高校毕业生首次创业者，正常经营三个月以上的，可凭创业者身份证明及工商营业执照、员工花名册、工资支付凭证等资料，申请 5000 元的一次性开业补贴，补贴从就业专项资金中列支。

2. 创业补贴

第一，对已进行就业失业登记并参加社会保险的自主创业大中专毕业生，可按照灵活就业人员待遇给予最长 3 年的社会保险补贴。

第二，大学生新创办企业，正常经营并带动就业五人以上，且依法办理就业登记、签订一年以上的劳动合同、缴纳社会保险费满一年的，给予创业者每年最高 1 万元创业社会保险补贴，每带动一人就业给予企业每人每年 500 元的创业带动就业补贴，所有补贴最高不超过 10 万元，补贴期限不超过三年。

3. 税费减免

第一，对毕业三年以内的高校毕业生从事个体经营的，要按有关规定，自其在工商部门首次注册登记之日起两年内免收管理类、登记类和证照类等有关行政事业性收费。

第二，对高校毕业生创办小型微型企业，年累计实际利润或年度应纳税所得额不超过 10 万元的，降低企业所得税税率和减半征收企业所得税。

第三，对高校毕业生创办微小型企业，月销售额不超过两万元的，暂免征收增值税和营业税。

4. 创业担保贷款

大学生自主创业，贷款最高额度统一调整为 10 万元，由财政资金全额贴息。办理手续已进一步简化，已经开辟了大学生创业担保贷款绿色通道来支持大学生自主创业。

二、大学生创业计划书

（一）创业计划书

创业计划书是创业者所写的商业文件中最基础的一个。那么，如何编写出一份好的创业计划书呢？创业者应做到以下几点：

1. 市场

创业计划书要给投资者提供企业对目标市场的深入分析和理解。要细致分析经济、地理、职业以及心理等因素对消费者选择购买本企业产品这一行为的影响，以及各个因素所起的作用。创业计划书中还应包括一个主要的营销计划，计划中应列出本企业打算开展广告、促销以及公共关系活动的地区，明确每一项活动的预算和收益。创业计划书中还应简述一下企业的销售战略。

2. 产品

在创业计划书中，应提供所有与企业的产品或服务有关的细节，包括企业所实施的所有调查。这些内容包括：产品的市场前景如何，它的独特性怎样，企业分销产品的方法是什么，产品的生产成本是多少，售价是多少，企业发展新的现代化产品的计划是什么等。把出资者拉到企业的产品或服务中来，这样出资者就会和创业者一样对产品有兴趣。在创业计划书中，企业家应尽量用简单的词语来描述每件事——商品及其属性的定义对企业家来说是非常明确的，但其他人却不一定清楚它们的含义。

3. 行动

企业的行动计划应该是无懈可击的。创业计划书中应该明确下列问题：企业如何把产品推向市场，如何设计生产线，如何组织产品结构，企业生产需要哪些原料，企业拥有哪些生产资源，还需要什么生产资源，生产和设备的成本是多少，企业是买设备还是租设备等。解释与产品组装、储存以及发送有关的固定成本和变动成本的情况。

4. 竞争

在创业计划书中，创业者应细致分析竞争对手的情况。要明确每个竞争者的销售额、毛利润、收入以及市场份额，然后再讨论本企业相对于每个竞争者所具有的竞争优势，而且要向投资者展示自身的优势。创业计划书要使它的读者相信，本企业不仅是行业中的有力竞争者，而且将来还会是确定行业标准的领先者。在创业计划书中，企业家还应阐明竞争者给本企业带来的风险以及本企业所采取的对策。

（二）创业投资计划书

创业之前需要建立自己的创业投资企划书，创业投资企划书主要包括以下纲要。

1. 创业内容

创业内容包括创办事业的名称、事业规模大小、营业项目或主要产品名称等，即所创事业为何。先定出所营事业的规模及营业内容，这是创业评估的基础。

2. 信息分析

信息分析是指对于所创事业相关环境进行分析，除了了解相关法令规定之外，对于潜在客户在哪里、竞争对手是谁、切入的角度或竞争手法为何，以及行业服务或产品的市场价格多少、一般的毛利率为何也要有所了解。

3. 资金规划

创业的资金可能包括个人与他人出资金额比例、银行贷款等，这会影响整个事业的股份与红利分配多寡。资金规划就是对先前所设定事业规模下需要多少开办费用（硬件与软件）、未来一年要准备多少营运资金等做出估算。

4. 经营目标

社会环境变迁快速，在设立经营目标大多不超过一年。新创事业应参考相同规模同业的月营业额，定出自己的经营目标。

5. 财务预估

财务预估即预估第一年的大概营业收入与支出费用，这些预估数字的主要目的，是让创业者估算出所经营企业的每月支出与未来可能利润，明了何时能达到收支平衡，并算出未来经营企业的利润。

6. 营销策略

营销策略包括了解服务市场或产品市场在哪里，同业一般使用的销售方式为何，自己的竞争优势在哪里等。营销手法相当多，包括 DM、电话拜访、现场拜访、商展、造势活动、网络营销等，创业者应收集这些营销手法的相关资料。

7. 风险评估

企业在创业的过程中可能遭受挫折，如景气变动、竞争对手的增长、股东意见不合、执行业务的危险性等，这些风险甚至会导致创业失败，因此风险评估即要列出企业可能碰到的风险以及应对的办法。

8. 其他

其他包括企业愿景、股东名册、事业组织等或创业者所特别要向投资者说明之事项。

三、大学生创业注意事项

（一）积极利用现有资源

不少在职人员都选择了与工作密切相关的领域创业，工作中积累的经验和资源是最大的创业财富，要善于利用这些资源，以便近水楼台先得月。对能帮你生存的项目，要优先进行考虑。大学生要积极利用身边的资源，为社会创造更大的价值。

切不可误用资源，在职老板不能将个人生意与单位生意混淆，更不能吃里爬外，唯利是图，否则不仅要冒道德上的风险，而且很可能会受到法律的制裁。在你的地盘，时间、金钱和才能任由你使用。但是，如果乱搞一气，你的生意就会逆转而下。

（二）合伙创业的处理

有些上班族有投资资金或有一定的业务渠道，但苦于分身无术，因此会选择合作经营的创业方式。如果你需要合伙人的钱来开办或维持企业，或者这个合伙人帮助你设计了这个企业的构思，或者他有你需要的技巧，或者你需要他为你擂鼓吹号，那么就请他加入你的公司。这虽能让兼职老板轻松上阵，但要慎重选择合作伙伴，在请帮手和自己亲自处理上，要有一个平衡点。首先要志同道合，其次要互相信任。不要聘用那些适合工作，却与你合不来的人员，也不要聘用那些没有心理准备面对新办企业压力的人。

此外，和合作伙伴之间的责、权、利一定要分清楚，最好形成书面文档，有合作双方和见证人的签字，以免起纠纷时空口无凭。

（三）细致准备必不可少

创业是一项庞大的工程，涉及融资、选项、选址、营销等诸多方面，因此在职人员创业前，一定要进行细致的准备。

通过各种渠道增强这方面的基础知识；根据自己的实际情况选择合适的创业项目，为创业开一个好头；撰写一份详细的商业计划书，包括市场机会评估、盈利模式分析、开业危机应对等，并摸清市场情况，知己知彼，打有准备之仗。

不要把未经试验的创意随手扔在一边。如果用这种创意来做生意，也得留心其中可能的陷阱。自问一下，你是否得花大力气来宣传你的产品或者服务？你具有足够的财经资源、技能、人手和业务关系吗？不要找错潜在销售客户——你没有必要在那些没有决策能力的人身上浪费你的时间。

（四）尽量用足相关政策

政府部门有很多鼓励创业的政策，是对大学生创业的鼓励和支持，创业时一定要注意“用足”这些政策，如免税优惠、在某地注册企业可享受比其他地区更优惠的税率等。这些政策可大大减少创业初期的成本，使创业风险大为降低。

（五）经商之道，以计为首

所有商业经营活动，如果从表面上来看，好像是一种仅仅同物质打交道的经营活动，但是，透过现象看本质，在今天的“食脑时代”里，商业经营活动实质上已经变成了一种人与人之间的智力角逐，是一场“斗智斗勇”的“智力游戏”，是人与人之间的谋略大比试。因此，正如古代军事家所说的“用兵之道，以计为首”一样，经商之道也应该以计为首。面对空前惨烈的市场竞争，你想要找准自己的立足点和切入点，站稳脚跟生存下来，并且谋取利益、发展壮大，那么，就必须首先考虑如何运用自己的商业智慧制订全面系统的、可执行的、可操作的和切实有效的经营策略和实施方案，以确保每战必捷，战无不胜。

（六）谨慎决策问题

决策失误时，不要对失误过于敏感。你的失误会带来直接后果，如发错货可能致使一个客户立刻与你断绝关系。作为企业家，冒风险时，要谨而慎之。如果出现失误，不要过于敏感，接受事实并从中吸取教训即可。

（七）不要被胜利冲昏头脑

你第一步的成功全靠你的创意好、时机合适、运气不错和业务关系良好。不过，这一切随时都可能离你而去。因此，不要太过自信，投入过量的资金，使自己陷入泥沼之中。

参考文献

[1] 陈刚 . 大学生就业创业指导 [M]. 北京：北京理工大学出版社，2017.

[2] 张丽，李智永等 . 大学生就业与创业教程 [M]. 武汉：武汉大学出版社，2017.

[3] 周蓉，凌云 . 大学生就业与创业指导 [M]. 南昌：江西高校出版社，2017.

[4] 贾强，包有或，李毅，高雅静，王立杰 . 大学生就业创业指导 [M]. 北京: 中国医药科技出版社，2017.

[5] 曾杰豪 . 大学生就业创业指南 [M]. 广州：华南理工大学出版社，2017.

[6] 贾杏主 . 大学生就业指导 [M]. 北京：北京交通大学出版社，2017.

[7] 高富春，尹清杰 . 大学生就业指导实务 [M]. 上海：上海交通大学出版社，2017.

[8] 焦留成 . 大学生就业指导 [M]. 开封：河南大学出版社，2017.

[9] 李建宁，邢敏 . 大学生就业指导 [M]. 北京：北京理工大学出版社，2017.

[10] 邹思扬，叶小宁，张金刚 . 大学生就业指导与创业实务 [M]. 沈阳：东北大学出版社，2017.

[11] 王炼 . 大学生就业指导 [M]. 北京：北京理工大学出版社，2018.

[12] 陈亮，汤春琳，王云丰 . 大学生就业指导 [M]. 北京：人民邮电出版社，2018.

[13] 张少飞，张劲松，陈进 . 大学生就业指导 [M]. 济南：山东人民出版社，2018.

[14] 董保利 . 大学生就业指导 [M]. 北京：航空工业出版社，2018.

[15] 朱选朝 . 大学生就业创业 [M]. 上海：上海交通大学出版社，2018.

[16] 高健，南亚娟，倪慧玲 . 大学生就业指导与创业教育 [M]. 天津：天津科学技术出版社，2018.

[17] 谢飞 . 大学生就业指导与创业教育 [M]. 北京：北京理工大学出版社，2018.

[18] 杨东，解恒岩，姚圆鑫，王建龙，侯全，刘英涛 . 大学生就业与创新创业基础 [M]. 北京：国家行政学院出版社，2018.

[19] 孙莉玲 . 大学生就业法律问题指导 [M]. 南京：东南大学出版社，2018.

[20] 黄明霞，余仕良，康瀚月 . 大学生就业指导与创业咨询 [M]. 北京：中国纺织出版社，2018.

